U0109956

近代會黨與民間信仰研究

邵雍

秘密社會一般分為秘密宗教（會道門）和秘密幫會兩大系統，與之有聯繫的土匪被稱為教匪和會匪。作為一種被統治階級認為是非法的社會組織要生存發展，用一定的倫理道德來規範其成員之間以及它們與社會之間的關係是必不可少的。本書細述天地會、小刀會、雙刀會、太平軍、義和團、道教、基督教、辛亥革命等的歷史互動軌跡。

目　次

湖南天地會起義的歷史背景

　　太平天國期間，湖南天地會起義此起彼伏，十分踴躍，不僅給了太平軍以有力的支援，而且沉重地打擊了清政府在湖南的腐朽統治。湖南天地會的興盛可以從當時湖南社會的經濟狀況中找到原因。

　　耕地面積有限，土地兼併嚴重是當時湖南封建農業經濟的基本狀況。據統計，咸豐元年（1851 年）湖南人平均耕地面積僅一畝半左右，[1]耕地嚴重不足。造成這種現象的重要原因在於地主階級瘋狂的土地兼併，如桂陽縣大地主鄧文盛共有七子，「列宅分地，數十畝田舍相望」；另一大地主鄧仁心，兄弟二人有「田數百頃，以富雄一方，至用擔石程田契，乘馬不牧，游食田野數十里，不犯人禾」[2]；長沙縣地主李象鵾，嘉慶壬申時有收年租一千二百餘石的土地，至道光壬辰（1832 年）時發展到「較壬申數且六、七倍」[3]。

　　隨著土地日益集中到少數官僚地主手中，喪失土地的破產自耕農越來越多。迫於生計，這些破產農民往往屈從苛刻的條件向地主求佃，地主趁機對佃雇農實行超經濟的剝削。當時有人揭露說：「近日湖南人情澆薄，以強期弱，往往本屬雇工，配以婢女，限滿不許歸宗，仍行霸留者。偶或挈婦言歸，輒即指為逃奴叛僕，輒轉興訟。愚民飲恨吞聲，莫敢辯理，殊甚矜憫。又有擅將佃戶為僕，矜行役使，過索租粒，盤算磊利，甚有呼其婦人至家服役，佃戶不敢不從者。且有佃戶死亡，欺其本宗無人，遂賣嫁其妻若子，並收其家資者」[4]。因

---

[1]　參見李文治編：《中國近代農業史資料》第一輯，第 10 頁、第 60 頁，三聯書店 1957 年版。
[2]　《桂陽直隸州志》卷二十。
[3]　李象鵾：《懷望隨筆》卷首《闔郡呈請入祀鄉賢祠履歷事實》。
[4]　同治《長沙縣誌》卷二十，《知縣朱前治條陳利弊論》。

此在地主肆意漁肉下的雇工佃戶在政治上近似奴僕，在經濟上形同乞丐。

尚未破產的自耕農的日子也不好過。官府對田賦的改折浮收和胥吏差役的苛捐勒索是架在自耕農脖子上的兩把刀子。鴉片戰爭前後，全國性的銀貴錢賤同樣使湖南的農民大受其害，各地官府趁火打劫，任意改折，使農民的負擔大大加重。據曾國藩當時的估計，銀錢改折使農民「暗加一倍之賦。」[5]湖南巡撫駱秉章也承認：「地丁正糧一兩，民間有費至數兩者；漕米一石，民間有費至數石者。數目繁多，民間難以折算，州縣亦難清釐，一聽書吏科算徵收，包徵包解，不厭不止。從前銀價，每銀一兩易錢一千文，漸次增長至二千三百文。農民以錢易銀完納，暗增一倍有餘之數。……收成稍稔，穀一石僅值錢四百文。農民以穀易錢，以錢易銀，須糶穀五石，始得銀一兩。……農末交困，群情洶洶。」[6]曾國藩、駱秉章這裏所說的還僅僅是正賦，官吏胥役的浮收勒索尚不在其內，事實上，後者也同樣是相當可觀的。對於這一點駱秉章也是承認的，他認為「官吏之浮收和銀價之翔貴」同為「湖南錢漕致弊之原」，因為「州縣廉俸無多，辦公之需，全賴錢漕陋規稍資津貼……如必盡革州縣陋規，絲毫不准多取，則辦公無資。廉謹者無所措其手足，不肖者反將從此藉口，別開巧取之端，更為國計民生之害。」[7]湖南有些地方衙門官吏「一年四季輤馬紛紛，沿鄉徵糧，每逢糧少者，銀壹兩勒錢七八十十千不等，糧多者勒錢五六千不等，帶取抽封造冊紙筆契喜錢及茶油茶葉雜費，不飽不放。」[8]苛捐雜稅，不一而足，有些地方甚至「四出晝夜追比，鞭撲滿堂，血肉狼藉」，連曾國藩也深感農民「真有日不聊生之勢」[9]。

[5] 曾國藩：《備陳民間疾苦疏》，《曾文正公全集》奏稿卷一。
[6] 駱秉章：《瀝陳湖南籌餉情況折》，《駱文忠公奏議》卷十二。
[7] 駱秉章：《瀝陳湖南籌餉情況折》，《駱文忠公奏議》卷十二。
[8] 李汝昭：《鏡山野史》，中國近代史資料叢刊：《太平天國》（三），第 15 頁，上海人民出版社 1957 年版。
[9] 曾國藩：《備陳民間疾苦疏》，《曾文正公全集》奏稿卷一。

　　湖南南部地區更是從 1830 年起至 1854 年為止,「屈指二十四年,蟲蝗水旱,大荒三載,災連不絕,流離失所者居多」[10]。例如郴州府桂陽縣 1846、1847 年連年旱災,1847 年又有雹災,1850 年旱災,「秋冬瘟疫作」。1853 年夏水災,「後大饑,斗米六百文。」[11]1854 年寧遠縣久旱災無水。[12]

　　飽受天災人禍的湖南自耕農破產之後,有一部分轉入手工匠作,商路腳夫,挖煤開礦或淪為流民。這些「無恆產力作以謀衣食者……皆終歲勤勞,未嘗溫飽」[13],其中在湘潭經南風嶺到廣州這條商路上奔波謀生,從事運輸、護商、小販的勞動人民又受到清政府鎮壓天地會起義的影響,生計幾絕。不得不奮起抗爭,鋌而走險。據駱秉章奏報,「郴桂一帶亂民本多,又自楚粵道梗以來,商販不通,小民失業,無聊以饑寒而流為盜賊者亦複不少」[14],這些「乞活流民聚黨橫索」[15],為自己的生存而鬥爭。

　　湖南的會黨運動就是在這種情況下興盛起來的。咸豐初年湖南寶慶府知府魁聯承認「南省會匪,遍地皆有」[16],曾國藩亦稱「湖南會匪之多,人所共知」[17]。具體地來說,湖南天地會的分佈以湘南的永州府、桂陽州、郴州為最多,湘東南的衡州、長沙府屬的茶陵、攸縣、醴陵、瀏陽次之,湘西南的寶慶府等地再次之。太平天國起義爆發後,清朝政府十分害怕太平軍和湖南會黨聯合起來,構成一股反清的合力。1851 年 7 月咸豐帝在上諭中稱:「湖南地方會匪實亦不少,現在廣西賊氣未靖,湖南境地毗連,若會匪潛相勾引,所關非細。……

---

[10] 曾國藩:《備陳民間疾苦疏》《曾文正公全集》奏稿卷一。

[11] 《桂陽縣誌》卷之二十二,祥異,第 11 頁。

[12] 《寧遠縣誌》卷第六,第 3 頁。

[13] 張德堅:《賊情彙纂》新賊,中國近代史資料叢刊《太平天國》(三),第294 頁。

[14] 駱秉章:《永興茶陵失守分路剿辦情形折》(咸豐五年九月十二日),《駱大司馬奏稿》卷四乙卯中。

[15] 《桂陽直隸州志》卷四,事記,第 10 頁。

[16] 魁聯:《復周鹽道四條》,《皇朝經世文續編》卷八十一。

[17] 曾國藩:《嚴辦土匪以靖地方折》(咸豐三年二月十二日),《曾文正公全集》奏稿卷二。

且既有土匪接應之謠,尤不可不預為防範」。為此咸豐帝特命湖廣總督程矞采「即行馳赴湖南督同文武大員於要隘處所加意防堵,仍不動聲色,防查該省會匪實在情形,妥為防備。」[18]但是隨著太平軍向湖南的進軍,清政府企圖防止湖南會黨和太平軍合流的計畫破滅了。

早在 1852 年春,桂陽州天地會就在李明先、彭遠洪的領導下於小洞地方聚眾起事,建號「洪順」,相應太平天國。[19]1852 年 6 月上旬太平軍自廣西全州進入湖南永州府境內後,「土匪之迎降,會匪之入黨,日以千計,⋯⋯一至道州,勢遂復熾」[20]。打著天德王旗號的天地會周法潰部主動約道州太平軍共同攻打江華縣城。[21]而應邀前來會攻江華的太平軍中又有千餘人是道州當地的起義群眾。[22]在湖南天地會的支持下,太平軍在湘南所向披靡,如入無人之境,破郴州,拔永興,克安仁,下攸縣,占醴陵。「行五六百里,無一兵一勇與之面者。」[23]及至太平軍離湘入鄂,「凡入添弟會者,大半附之而去」[24]。湖南天地會的踴躍歸附,使在蓑衣渡之戰中受到嚴重挫折的太平軍很快恢復了元氣,使太平軍在數量上增加了許多倍,對太平天國戰爭作出了重大貢獻。另一方面,在太平軍出湖後,仍有不少天地會眾留在湖南堅持鬥爭。致使湖南的封建統治者「無日不在憂危恐懼中」[25]。湘軍成軍後,曾國藩為了保護後方,不得不把王鑫所統帶的一支精兵留在湖南鎮壓會黨。因此在湖南堅持鬥爭的天地會同樣有力地支持了太平軍的戰鬥。

---

[18] 中國第一歷史檔案館館藏,清代軍機處錄副奏摺,湖廣總督程矞采奏摺(咸豐元年七月初三日)。

[19] 《桂陽直隸州志》卷四,事記,第 9 頁。

[20] 江忠源:《答劉霞仙書》《江忠源遺集》卷一。

[21] 參見《巫法貴供》,《太平天國文獻史料集》第 29 頁,中國社會科學出版社 1982 年版。

[22] 參見《黃非隆供》《太平天國文獻史料集》第 21 頁。

[23] 《粵匪犯湖南紀略》,《太平天國史料叢編簡輯》第一冊,第 63 頁,中華書局 1962 年版。

[24] 曾國藩:《嚴辦土匪以靖地方折》,《曾文正公全集》奏稿卷二。

[25] 曾國藩:《嚴辦土匪以靖地方折》,《曾文正公全集》奏稿卷二。

湖南道州天地會起義

　　1852 年 6 月 12 日太平軍攻克湖南道州，道州的會黨紛起回應。太平軍在道州「踞城月餘，四路招邀，從者更眾，遂另立道州大旗」[1]，大大地增強了實力，「勢遂復熾」[2]。太平軍離開道州繼續北上後，它所留下的火種仍在燃燒。

　　次年在湖南常寧、衡山、安仁、桂東等地均有群眾起事，或焚燒衙署，或攻克縣城。曾國藩認為此「皆由上年粵匪經過衡、永、郴、桂一帶，裹脅最眾，……以致莠民構煽，甘心從逆，動輒貼粵匪之偽示，張太平之逆旗」[3]。若撇開其中的污蔑之詞，上述情況當屬事實。在眾多的起義隊伍中有一支是何賤苟所領導的道州天地會武裝，何賤苟自稱「普南王」，所部以道州的岩頭村、寧遠的癩子山、常寧的五洞、桂陽的白水洞為據點，「發牌吊碼」，在永州府、衡州府及郴州十餘縣中擁有會眾四、五千人，開始在永州府以及毗鄰的廣西地區活動。[4]

　　1853 年 2 月何賤苟在廣西灌陽，率眾千餘人「屯城西武侯廟，亟攻城不克，退清洞源九十九灣，據峻嶺，築土城」，為敵軍擊敗，退入湖南永明。[5]同年 3 月 26 日，何率部進攻道州縣城，時守敵兵力十分空虛，只得虛張聲勢，兵差「每人以兩手分執香燈循環往來東西

---

[1]　《平定粵寇紀略》《太平天國資料彙編》第一冊，第 9 頁，中華書局 1980年版。

[2]　江忠源：《答劉霞仙書》，《江忠源遺集》卷一。

[3]　曾國藩：《移駐衡山州折》（咸豐三年八月十三日），《曾文正公全集》卷二奏稿，第 2 頁。

[4]　曾國藩：《衡永一帶剿匪未畢折》（咸豐三年十二月二十一日），《曾文正公全集》卷二奏稿，第 6 頁。

[5]　《平桂紀略》卷一，第 14～15 頁。

街市，城上垛口亦如之，火焰燭天，號聲遠震」。兵臨城下的起義軍不知城內底細，被敵製造的假像所迷惑，「疑有備，宵遁。」[6]於此同時，隸屬道州天地會集結在白沙堡的另一支武裝在何綠、吳玉老十的率領下進攻常寧縣城，陣斬把總許得祿、典史吳世昌，曾國藩自衡州派勇會同常寧當地唐訓方、李孝經部的地主武裝聯合鎮壓，[7]起義軍戰敗，吳玉老十被俘。

7 月，道州天地會起義軍李九擔穀等踞四廣橋岩頭地方迎擊敵人的進剿。該地「高山峻嶺，萬石嵯峨，……羊腸鳥道，奇險難行」。起義軍憑藉有利地形，擊潰敵軍，道州吏目郭品珍隻身逃回。直至次年 1 月，地主團練才攻陷了四廣橋起義軍據點。[8]

11 月 27 日起義軍再攻常寧，一舉拔之。曾國藩派千總周鳳山及胞弟曾國葆前往鎮壓。12 月 1 日雙方在常寧西南洋泉交戰，起義軍失利。隨後起義軍聯合嘉禾天地會尹尚英部南下，[9]經新田，於 12 月 14 日克嘉禾縣城，19 日圍逼藍山縣城。曾國藩急忙加派侯選訓導儲玫躬等前去抵敵，12 月 24 日在藍山東北古城地方打敗了起義軍。12 月 28 日起義軍西進至道州四安橋，[10]周鳳山、儲玫躬和侯選知府張榮祖繼續追擊，起義軍在四廣橋頑強抵抗，「相持十餘日」[11]，終因寡不敵眾，在 1854 年 1 月 6 日的教頭坪之戰中失利，[12]起義軍撤離四廣橋他去。

1854 年秋，朱洪英、胡有祿所領導的會黨武裝攻克廣西灌陽縣城，建立「升平天國」。10 月 31 日朱洪英北上聯合何賤苟圍攻道州，該州馮崑登陣固守。次日馮崑將在獄的何賤苟家屬提出殺害，梟示城

6　郭崇輝：《麻陽縣尹郭品珍傳》，《遂川縣誌》卷十五，藝文傳。

7　《湖南省志》卷八十九，武備志十二，兵事四。

8　郭崇輝：《麻陽縣尹郭品珍傳》，《遂川縣誌》卷十五，藝文傳。

9　《嘉禾縣誌》卷二十一，詳異，事紀，第 6～7 頁。

10　曾國藩：《衡永一帶剿匪未畢折》（咸豐三年十二月二十一日），《曾文正公全集》卷二奏稿，第 6 頁（其中四安橋之「安」疑為「廣」字之誤）。

11　《靖州鄉土志》卷一，志耆舊。

12　曾國藩：《衡永一帶剿匪未畢折》（咸豐三年十二月二十一日），《曾文正公全集》卷二奏稿，第 6 頁。

上。起義軍攻城蓋急，連攻三日不下。11 月 6 日起義軍在州城北五裏亭地方與游擊駱元泰所率來援清軍交戰，殺外委蔣景亭及兵勇十餘名。11 月 7 日起義軍在蛇皮渡大敗清軍游擊蘇元林部，殺敵十餘名。自江華來援的清軍王鑫也受到起義軍的沉重打擊，被打死十餘人，包括王鑫、游擊周雲耀在內的近百人受重傷。一場血戰之後，起義軍決定避實擊虛，主動撤圍道州，進襲江華。王鑫等聞之，星夜回救。11 月 12 日起義軍在江華城外三裏亭遭到清軍襲擊。11 月 18 日由道州、江華撤退的起義軍在寧遠拱橋頭迎戰前來鎮壓的清軍，陣斬敵把總黎景星、重傷團練頭子周承謨。起義軍趁勝「追兵勇數十里」，近寧遠城北關而返。[13]11 月下旬起義軍會合自廣西灌陽東進的會黨楊得金部猛攻寧遠縣城。知縣劉如玉糾集兵勇登陴死守，發炮抵拒，並與 11 月 25 日夜派兵「縋城焚燒城外民房」。從次日直至 29 日起義軍「更番出隊攻打城垣」，雙方相持不下。11 月 29 日王鑫率軍馳援寧遠，和知縣劉如玉內外合擊，楊得金等四百餘人戰敗被俘。起義軍不支，撤至嘉禾縣。[14]

何賤苟在這一階段的作戰中表現十分出色。王鑫承認，在他的對手中「何賤苟……尤狡險神速，鑫在道、江、寧三次已盡窺其伎倆，此賊不死，終為吾楚之患。」[15]

1855 年廣東天地會圍攻廣州失敗，兩廣北部的天地會紛進入湖南，擬取道北上與太平軍合。同年 5 月底朱洪英和胡有祿再次率部入湘，佔領東安縣城。9 月 10 日清軍重兵重陷東安，朱洪英被迫自諸葛嶺營地撤退回廣西，前此數日，胡有祿已經撤退。[16]9 月 22 日胡有祿都在湖南祁陽、邵陽邊界之四明山地區兵敗被俘。據胡有祿等人供

---

[13] 《寧遠縣誌》卷六，第 3 頁，惟將是戰時間記為咸豐四年九月二十七日（11 月 17 日）。

[14] 駱秉章：《兩廣賊匪同時犯界各路均獲勝杖折》（咸豐四年十一月初二日），《駱文忠公奏議‧湘中稿》卷二。

[15] 王鑫：《複藍山張即山大令》（咸豐四年十一月十二日），轉引自《王壯武公遺集》卷八，第 39 頁。

[16] 王鑫：《會劉連獲勝仗，收復東安縣城並拔營跟追逸匪各情形稟》（咸豐五年七月二十九日），《王壯武公遺集》卷六，第 14 頁。

稱，何賤苟當時在起義軍中任前營都統，時改名何文華亦稱何文秀，已在四明山區的戰鬥中犧牲。[17]

　　何賤苟領導的湖南道州天地會起義，歷時二年半，起義軍的足跡歷經廣西灌陽、湖南永明、道州、常寧、嘉禾、藍山、江華、寧遠、祁陽、邵陽等地，拔常寧、克嘉禾，在湘南地區沉重地打擊了清政府的統治。道州天地會起義和太平天國的關係是比較密切的。早在1854年初，曾國藩逐件查驗了被清軍繳獲的起義軍腰牌、令箭、圖記等，得出結論說，「實是一股會匪，與金陵之粵匪相通……此股會匪，實為湖南之巨患。」[18]在與天地會朱洪英部聯合作戰時，起義軍隊伍中還出現了「太平後營」、「太平天國將領」等旗幟，[19]再次證實了道州天地會確實是受到了太平天國很大的影響。

---

[17]　駱秉章：《東安竄賊分撲祁新官軍大捷生擒逆折》（咸豐五年九月十二日），《駱文忠公奏議・湘中稿》卷四。

[18]　曾國藩：《衡永一帶剿匪未畢折》（咸豐三年十二月二十一日），《曾文正公全集》卷二奏稿，第6頁。

[19]　駱秉章：《兩廣賊匪同時犯界各路均獲勝仗折》（咸豐四年十一月初二日），《駱文忠公奏議・湘中稿》卷二。

江西龍泉添弟會起事

　　天地會在江西有較長的歷史。早在乾隆十七年贛南就有天地會的活動，是年江西上猶人李德先、何亞四等人將天地會傳說中李開花、朱紅竹等人的名字寫在旗幟上，聲稱這些「天將，可以展召明兵」。同年秋，李德先等二十餘人豎旗設祭，聲言起事，旋與趕來鎮壓的官兵搏鬥，因寡不敵眾，據點被焚，起義遭到失敗，李德先、何亞四等先後被捕。[1]這是天地會在江西較早的一次起事。

　　至於添弟會則是天弟會之一支。嘉慶十六年秋，龍泉縣添弟會首領李魁升、盧三等人曾「傳徒惑眾，時出剽掠」，各鄉紳士當時糾合鄉勇進行鎮壓，搜捕會黨百餘人。[2]道光初年，贛縣又發生一起添弟會案件，據地方誌記載，該會「設洪二和尚牌位，蠱惑愚民，糾眾肆掠」[3]。洪二和尚是天地會早期的組織者和領導者，江西添弟會為他設立牌位表明添弟會確係天地會的分支。

　　在太平天國時期，龍泉天地會是江西地區較早起來回應太平天國的會黨之一。龍泉添弟會於 1853 年 4 月在龍泉縣左安地方成立，首領為劉通義、胡志堯、沙老三、鄒春先等人。劉通義等倡立添弟會後，聚眾數千人「時出搶劫」，對地主階級的財產和封建統治秩序構成很大的威脅。地主鄉紳請求官府派兵鎮壓，知縣楊錞、都司馬占魁聞報後督帶兵勇至左安堵剿，被起義軍擊退，起義軍遂乘勝焚毀都分司衙署。新任龍泉知縣田博厚急向吉安府

---

[1]　署江西巡撫鄂容安奏摺（乾隆十七年十一月七日），《康雍乾時期城鄉人民反抗鬥爭資料》第 664～665 頁，中華書局 1979 年版。

[2]　《吉安府志》卷二十，軍政志，第 40 頁，並可參見中國第一歷史檔案館館藏清代軍機處有關檔案。

[3]　《贛州府志》卷四十三，第 48 頁。

請兵，清軍參將韓某帶兵從府城趕來鎮壓，起義軍不敵，別走他鄉。[4]

　　同年 6 月 15 日，劉通義、胡志堯率眾萬餘，自湖南桂東進攻上猶縣的營前，斬縣丞黃文楷、把總吳寶麟，[5]擊斃聯勇一百五十餘人，[6]燒毀文武衙署，給了敵人以有力的反擊。18 日起義軍進抵水廣下，打死頑抗的聯勇三十餘人，[7]巡道周玉衡問訊後急調南康縣知縣周汝筠帶勇五百名前去抵敵。[8]6 月 20 日起義軍在袁坑、江口一帶與地主團練交戰，斃敵十餘人，[9]旋在江口「分水陸兩路，徑攻縣城」[10]。起義軍在上猶縣城週邊連續作戰六小時，斬隨贛州鎮總兵阿隆阿前來救援的清軍外委趙士龍，[11]殲敵百餘名，並將阿隆阿和周汝筠緊緊圍在城中。敵軍一面「飛調塘江義勇赴援」[12]，一面極力堵禦。6 月 22 日黎明，敵人向起義軍猛烈反撲，起義軍數百人陣亡，損失較大，被迫向營前撤退，首領曾洪兆等五百餘人被俘。[13]

　　6 月底 7 月初起義軍轉移至水廣下和毗鄰的湖南桂東桂陽地界，沿途擊斃尾追的聯勇五十餘人，[14]並襲占了桂東縣城。清朝署桂東知縣范鑫等組織力量反撲，在敵軍的多路進攻下，起義軍由小路翻山撤退至湖南永興縣境，繼續抵抗，[15]後又折回上猶。湖南清軍越境追入江西，7 月 6 日候補府經歷孫第培等率軍向集結在竹坑地方的起義軍分路發起進攻，起義軍大敗，損失五百餘人，分水坳、洞頭、石角圍

4　《遂川縣誌》卷十八，雜類志，兵事，第 8～9 頁。

5　《上猶縣誌》卷十五，藝文，第 11 頁。

6　《上猶縣誌》卷十二，人物志，第 5 頁。

7　《上猶縣誌》卷十七，第 9 頁。

8　《南康縣誌》卷五，武事，第 10 頁。

9　《上猶縣誌》卷十七，第 9 頁。

10　《上猶縣誌》卷十五，藝文，第 11 頁。

11　《上猶縣誌》卷十二，人物志，第 8 頁。

12　《南康縣誌》卷五，武事，第 10 頁。

13　《上猶縣誌》卷十五，藝文，第 11 頁。

14　《上猶縣誌》卷十二，人物志，第 8 頁。

15　參見中國第一歷史檔案館館藏：清代軍機處上諭檔，咸豐三年五月二十八日上諭。

等處的據點也被敵軍平毀。[16]不久，起義軍「王」劉通義、「帥」胡志堯等六百餘人因寡不敵眾，被江西清軍捕獲殺害。[17]龍泉添弟會起義至此失敗。

[16] 參見《憶昭樓時事彙編》，《太平天國史料叢刊簡輯》第五冊，第 230～231 頁，中華書局 1962 年版。
[17] 《上猶縣誌》卷十五，藝文，第 11 頁。

關於小刀會起義的幾個問題

　　閩南小刀會起義時間長達五年之久，鬥爭地區遍及閩南大地和臺灣、金門等島嶼，沉重打擊了清政府在福建的統治，為配合太平天國運動的勝利發展作出了貢獻。而且閩南小刀會起義作為近代會黨在通商口岸發動的第一次大規模的武裝鬥爭，對上海、寧波、廣州等其他通商口岸隨後爆發的會黨起義也有一定的影響。在組織上，閩南小刀會和臺灣天地會、上海小刀會有直接的關係。[1]

一、閩南小刀會與上海小刀會起義的密切關係

　　閩南小刀會和上海小刀會關係十分密切，這種關係和兩地頻繁的經濟往來是分不開的。在廈門除了有「北艚」來滬貿易外，還有橫洋船「自臺灣載糖至天津貿易者……謂之糖船。」[2]王韜談到在上海經營的這種糖船時說：「閩則從臺灣運糖來滬，所售動以數百萬金，於滬則收買木棉載回其地。」[3]福建的三不象糧船也常來上海運米。於此相適應，有些福建商人常住上海，如上海小刀會首領之一李咸池即「係龍溪縣人，早年出外在江蘇上海縣地方棉花行生理。」[4]另有不少福建水手也聚居上海。

　　眾所周知，閩幫是上海小刀會的重要組成部分之一。上海小刀會起義爆發後，旅滬的各階層閩籍民眾踴躍參加。福建水手在起義中起

---

[1]　閩南小刀會和臺灣天地會有關係可參閱臺灣天地會大起義中的有關部分。

[2]　《廈門志》卷五，《船政略》商船條。

[3]　王韜：《瀛壖雜誌》卷一。

[4]　中國第一歷史檔案館館藏：清代軍機處軍機處錄副奏摺（以下簡稱《軍錄》）：王懿德奏摺（咸豐三年十一月初三日）。

了很大的作用，「其時有一、二百艘福建沙船上的船夫，幾乎全部是秘密會黨的徒眾。這些船夫參加李咸池的組織」[5]，極為活躍。「停泊黃浦之福建糖船四十餘號」接受上海小刀會的雇傭。[6]在黃浦江上「撐駕馬蹄杉板小船」擺渡的「閩、廣無業遊民」亦「棄舟從逆」[7]。連在滬貿易的福建商人也千方百計為起義軍籌集資金，興安泉漳會館董事李仙雲即是其中的傑出代表。在上海小刀會首領中，閩南人佔有一定的比例，除李咸池是龍溪人外，陳阿年、先鋒陳阿明、林阿周，將軍劉海、曾七，先鋒劉進都是同安人。林阿福「原籍同安人，現澄海人」[8]，據說原先是黃浦江上擺渡的舢板小船的「船頭」[9]。李咸池後回廈門參加閩南小刀會起義，最後在龍溪原籍被捕犧牲。[10]這些閩南人加入上海小刀會起義的行列和小刀會傳入上海大有關係。「小刀會在廈門重建後，很快就傳入上海，其創始人當即是李仙雲。」[11]1853年5月閩南小刀會起事的消息傳到上海後，對在滬的同鄉鼓舞很大，他們「聞福建廈門之警，益思亂，至夏秋之交，道路借借，言小刀會將起事矣。」[12]上海小刀會起義後公開宣稱「和攻佔廈門的人有聯繫」[13]，決定「建立像廈門方面過去三月所實施的社會秩序」[14]。同年9月上海小刀會兩攻太倉受挫後「想進攻蘇州，因人力尚少」，李咸池便「獨自坐船由海道來至廈門，尋見股首黃位求撥鳥槍手二千名，」旋又在廈堅持鬥爭直至小刀會撤出該島後才回龍溪原籍。[15]閩南小刀會在撤

5　《上海小刀會史料彙編》第53頁，上海人民出版社1980年版。
6　《吳煦檔案選編》第四輯，第43頁，江蘇人民出版社1983年版。
7　《吳煦檔案選編》第四輯，第83頁。
8　《吳煦檔案選編》第四輯，第173～174頁。
9　《吳煦檔案選編》第四輯，第88頁。
10　《吳煦檔案選編》第四輯，第51頁。
11　方詩銘：《「小刀會」和「上海小刀會」起於何時》，《文匯報》1981年1月12日。
12　《上海小刀會史料彙編》第36頁。
13　《上海小刀會史料彙編》第511頁。
14　《上海小刀會史料彙編》第53頁。
15　《軍錄》：王懿德奏摺（咸豐三年十一月初三日）。

出廈門後曾計畫「約期赴上海，攻犯乍浦」[16]，接應上海小刀會起義
軍。乍浦原是江浙糧食運往福建的重要中轉站，是上海小刀會著意重
點聯絡的地方之一。1853 年 11 月 7 日清軍在黃浦轟沉「航海而來為
助」的小刀會船隻，俘獲 96 人，「訊係建廣乍浦等人。」[17]閩南小刀
會上述作戰意圖，很可能是得悉上海小刀會在乍浦活動的消息後制
定的。

除了直接的聯繫外，閩滬兩地起義軍在佈告上也有不少相同點。
閩南小刀會首領的頭銜始終不離「漢大明」三字，上海小刀會中的閩
幫首領則把「反清復明」寫入佈告[18]，並堅持使用「大明」年號。長
期拒用廣幫已經換用的太平天國年號，表明在對待太平天國的態度上
雙方存在很大分歧。相對而言，上海小刀會中閩幫反清復明的意識比
廣幫強烈。拿閩滬兩地小刀會的佈告細加對照，亦可看出前者對後者
的影響。在上海小刀會的佈告中不僅「除暴安良」[19]、「應天順人」[20]、
掃除「妖孽」[21]、對違法亂紀者「國法」從事[22]等個別詞句和閩南小
刀會完全一致，而且在句式上也有相似之處。1853 年 6 月 2 日「漢
大明統兵大元帥黃」在告示中指出「貪官污吏，政皆流為虎狼之苛；
竭髓膿脂，民盡歉夫鼠之碩。」[23]同年 9 月 7 日李咸池的佈告也譴責
官府「腺民膏，剝民脂」，並揭露「暴斂橫征，野皆狼心狗行之吏；

---

[16]　《軍錄》：王懿德奏摺（咸豐四年三月二十四日）。

[17]　《上海小刀會史料彙編》第 177 頁，又有奏摺說上海小刀會「招海賊『於』
寧波、乍浦」，見《吳煦檔案選編》四，第 9 頁。

[18]　《上海小刀會起義文獻》，《近代史資料》第 41 期，第 16 頁。

[19]　廈門小刀會告示六紙（三），《清末的秘密結社》第 133 頁。陳阿林示，《史
料彙編》第 27 頁。

[20]　中國近代史資料叢刊：《太平天國》（二），第 898 頁，未受職臣劉麗川上
天王奏，《史料彙編》第 11 頁。

[21]　廈門小刀會告示六紙（四），《清末的秘密結社》第 133 頁，《史料彙編》
第 5 頁、第 18 頁。

[22]　廈門小刀會告示六紙（二），《清末的秘密結社》第 133 頁。大明國政教統
理兵務事總副元帥林告示，《近代史資料》第 41 期，第 18 頁。

[23]　中國近代史資料叢刊：《太平天國》（二），第 897 頁。

賣官鬻爵，朝盡兔頭獐腦之人。」[24]閩南小刀會首領在宣佈廈門新關稅時宣告「照得本帥奉旨臨廈，安民非以賤民，禦暴非以為暴。」[25]上海小刀會領袖劉麗川也在佈告中表示「照得鋤奸除暴，為民非所以害民；發政施仁，戡亂非所以擾亂。」[26]很可能閩南小刀會的佈告通過各種途徑傳到上海，上海小刀會首領們在起草佈告時參考過這些反清宣傳品。

閩南小刀會 1853 年 11 月主動撤離廈門後，清軍在島上的血腥屠殺也使上海小刀會中的閩幫拋棄了對清政府的一切幻想，義無反顧地將鬥爭進行到底。1853 年 12 月小刀會副元帥林阿福果斷地處決了入城勸降的前任知府謝繼超。而當時劉麗川已有妥協的意向。[27]對劉麗川為首的廣幫的動搖傾向陳阿林也進行了堅決的抵制和鬥爭。1855年 2 月初「陳阿林打死劉的秘書，他說他寧死也不投降」，粉碎了一部分廣幫的獻城陰謀。[28]閩幫首領們決不相信外國人能夠「防止官軍克復廈門時那樣的大屠殺」之類的鬼話，[29]他們對中外反動派玩弄的議撫騙局倍加警覺，決不上鉤。

總之，閩南小刀會與後起的上海小刀會的關係是兄弟關係，儘管他們都沒有得到太平天國的直接援助，但是他們所進行的反清鬥爭卻支持、配合了太平天國。

二、對太平天國革命客觀上的支援

閩南小刀會起義是在太平天國的影響下發動的。不管它和太平天國的具體關係如何，同臺灣天地會起義、上海小刀會起義一樣，都是太平天國革命運動的重要組成部分。太平軍是當時全國反清武裝鬥爭

---

[24]　《史料彙編》第 5 頁。
[25]　《清代西人見聞錄》第 213 頁。
[26]　《史料彙編》第 4 頁。
[27]　《史料彙編》第 179 頁。
[28]　《史料彙編》第 514～515 頁。
[29]　《史料彙編》第 514 頁。

的主力軍，在閩南小刀會起義前後，已經定鼎天京的太平天國乘勝發動了北伐和西征，威震全國，各族人民紛起響應，閩南小刀會即是其中的一支。小刀會在起事不久，就爭取與太平軍取得聯繫，「將其起事成功的消息通知北地的太平軍，籲清贊助合作」[30]，「等待來自北面的統帥的命令」[31]。不過在當時條件下閩南小刀會對洪秀全、楊秀清領導的太平天國的具體情況並不十分瞭解，閩南小刀會曾向外國人發出「一封天德和太平簽名蓋章德私人聯名信件」，「大意是對兩者均可信任」[32]，並在告示中宣傳「朱天德與洪秀全，係屬妻舅之親。楊秀清與洪秀全，係屬舅甥之親。」因有這種親戚關係，洪秀全在天德死後「不忘根本，出兵以桐木象，故自稱為元帥，不敢為主，太平天國系天德王之號也。」[33]這種解釋和歷史事實大相徑庭。然而當時國內不少天地會組織也有類似的誤解，如江蘇地區天地會所編「天德皇帝朱明武太平王洪秀全等名單」就將天德皇帝和洪秀全、楊秀清等十餘人並列。[34]蘇皖贛等地天地會還假借洪楊名義發出佈告，「太平國」、「大明太平天國」、「後明太平」等混亂年號一再出現在天地會的文件中，這說明天地會對太平天國認識上存在著普遍的混亂。

　　由於閩南小刀會把太平軍視為天地會系統，它們所籲請的「贊助合作」只能按天地會的舊例來進行，即只發生橫的聯繫而不發生縱的關係，各自保持自己的山頭和地盤，在組織上不相統屬。這就是黃位拒絕遣使去天京「乞一旅之勁由浙溫處襲閩」[35]的原因所在。小刀會志在福建全省，「以征服福建全省為軍事行動的目標」[36]，

---

[30] W.H.Medhurst: Particulars regarding insurrection at Amoy. Gathered from memoranda obtained on the Spot May 24. 1853. See.F.O.17/201，《集刊》七，第330～331 頁。

[31] 《美國外交檔・美國和中國》第一輯第四卷，第 61 號檔。

[32] 《美國外交檔・美國和中國》第一輯第四卷，第 76 號檔。

[33] 廈門小刀會告示六紙（六），《清末的秘密結社》第 133 頁。

[34] 《簡緝》五，第 157～158 頁。

[35] 《馬巷廳志》附錄下，頁九十四。

[36] Chas.A. Sinclair: Report of the State of Affairs at Amoy. Jun 13.1853. See F.O.228/155.PartI《集刊》，七，333 頁。

當不願意他人涉足這一範圍。因此到頭來，「廈門的首領與佔領南京和晉江府的起義軍沒有聯繫」[37]。從太平天國方面來說，它對於閩南小刀會起義並不是很熱心的。目前只有一條材料說，1853 年 9 月 26 日之前「太平王曾著一賊首李，前往衛助廈門。賊人帶有銀兩武器已到廈門，隨後不知去向，及其銀兩炮器亦不見了。」[38]因係孤證，不足為據，假設太平天國確實派員攜餉械赴廈，那麼助廈人員、餉械的失蹤可以看作是雙方不和的端倪。至於清軍在 1854 年 8 月抓獲的太平軍密使徐向榮，雖系「來閩勾結會匪入犯。」[39]但是否專為聯絡閩南小刀會而來則無從考證，而且當時閩南小刀會的主力早已東去臺灣，徐向榮即使身負聯絡小刀會的使命也是無法完成的。

　　宗教信仰不一致也是閩南小刀會和太平天國的關係難以融洽的原因之一。拜上帝會信仰經過改造的基督教，而小刀會十分崇拜天和其他偶像。小刀會首領之一陳慶在閩南農村發展小刀會組織時「謂伊有神術自可通天」[40]，會內有紅白小旗，「紅旗寫『天上聖母』，白旗寫『天庭各色』」[41]，小刀會在同安還有「望祭郊神」之語。[42]可見在宗教信仰上，小刀會和太平天國是大不相同的。

　　儘管閩南小刀會和太平天國存在隔閡，但雙方進行的反清鬥爭是共同的事業。太平天國鼓舞了閩南小刀會起義，閩南小刀會的鬥爭則在客觀上支援了太平天國。在小刀會起義爆發前，福建清軍紛紛外調：1852 年 5 月清政府「調福建兵三千名赴廣西剿『賊』」[43]。同年 9 月太平軍攻克道州，清政府又「分調泉州、漳州、汀洲兵赴援」湘

---

[37]　《美國外交檔・美國和中國》第一輯第四卷，第 88 號檔。其中佔領晉江的起義軍指林俊起義軍。

[38]　《美國收藏的有關太平天國的資料十一件》，《太平天國學刊》第一輯，第 463 頁，中華書局 1983 年版。

[39]　《王靖毅公年譜》卷下，頁十一。

[40]　《籀經堂類稿》卷二，頁一。

[41]　《軍錄》：裕泰等奏摺（咸豐元年五月十六日）。

[42]　《馬巷廳志》附錄下，頁九十二。

[43]　《東華錄》，咸豐二年四月條。

贛。[44]次年上半年福建清軍還調去浙江加強防守。此外閩省藩庫還「節次撥解粵西兵餉」[45]。閩南小刀會起義改變了這種局面，出兵協餉的後方變成了烽火連天的前線。為鎮壓閩南小刀會起義，除了調回部分福建清軍外，清政府還接連調集水陸兵勇由粵入閩。1853 年 6 月咸豐帝命兩廣總督葉名琛即飭潮州府同知吳均、鮑浦司巡檢章坤「帶領得力兵勇駛往會剿」[46]，在潮州、惠州抽調精兵三千名。葉名琛後來委任惠州協副將膺保、巡檢章坤帶兵七百五十人於 9 月下旬趕到漳州[47]，參與鎮壓漳浦等地起義軍，直到次年 5 月才准回粵。[48]咸豐帝還命葉名琛等雇募的紅單船由海入江，道經福建時「如廈門海面有賊船遊駛，即著協同該省水師並力攻剿，仍行前赴江省。」[49]截止 1853 年 9 月，清政府還專門「前後籌撥餉銀十八萬餘兩」用於鎮壓福建會黨起義。[50]閩南小刀會的頑強鬥爭牽制了清政府的部分兵力、財力，使其不能傾全力鎮壓太平軍。1853 年 7 月至 10 月僅在同安田湖鄉一地，小刀會就連續抗擊了清軍萬餘人的進攻。敵方「糜費帑金十數萬」，還是沒有得逞。[51]又如清政府視廣東紅單船為勁旅，咸豐帝指望靠它截斷長江上游（指鄂皖一帶）太平軍江面往來之路，「或先行收復鎮江」，進而奪占揚州。[52]但廣州紅單船自 9 月初進入福建海面後被閩南小刀會的武裝船隊牢牢拖住，無法去江南鎮壓太平軍。同年 10 月 19 日王懿德上奏請求將紅單船分成二批：一批由陳國泰統帶先去江南，另一批由吳全美率領「暫緩啟程，藉資策應。」咸豐帝朱批「斷斷不准」，並嚴屬訓斥王懿德：「閩省生民朕豈忍置不顧，但粵艇專為肅清江面，較量全局，孰輕孰重，自可立見，況艇船為數並不

---

[44]　《王靖毅公年譜》卷上，頁三十一。

[45]　《軍錄》：王懿德奏摺（咸豐三年五月初九日）。

[46]　《福建通志》通紀，清七，頁八。

[47]　《軍錄》：王懿德奏摺（咸豐三年九月十七日）。

[48]　《軍錄》：王懿德奏摺（咸豐四年四月十八日）。

[49]　《福建通志》通紀，清七，頁七至八。

[50]　《舌擊編》卷一，頁二十三。

[51]　《舌擊編》卷一，頁二十八。

[52]　《清實錄》咸豐朝，卷一百零八，頁四十九，卷一百零九，頁二十九。

甚多，合之尚恐無濟，分之必更單薄，兩處貽誤，罪將誰諉？」[53]儘管咸豐帝憂心如焚，急不可待，但王懿德還是「以該艇等在閩接仗……經炮火殘損，江南路途遙遠，必須修補完固」[54]為由進行拖延，直至小刀會撤出廈門的十多天後「仍未由閩前赴江境」。致使咸豐帝於11月25日再次降旨強調：「江南水路攻剿情形，較之閩洋，尤為緊要」，嚴令「所有游擊吳全美、署都司陳國泰兩起艇船，著王懿德懍遵前者，飭令迅即開行，即小有修理，亦著趕緊督辦，不准稍緩。」[55]閩南小刀會起義牽制了清軍的部分兵力，消耗清政府的部分財力，從這個意義上說，閩南小刀會是支援了太平軍的鬥爭。閩南小刀會起義的浪潮直接彙入了太平天國革命運動的洪流。

　　及至1864年10月太平軍李世賢部進入閩南後，漳州、同安、南靖及平和等地的小刀會餘部紛紛起來接應。據左宗棠奏報，福建「興化、泉州、漳州、永春各屬……向有烏白旗、紅白旗、小刀會、千刀會等名目……此次發逆攻陷漳州，各屬土匪蜂起，或貪利接濟，或窩藏逆黨，或導賊攻城，或潛充賊諜，捕獲正法者，不下數十起」[56]。先前會同小刀會起義軍在同安痛擊清軍的邵敦、楊聯、洪甜等亦在這一時期先後犧牲，[57]當然沒有被捕犧牲的更是數不勝數。閩南小刀會對太平天國運動所作出的貢獻是不可磨滅的。

三、對外關係的失誤

　　閩南小刀會起義軍是中國會黨史上第一次和外國侵略者打交道的起義。對於如何對付侵略軍這樣一個全新的問題，小刀會的首領們沒有任何經驗。閩南小刀會在起義期間沒有堅決地與外國侵略者進行鬥爭。從未與外國侵略者有過正面衝突。攻克廈門當晚小刀會有「由

53　《軍錄》：王懿德奏摺（咸豐三年九月十七日）。
54　《軍錄》：王懿德奏摺「又請速修陳艇船赴江南調用事片」（咸豐三年）。
55　《清實錄》咸豐朝，卷一百十，頁十九。
56　左宗棠：「附陳剿辦閩省下府土匪片」，《皇朝經世文續編》卷九十七。
57　《軍錄》：左宗棠奏片（咸豐四年六月二十六日）。

城堡調來一部分軍隊，守衛外國商行」，「盡一切可能，保護及結好外人。」[58]「外人均得自由走動於城內，日夜各時，無阻無擾。」[59]1853年8月小刀會徵收廈門新關稅得佈告發佈不久，英國方面即向小刀會表示不予承認，並威脅說「如有任何企圖侵擾英國民人身家財產的行動，將必立即受到堅強的抵抗。」[60]小刀會首領黃德美在如此咄咄逼人的猖獗挑釁面前非但不予迎頭回擊，反而忍氣吞聲表示「深知英國和滿情政府訂有條約，不能承認當權官府以外的其他當局」，說小刀會「無意干擾外國人」[61]。

小刀會的上述對外妥協傾向與他們沒有識破英國侵略者的「中立」騙局很有關係。小刀會攻廈伊始，英國駐廈領事館即表示保守「中立」。文翰對這種「中立」的性質有過絕妙的自白，1853年5月他指令駐廈英國副領事「繼續保守中立，以免中國政府解釋為英國承認叛黨」，並「希望中國當局能在短期內設法驅逐那群烏合之眾，重在廈門建立政府」[62]。這表明英國的所謂「中立」是以承認清政府、不承認小刀會政權為前提的。同年8月英方毫不掩飾地通知小刀會，「只要現存的中英條約繼續不變，英使只承認北京朝廷派任的廈門地方官員，決不能以任何行動承認其他的廈門當局」，因此決不允許英國商民向小刀會政權納稅。[63]然而英國侵略者當時懾於小刀會的威力，對清政府多次提出的助剿請求畢竟不敢理會，這使小刀會對外國侵略者產生了錯覺和幻想。

---

[58] 美國眾院檔案第123號，第170~172頁，轉引自卿汝楫《美國侵華史》第一卷，第108頁，三聯書店1952年版。

[59] 施丹唐：《三合會史》，轉引自簡兄文《太平天國全史》上冊，第768頁。

[60] S. G. Bonham to John Backhouse No 37. August 20. 1853.See F.O. 228/155 Part 3.《集刊》七，第335頁。

[61] John Backhouse to S.G.Bonham. No 62.September 6.1853.See.F.O.228/155 Part2. 《集刊》七，第335頁。

[62] S. G. Bonham to John Backhouse No 25. May 28. 1853.See F.O. 228/155.《集刊》七，第332頁。

[63] S. G. Bonham to John Backhouse No 37. August 20. 1853.See F.O. 228/155 Part 3.《集刊》七，第335頁。

　　另外，閩南小刀會不同於同時期國內其他會黨的一個顯著特點是擁有相當數量的歸僑會員，它的一部分首領也是歸僑。歸僑參加小刀會起義的主要原因是不滿清政府的腐朽統治，他們和占小刀會絕大多數的農民一樣，直接感受到的是國內封建統治者的橫徵暴斂、倒行逆施，這就決定了閩南小刀會的鬥爭鋒芒是指向清政府，而沒有同時指向中外反動派。在很長一個時期內閩南人民去外洋謀生往往是「親屬介紹接踵而行，甚有舉家而往者」[64]。英屬海峽殖民地成了他們集中僑居的地區之一，一些小刀會員在廈門淪陷後陸續逃亡至新加坡等地便是明證。因此一些歸僑在閩南參加小刀會起義，其親屬卻仍在英屬海峽殖民地。另外廈門和英屬海峽殖民地之間有著民間貿易往來。[65]顧全歸僑家屬和對海峽殖民地的貿易等因素都是小刀會在處理外事方面必須予以考慮的。當然，小刀會在外事方面軟弱妥協的根本原因當在於對外國侵略者的本質認識不清。

　　小刀會的退讓使侵略者的氣焰更加囂張。直到小刀會撤出廈門為止，清軍的餉銀多次通過「夷船匯寄」，而小刀會沒有從英方處收到過一文關稅。由於拒不納稅，1853 年英國「由廈門輸出的貿易反較先一年為增加。」[66]英國殖民者還應清政府的要求，對小刀會實行軍火封鎖，廈門德記、合記洋行的倉庫存有價值十幾萬元的火藥，但拒絕出售給小刀會。小刀會撤出廈門後，外國侵略者撕下了「中立」的偽裝，肆無忌憚地對小刀會大打出手，英國海軍在海上擊壞、拖走小刀會的船隻。[67]1855 年冬，港英當局逮捕了在那裏集結、準備攻打九龍的五十餘名閩南小刀會會員，並解除了他們的武裝，宣稱不容小刀會「借此積蓄軍器，聯群拜黨，欲於本國作叛。」[68]葡澳當局也發炮

---

[64]　南安本山《陳氏宗譜》，轉引自《歷史研究》1984 年第 4 期，第 62 頁。

[65]　小刀會 1853 年 8 月 1 日微稅通告的第十四條就是對廈門本地往來於新加坡等地的璞甲板而發的。

[66]　D. B. Robertson to S.G.Bomham No.February 27.1854 .See F.O.228/171，《集刊》七，第 352 頁。

[67]　〔英〕施嘉士：《旅華十二年》，轉引自簡又文《太平天國全史》上，第 772 頁。

[68]　《太平天國史料》第 517 頁。

打死了小刀會著名的水師首領馬義，並把他率領地船隊「分隔於兩處」[69]。外國侵略者和清政府互相勾結，狼狽為奸，共同破壞小刀會地海上鬥爭。閩南小刀會受了外國侵略者所謂「中立」的欺騙，為此付出了慘重地代價，從而在外事方面為近代會黨留下了最初的教訓。

　　閩南小刀會和外國侵略者的接觸表明會黨在反侵略的路上不是筆直前進的。外國侵略者是兇惡的，也是狡猾的。因此閩南小刀會起義作為中國近代史上第一次直接與外國侵略者接觸的會黨起義，在外事方面上當受騙，存在缺點，我們是不應該苛求的。但指出這一點，從中吸取經驗教訓則是必要的。

---

[69]　〔英〕施嘉士：《旅華十二年》，轉引自簡又文《太平天國全史》上，第771～772 頁。

1853 年臺灣天地會大起義

　　1853 年的臺灣天地會大起義，是太平天國時期臺灣地方史上的一個重大事件。它從一個側面表明了太平天國運動的巨大影響，同時也反映了臺灣人民和祖國大陸人民休戚與共、生死相依的血肉聯繫。本文擬根據中國第一歷史檔案館所藏清代檔案，對這次起義作一介紹。

一

　　1853 年臺灣天地會起義，是臺灣地區會黨運動的繼續和發展，而臺灣會黨運動的興起又是和當地民情吏治緊密相關的。眾所周知，臺灣和閩南大陸有著十分密切的社會、經濟聯繫，長期以來是閩南人民渡海謀生的重要場所。隨著渡台人數的不斷增加，至清代道咸之際，台民已「大半皆漳泉寄籍」[1]，且大都是「無業可以資生」的下層勞動者。臺灣僻處海外，吏治較全國其他地區更為腐敗，「各省吏治之壞，至閩而極，閩中吏治之壞，至臺灣而極。」[2]生活在水深火熱之中的臺灣人民，對清朝統治十分不滿，這就為反清的秘密會黨提供了滋生的土壤。天地會自乾隆四十八年從閩南傳入臺灣後，很快在島上生根、發展。僅僅幾年，就爆發了聲勢浩大的林爽文起義。到嘉慶初年，嘉義小刀會又在陳錫宗的領導下發動了武裝起義。進入近代以後，彰化縣的會黨也在道咸之交舉行過起義。可見天地會在臺灣有長期反清鬥爭的傳統。1853 年 5 月在太平天國運動的高潮中，臺灣天地會又發動了西海岸大起義。

---

[1]　《軍錄》：臺灣鎮總兵恒裕等奏摺（咸豐三年五月初十日）。
[2]　徐宗幹：《治台必告錄》，《臺灣省通志》卷九，第 67 頁，臺灣眾文圖書公司 1971 年版。

二

　　1853 年 5 月 22 日，臺灣天地會首領林恭與王光贊、林芳、趙添從、戴安邦、吳青等人得悉太平軍雄踞江南，「漳、廈等處並被小刀會首佔據，商同乘機起事。」他們認為臺灣南部的鳳山縣城沒有城牆，四周只有竹圍，易於攻破，遂決定先拔鳳山。林恭等人打出太平天國的旗號，分頭發動和組織群眾，「飲酒結盟，議定各為股首」，以林恭為總元帥、王光贊為總軍師，「定期豎旗，先攻鳳山埤城」，同時約會臺灣中路、北路會黨，俟鳳山得手後「合攻府城」。為此，王光贊事先向臺灣府城中各紳富分發匿名書信，廣造反清輿論，「使官紳離間，不能合力防禦。」[3]

　　1853 年 6 月 3 日，林恭等獲悉派去偵察的幾名群眾在鳳山遇害，鳳山當局又調集水底寮「義民」來縣守城，於是當機立斷，在阿裏港樹旗起義。6 月 4 日中午起義軍「數百餘，假充義民，砍破竹圍，蜂擁而入」，直撲鳳山縣署，格殺縣令王廷幹、典史張樹春及文武員弁四十餘人。起義軍搗毀了衙署、倉庫、科房、監獄，打開牢門救出無辜的群眾。正當起義軍往鳳山城內火藥庫奪取炮械時，帶兵在外巡哨的清軍參將曾元福聞訊率隊趕回，自北門竄進火藥庫據守。起義軍連日火攻未果，「復決水引入，平地盈尺」，亦未奏效，遂將軍火庫局「四面環堵，絕其糧食」。但守局清軍依仗庫存的大量軍火負隅頑抗，與起義軍展開巷戰。[4]

　　為分散清軍的兵力，鳳山起義軍派出元帥林芳、鄭波、股首吳青等人「密約中路股首楊汶愛等定期攻撲府城，又通信北路股首張估等同時攻嘉義縣城。」[5]1853 年 6 月 2 日、3 日，臺灣中部的會黨在楊汶愛、羅阿沙、李石的領導下，於臺灣縣（今台南）番薯寮「豎旗派

3　《軍錄》：調署臺灣鎮總兵邵連科等奏摺（咸豐四年八月初一日）。
4　《軍錄》：閩浙總督兼署福建巡撫王懿德奏摺（咸豐四年七月二十六日）。
5　《軍錄》：署臺灣鎮總兵邵連科等奏摺（咸豐四年八月初一日）。

飯」。4 日，在灣裏街正式起義，以「興漢滅滿」為號召。[6]當天傍晚，署臺灣知縣高鴻等聞訊，督帶兵勇並調集屯丁趕來鎮壓。起義軍於是日夜襲敵營，激戰通宵，至次日中午，擊斃知縣高鴻、及外委謝奮揚等文武員弁一百五十餘人，署守備李雲龍率殘部狼狽逃竄。消息傳來，臺灣全城戒嚴，晝夜巡防。

南路起義軍元帥藍石頭、蘇棟、趙添從等人首先率五六千人向府城進軍，沿途村民紛紛參加，「不計其數」。但 6 月 8 日、10 日、12 日起義軍三次攻城，均告失利，遂退至距府城二三十里的大穆降、南潭一帶活動，「復分黨由內山僻徑，繞道約會中、北路股首，糾眾連襲」駐在府城北郊的恒裕行營，[7]準備繼續在中路發動攻勢。

為撲滅起義軍，臺灣鎮總兵恒裕和徐宗幹商定了「先清中路」，力保府城，再行北上，打通餉道，同時分兵南下壓平鳳山的作戰計畫。[8]6 月 16 日，清軍在葛松埔遭遇起義軍，起義軍失利後「奔赴中路屯集」。

在臺灣南路、中路天地會起事後，以總元帥張估為首的北路起義軍也在嘉義縣迅速發展。嘉義起義軍在元帥賴棕、曾雞角、王烏番等指揮下，出動二三千人「連日圍攻縣城」，但未能得手。6 月 18 日，嘉義縣營糾集弁兵、「義首」、壯勇分路包抄，夾擊屯集在縣城附近加至莊的起義軍。敵人從被俘的起義軍人員那裏獲悉賴棕準備和中路起義軍元帥李石等人「復攻縣城」的計畫後，遂於 21 日凌晨搶先向起義軍發起突襲，起義軍措手不及，損失不小。賴棕、王烏番的帥印、起義軍的告示以及竹梯等攻城器械均被清軍繳獲。25 日至 26 日起義軍正帥周烈、副帥葉泉、軍師吳西江、陳江流等先後被俘。[9]

恒裕為了阻止南、北、中三路起義軍會合再攻府城，決定於 6 月 17 日移營「至南北居中扼要之埔薑頭地方」屯紮。次日夜間大雨滂沱，起義軍趁清軍立足未穩進行偷襲。23 日，臺灣道徐宗幹派出的千餘清軍、壯丁和恒裕部會合，至大穆降地方合擊起義軍，起義軍寡

---

[6]　《軍錄》：調署臺灣鎮總兵邵連科等奏摺（咸豐四年八月初一日）。

[7]　連橫：《臺灣通史》第 610 頁，中華書局 1983 年版。

[8]　調署臺灣鎮總兵邵連科等奏摺（咸豐四年八月初一日）。

[9]　《軍錄》：調署臺灣鎮總兵邵連科等奏摺（咸豐四年八月初一日）。

不敵眾，「奔入山谷」。26 日清軍趕到新市、瓦磘埔一帶鎮壓，起義軍「且戰且退」，向近山一帶轉移。接著恒裕令署鎮標中營游擊夏汝賢等人率兵勇、「義民」數千人由臺灣府城出發，救援被圍困的曾元福部。7 月 7 日徐宗幹又增派安平舟師由水路併發南下。[10]

恒裕分兵攻打南路起義軍後，中路起義軍加緊在府城周圍的活動，「復糾集黨羽數千」，在距恒裕行營七里之南潭、大灣等處「負險搭寮屯聚」。為此恒裕於 6 月 28 日分兵兩路前去攻剿。起義軍遭清軍猛烈炮擊，股首王光蒲等二百餘人陣亡。為搜捕中路起義軍首領，恒裕連日派兵「出哨各處」，探訪蹤跡。起義軍先鋒張添於 6 月下旬被俘。

7 月初，林恭等人「探知郡城派兵南征，抽帶股夥」，星夜趕回鳳山縣，一面令羅揚等率眾「留住鳳城」，一面親率五千餘人積極迎戰，吳青等人「又於新圍、為隨等莊築土為營」，沿途齊集會眾近二萬餘人「分股拒敵」。7 月 8 日起義軍在大湖前仙堂的戰鬥中失利。次日清軍進抵隨圍地方，再敗起義軍，並分隊搜捕。隱蔽在附近九甲園、二濫溝等處的起義軍戰士。11 日清軍行抵九圍莊，起義軍見敵軍勢眾，遂改計智鬥，「詐穿義民號衣二千餘人來迎」，惜被清軍事先偵知，旋即惡戰。在戰鬥中，清軍由山邊繞至起義軍背後，前後夾攻，起義軍復又失利。當天清軍抵達鳳山舊城。12 日清軍在鳳山縣城內外相應，重陷鳳山。不久，在縣城附近堅持鬥爭的起義軍元帥方烏翠、將軍梁盧等七十餘人被城鄉「義首」所俘獲，元帥林芳、趙添從等人也在 7 月底 8 月中旬相繼被捕。林恭率部退走東港。

在中路戰場上，澎湖左營游擊王國忠等帶澎湖兵四百名、臺灣道派遣的前淡水營同知史密、台防同知洪毓琛督帶「義勇」、屯丁於 7 月 10 月來到恒裕行營，恒裕的兵力大增，再加上夏汝賢等在南路接連得手，恒裕即於 7 月 12 日從埔薑頭拔營至大營頭。起義軍發動進攻，未能取勝，遂退往小新營莊、外溪底一帶。大社莊的起義軍也被史密等「協力攻散」。

7 月 14 日，清軍史密、洪毓琛部進抵灣里街，放火焚毀了起義軍羅阿沙的元帥府，搜獲帥府中所存的印信、袍甲、旗械、炮銃、鉛藥等，

---

10 《軍錄》：臺灣道徐宗幹奏摺（咸豐三年五月二十六日）。

起義軍傷亡多名，北路起義軍先鋒楊再生等被俘。[11]次日上午羅阿沙、賴棕部起義軍再次被清軍擊敗，羅阿沙率餘部奔至曾文溪邊「梟水而逸」，投入北路起義軍，在溪北茅港尾地方集結。幾天後清軍史密、洪毓源部渡溪直撲而來，恒裕亦帶大隊清軍由芊仔浦渡過曾文溪，繞道麻豆莊一帶，進攻起義軍。北路起義軍軍師、先鋒多人和南路起義軍軍師一人被俘。7 月 23 日清軍移進茅港尾駐紮，並在各海口實行清莊，搜捕起義軍。不久羅阿沙被捕，中路起義軍總元帥楊汶愛亦被署臺灣知縣「購覓眼線」，裏應外合，「細（捆）縛解案」[12]。至 8 月 14 日為止，又有中路起義軍軍師盧石、先鋒蔡協、陳和尚、李知仔等三十人被「訪獲」[13]。

北路起義軍除了和中路起義軍聯合作戰外，還繼續在北路發動攻勢，勢力曾「延及北路彰化縣屬西螺一帶」。7 月，起義軍猛攻嘉義北面的斗六門清軍汛地，署鹿港同知丁曰健聞訊後，於 7 月 11 日會同署北路協副將曾玉明「率領兵勇，前往救護。」次日，起義軍在清軍內外夾擊下敗走，北路的起義軍元帥曾雞角、張東嶺、軍師吳海、先鋒石乞食、汪大武、吳總等均在這次戰鬥後不久被俘。

為了盡快撲滅北路的起義烽火，恒裕還從行營中派撥弁兵，會合嘉義縣鹽水港的地主武裝，「聯絡沿海一百餘莊」，圍殺起義軍二十餘人，並俘獲軍師余薏、先鋒莊乙等多人，曾文溪北岸麻豆莊的地主武裝也先後抓、殺起義軍元帥七將軍、先鋒、旗目、旗腳等五十餘人，他們還出資「捐備線費」，訪獲中路元帥李石，解到府城處死。[14]

北路起義軍嚴重受挫後，轉移至鹿仔草一帶。恒裕聞訊後，於 8 月 5 日拔營進紮鹽水港，派兵勇「潛往鹿仔草莊圍捕」。但起義軍已經得信轉移了。恒裕一面於 8 月 9 日進赴嘉義縣城外駐紮督捕，一面佈置嘉義營縣、紳衿及內山各莊義首「於內山各要隘嚴密堵截搜捕」[15]。在各色反動武裝的聯合搜捕下，臺灣北、中兩路起義軍的一大批元

---

[11] 《軍錄》：徐宗幹奏摺（咸豐三年六月十八日）。

[12] 《軍錄》：徐宗幹奏摺（咸豐三年六月十八日）。

[13] 《軍錄》：徐宗幹奏摺（咸豐三年六月十八日）。

[14] 《軍錄》：徐宗幹奏摺（咸豐三年七月初十日）。

[15] 《軍錄》：徐宗幹奏摺（咸豐三年六月十八日）。

帥、軍師以及戰士二百餘人被捕，其中包括南路起義軍的元帥戴安邦。事後清方從被俘人員的口供中得知，北路元帥郭潮達、中路軍師施神助以及原南路水底寮「義勇」林萬掌等人，都是「事前勾結」，導致「南北兩路同時並起」的重要人物。北、中兩路起義軍基本被鎮壓後，餘眾向臺灣南路海口撤退。

　　8月間，南路起義軍在臺灣南路海口東港與清軍激戰，犧牲戰士百餘名，林恭及元帥蘇棟、軍師王光贊、先鋒洪圭角等四十餘人被俘。元帥鄭波、湯信，將軍陳任愛帶領餘部退至萬冷莊繼續抵抗，最後鄭波等七十餘人亦被俘。從鳳山到東港被俘的二百四十餘名起義軍將士，全部死在清軍的屠刀之下，林恭也在同年9月噶瑪蘭廳起義爆發後不久被清政府匆忙就地殺害。[16]至此，臺灣天地會的西海岸起義基本結束。起義軍餘部經過輾轉跋涉到達臺灣東北部的噶瑪蘭廳，不久加入了當地會黨起義的行列。

三

　　噶瑪蘭廳的天地會起義是吳磋領導的。1853年6月，當西海岸會黨起事的消息傳到東北部時，吳磋就準備發難回應，但考慮到當時實力不足，故暫行推遲起義。1853年8月，西海岸的反清起義相繼被鎮壓下去後，各路會黨餘部黃老泳等五六十人由「番界小路繞至蘭屬火炭坑等處潛匿。被吳磋吸收入夥。」正在這時閩南小刀會成員吳松、余立在閩南作戰被清軍擊散後，亦「由偏僻小港偷渡來台」，與吳磋等人面商，「談及探聞郡城軍餉不繼，有札提廳庫銀兩情事」[17]，認為「該廳距郡城道路駕遠，兵餉不繼」是個大好時機，於是「起意結黨」，邀集鳳山、嘉義等地起義軍餘部，分頭發動群眾，「在梅洲莊空廟會齊，飲酒立誓。」[18]就這樣，在閩南小刀會員的直接推動下，1853年9月終於爆發了吳領導的噶瑪蘭起義。

16　《軍錄》：恒裕奏摺（咸豐三年七月二十二日）。
17　參見徐宗幹奏摺及奏片（咸豐三年九月初九日）。
18　《軍錄》：邵連科等奏摺（咸豐五年十二月初一日）。

　　9 月 16 日噶瑪蘭廳通判董正官獲悉吳磋等人聚眾起事後，會同都司劉紹春一起鎮壓。起義軍事先獲得情報，在清軍必經之竹圍小路設伏以待，攔途截殺，擊斃董正官等。董正官被殺使噶瑪蘭廳的清朝官員大為震驚，該廳羅東巡檢沈樹政「因城內兵力甚單，不敷守禦」，即到六保地方「添雇壯勇」，組織團練。吳磋在伏擊獲勝後率眾返回梅洲莊，豎起大元帥旗幟，自任總元帥，以林灌、吳松、余立、林汶英、吳森等五人為軍師。9 月 17 日上午，起義軍向噶瑪蘭廳城發動進攻，劉紹春在城中「親督弁兵紳民於各門捍禦」[19]，起義軍繞開東南城上的密集炮火，在內應接應下，由西北方向砍破竹圍，攻入廳城，與敵展開巷戰，劉紹春等因起義軍「越聚越多，力不能支，退入營盤，閉壘固守。」[20]當天清晨出城招募「義民」守城的沈樹政聞警趕回，率「義丁」四百名駐紮城外，伺機反撲。是日深夜，起義軍忙於「搜搶衙署倉庫，縱放人犯」，防範不嚴，清軍乘機反攻，起義軍頓時「腹背受敵，力不能支」，從東、北兩門撤出廳城。清軍重陷噶瑪蘭廳後，「在於四城堆築炮臺」，「添雇壯勇五百五十名，分派各要隘嚴密堵禦」，隨後糾合六保「義民」，一路向起義軍梅洲莊據點殺來，起義軍頑強抵抗，在廳城一帶與敵多次激戰，雙方對峙達三個月之久。

　　清朝臺灣當局為把吳磋起義鎮壓下去，一面請閩浙總督、福建巡撫「調兵籌餉，由五虎徑渡來台，會合剿擊」[21]，一面命署頭圍縣丞王衢暫行代理噶瑪蘭廳通判，以卸任澎湖通判楊承澤前往接署本任，並調署艋甲營參將黃進平、護北路協副將曾玉明派兵鎮壓。王衢早在吳磋起義之初就下鄉糾集壯丁數百人與起義軍交戰，接到代理通判的委任後，立即進入噶瑪蘭廳城搜查，查出城中「義首」林汶英係吳磋一黨，隨即設計誘殺了林汶英。接著王衢又夥同劉紹春、沈樹政等人進剿起義軍。起義軍與清軍苦戰數日，終於不敵，犧牲多人，軍師林隆、吳松、余立等二十餘人被俘。吳磋率部撤進深山，在三貂尖、挖仔等莊，「復糾夥黨，焚攻頭圍。」王衢率部星夜回救，起義軍作戰

[19] 《軍錄》：邵連科等奏摺（咸豐五年十二月初一日）。

[20] 《軍錄》：邵連科等奏摺（咸豐五年十二月初一日）。

[21] 《軍錄》：署閩浙總督福建巡撫慶端奏摺（咸豐八年七月十三日）。

不利，主動撤圍。不久護副將曾玉明、署參將黃進平、通判楊承澤等帶兵陸續進抵噶瑪蘭。吳磋為保存實力，再次率部進入內山，屯守於內柑腳地方。護副將曾玉明在頭圍令「義民」為嚮導，率軍進攻起義軍。起義軍力不能支，遂轉移至深山活動。他們與優勢的敵軍連續作戰多次，旋在清軍四路圍攻下失利，「攀藤葛沿山而上」，突出重圍。

1854 年 3 月起義軍轉移至中心崙一帶堅持鬥爭，該處地勢十分險要，四周高山峻嶺環抱。3 月 22 日、23 日兩天，曾玉明部清軍首先將「所有要隘處所全行斷絕」，在戰鬥中，起義軍十餘人陣亡，將軍劉木、沈鍾被俘。經過激戰，中心崙於 3 月 25 日失陷，吳磋被俘。[22]

參加這次起義的鳳山、臺灣、嘉義等地的天地會起義軍餘部，在吳磋失敗後複從原路撤回原籍，繼續戰鬥。1854 年 5 月，嘉義縣天地會餘部在股首賴唇等人的率領下，在布袋嘴、二竹圍一帶活動，其他起義軍餘眾「藉為聲勢，希圖死灰復燃。」在南路鳳山，起義軍餘部「或山谷，或匿海濱，亦有復圖嘯聚」，風謠時起，清臺灣當局出動大軍水陸圍捕，不久嘉義縣天地會起義軍股首賴唇、蔡定、陳三、黃厚等百餘人，中路臺灣起義軍股首胡翁、先鋒張沅、王作曲及南路鳳山起義軍股首林孟得等二百五十餘人相繼被俘。從清方奏報來看，1853 年 8 月以後，臺灣西海岸各路起義軍仍有一些在活動，在所列近四百名起義軍餘部被俘人員名單中，尚有從元帥到旗目的各級骨幹36 人。[23]至此，1853 年的臺灣會黨大起義才正式平息。

四

1853 年臺灣天地會起義是太平天國時期臺灣會黨的一次重要起義。這次起義受到了閩南小刀會的直接影響。1853 年 5 月，閩南小刀會在海澄起義後不久，就派出會員吳阿班「混入商船水手來台」，和臺灣鳳山會黨接上關係，並通過股首吳青，被招為林恭起義軍的「總

---

[22] 《軍錄》：邵連科等奏摺（咸豐五年十二月初一日）。
[23] 《軍錄》：邵連科等奏摺（咸豐五年十二月初一日）。

先鋒」[24]。臺灣天地會是通過閩南小刀會的媒介才瞭解太平天國的。據清方奏報，南路會黨起義之初，即「妄稱粵匪偽號，糾眾起事」。北路起義軍「亦假粵匪偽號，糾眾滋擾。」在服飾上，起義軍也效法太平軍：天地會的元帥們大都「穿戴黃色衣帽」[25]，中路起義軍總元帥楊文愛則「身穿黃馬褂，並戴全紅鳳帽。」[26]但由於閩南小刀會自身對太平天國的具體情況不甚了解，[27]認為「朱天德與洪秀全係屬妻舅之親」，「太平天國係天德王之號也」[28]。故使臺灣天地會也受到影響。在臺灣天地會打出的旗號上，太平天國和天地會的朱添得（天德）是合二為一的，也有直書「大昌天德殿前大元帥」的。[29]

　　閩南小刀會比較重視聯絡臺灣會黨，自派出吳阿班向臺灣會黨送去太平天國及自身起義消息後，又在福建沿海招集人眾，準備於 1853 年 9、10 月間由經常在臺灣海峽活動的紀貓生帶領赴台接應各路天地會首領開展反清鬥爭。事實上，同年 7 月底 8 月初閩南小刀會已分批派人向臺灣進發了，每批約十餘人，分乘船只而來。但因清朝臺灣當局事先獲悉情報，沿海地區加強了戒備，「撥派水師，同各廳縣丁勇加意防捕」，所以連同紀貓生、紀南、施幗等十三人在內的五批援台小刀會眾分別在臺灣西海岸東港、鹿港以及附近海面上被清軍查獲，至 8 月中旬為止，至少有四十餘名小刀會員被俘。[30]閩南小刀會遭此挫折後，鑒於海上作戰缺乏依託，困難很大，於是改計佔據澎湖，作為據點和跳板，進而接應臺灣會黨。8 月中旬後，小刀會復派出一批船隊，攜帶炮械，駛赴臺灣。駛至澎湖洋面遭到清軍水師攔擊時，小刀會船隻開炮回擊，然因勢單力薄，在海戰中損失多船，林略等三十餘人被俘，蔡辛等另一批小刀會眾二十四人亦在臺灣鹿港一帶被俘。而這時臺灣西海岸的會黨起義已基本上被鎮壓下去了。由於當時閩南

---

[24]　《軍錄》：邵連科等奏摺（咸豐五年十二月初一日）。

[25]　《軍錄》：徐宗幹奏摺（咸豐三年七月初十日）。

[26]　《軍錄》：臺灣鎮總兵恒裕等奏摺（咸豐三年五月初十日）。

[27]　《軍錄》：徐宗幹奏摺（咸豐三年六月十八日）。

[28]　廈門小刀會告示六紙（六），佐佐木正哉：《清末的秘密結社》第 133 頁。

[29]　陳慶鏞：《鑿經堂類稿》卷三，頁三十一。

[30]　《軍錄》：徐宗幹奏摺（咸豐三年七月初十日）。

小刀會把主力投入廈門保衛戰上，因此未能給臺灣會黨起義以更有力的支援。不久閩南小刀會員吳松、余立等人溝通了閩台兩地會黨間的聯繫，為臺灣天地會起義作出了重要的貢獻。

1853 年臺灣天地會起義的浪潮席捲了臺灣全島，猛烈衝擊了當地的封建統治秩序。臺灣官員事後心有餘悸地回顧說，「上年逆匪約期蜂起，數日之間擾及一府三縣……裹脅附和，幾至遍地皆賊，民心極為驚惶。」[31]起義軍在裝備極為落後的情況下與清軍、團練等反動武裝展開殊死搏鬥，至 1853 年 11 月中旬為止，起義軍先後打死清朝文武官員、兵丁役勇等 280 餘人，打傷清軍 140 餘人（噶瑪蘭廳起義軍的戰果及各鄉團練的傷亡人數尚未計算在內），[32]打擊了清政府在臺灣的反動統治。

---

[31] 《軍錄》：調署臺灣鎮總兵邵連科等奏摺（咸豐四年八月初一日）。
[32] 《軍錄》：恒裕奏摺（咸豐三年十月十九日）。

李紹熙遊民集團和上海小刀會起義

　　1853 年上海小刀會起義時有不少遊民參加，李紹熙即是其中的一個代表人物。研究李紹熙在上海小刀會起義前後的活動，有助於我們瞭解上海開埠後初期遊民階層的社會功能和歷史作用。

　　早在鴉片戰爭之前，上海已是閩、廣、浙諸省海船通商之地。「廣東潮州等府人民繁庶，地方斥鹵，故皆不惜身命，輕去其鄉，……間有失業水手，流落上海等處」[1]。李紹熙又名李少卿，出身於潮州附近嘉應州（今梅縣）的一個封建士族家庭，自稱與「編修李載熙、檢討李光彥，俱係同宗」[2]，鴉片戰爭前後北上赴江南行賈，因錢財被竊，落魄滬上，成為遊民。李無意中結識妓女綠芸，得其幫助，隨以綠芸為妻。李紹熙在上海城建立家室後，利用妻子提供的資金，「作小運販，獲利頗饒多乃設茶棧」[3]，「賣煙聚賭」，當時經營此類黑生意的除李紹熙外還有陳阿六、陳阿林、林阿福、李仙雲等，他們「廣結羽黨，無籍流民多附之。」[4]

　　李紹熙等人是閩廣遊民的首領，他們手下的那幫人原先有一大部分是內地航海商船的水手，「迨五口通商以後，一切洋貨，無須華商轉運，洋船歇業者多，……該遊民等無從覓食遂以護送鴉片為事。自上海以至蘇州，動輒聚至盈千累百」[5]。這些來滬謀生的閩廣遊民在上海舉目無親，只能依據鄉誼關係去尋求傳統的會館的幫助。而根據清代政治制度，閩廣遊民「向皆由各該省會館董事，設法周恤安

[1]　向榮奏片（咸豐五年十一月二十四日）《太平天國》（八），第 546 頁。
[2]　《軍錄》：兩江總督怡良等奏片（咸豐三年十二月十四日）。
[3]　王韜：《甕牖餘談》卷七。
[4]　《上海小刀會起義史料彙編》第 985 頁（以下簡稱《彙編》）。
[5]　《太平天國》（八），第 546 頁。

撫」[6]，「稽查約束，分別遣散」[7]。當時擔任嘉應州會館董事的李紹熙和興安泉漳會館董事李仙雲等人為了擴大在上海的黑生意，增強同官府抗衡力量，趁機利用這種權力，廣招徒眾，以為己用。在李紹熙等會館董事的支持和縱容下，護送煙土的閩廣遊民「動輒糾眾，械鬥拒捕，潛不畏死」[8]，形成了一股上海灘上不容忽視的社會力量。

1853 年 3 月太平天國定都天京之後，李紹熙、李仙雲等 6 個會館董事聯名要求上海道吳健彰招募閩廣之人辦理地方團練，名為防範太平軍，實則借機把他們各自的遊民力量進一步組織起來，增強控制地方事務的權力。吳健彰不知是計，欣然接受上述建議，「飭粵董李少卿等團練粵人，閩董李仙雲等團練閩人」[9]。同年 7 月，李紹熙自上海押運一批鴉片煙土去蘇州販賣，途經青浦千秋橋時被人假冒周立春之名劫奪一空，李紹熙徑直找周立春交涉，周立春「押令賠還」。李紹熙見周立春很有實力又講交情，便介紹周立春結識劉麗川，加入上海小刀會。至此周立春「遂與閩、廣、寧波人認識交好，結盟拜會」[10]，青浦縣天地會和上海縣城的小刀會取得了聯繫。但李紹熙此舉的初衷不過是拉周立春的青浦天地會入夥，為日後遊民集團的煙土販運提供方便而已。

1853 年 9 月初劉麗川積極籌畫上海小刀會起義，回應太平天國。李紹熙見李仙雲、陳阿林、林阿福等人均參與其事，起義已是大勢所趨，眾心所向，無可阻擋。於是夥同陳甲奉入股鑽營，拉小刀會大旗作虎皮，擴充實力，相機行事。由於李紹熙率嘉應幫三百餘人參加小刀會起義軍，起義初期偽裝積極，加上前此介紹周立春結識劉麗川有功，很快騙取了小刀會首領劉麗川的信任，「賊中攻劫多出其謀」[11]。

對於李紹熙游民集團來說，利益是決定一切的。反清復明於這一洪門幫會的宗旨只有和他們的利益不衝突時才是可取的。只要封建統

6　《軍錄》：怡良等奏片（咸豐三年十二月十四日）。
7　《太平天國》（八），第 546 頁。
8　《彙編》第 1022 頁。
9　《彙編》第 963 頁。
10　《軍錄》：怡良等奏片（咸豐三年十二月十四日）。
11　王韜：《甕牖餘談》卷七。

治者允諾給予他們更大的利益，李紹熙等人即可反戈相向，毫無幫會義氣可言。李紹熙在上海小刀會起義之前曾援例捐納候補縣丞，被迫起義後不久就和清朝署松江府知府藍蔚雯「有……接應之約」[12]。1853年12月，清軍進攻小刀會一再受挫，於是改換手法，派已革候選知府謝繼超進城招撫誘降。李紹熙乘機在小刀會起義軍內部製造投降輿論，緊密配合，他指使所部「嘉應州三百餘人均謂其招降斷非虛假，情願公同具保」，企圖誘使整個小刀會起義軍投降清軍，以便從清政府處獲得更多的封賞。李紹熙的舉動引起了劉麗川的警覺，劉「疑其與官兵通謀，欲行搜殺」[13]，小刀會同時採取果斷措施，於12月22日處決謝繼超，徹底粉碎了李紹熙遊民集團公開投敵的罪惡陰謀。在此之後李紹熙賊心不死，一面與陳阿六密謀「相約投誠」[14]，一面設法與清朝從九品職銜詹承恩暗中接頭，「獻內外夾攻之策於吉撫軍（指江蘇巡撫吉爾杭阿——引者注）」[15]。旋因小刀會防備森嚴，李紹熙無法內應，只得於12月30日乘亂隻身出逃，直奔藍蔚雯行營投降。

　　李紹熙投敵後的第一件事就是表示「自願勾通在城之陳尚（當為陳阿六之誤——引者注）作為內應」[16]。清朝上海地方當局即令李「通信嘉應州之人速自解散」[17]。1854年1月1日，李秉承主子的旨意派人進城送信，聯絡舊友陳尚圖謀不軌，被小刀會查獲。陳尚聞訊倉皇出逃。劉麗川怒不可遏，下令殺死李紹熙留在上海縣城內的全部家屬，[18]並將參與謀叛的嘉應幫八、九十人處之以法。嘉應幫遊民困獸猶鬥，負隅頑抗，也殺害了一些廣幫起義軍戰士。第二天嘉應幫一批人乘清軍攻城之際，先後從東南城牆牆角跳下投敵。嘉應幫隊伍就這樣從上海小刀會起義軍中拉了出去，這次分裂人數固然不多，但影響是極為惡劣的。

12　《軍錄》：兩江總督怡良等奏片（咸豐三年十二月十四日）。
13　《軍錄》：兩江總督怡良等奏片（咸豐三年十二月十四日）。
14　《軍錄》：兩江總督怡良奏摺（咸豐四年二月初四日）。
15　《太平天國史料叢編簡輯》第2冊，第148頁。
16　《吳煦檔案選編》第四輯，第50頁，江蘇人民出版社1983年版。
17　《軍錄》：怡良等奏片（咸豐三年十二月十四日）。
18　《吳煦檔案選編》第四輯，第11頁，江蘇人民出版社1983年版。

李紹熙投敵後還把被俘的嘉應州的小刀會員保釋出來，「解往大營，隨同打仗」[19]，並自己出錢「募勇五百人隨營」[20]，拼湊起一支反動武裝參與對上海小刀會起義軍的圍攻。李紹熙部奉命駐守在上海大東門外荷花池地方，威脅小刀會的小東門炮臺，並扼住小刀會向浦東的突圍之路。

1854 年 3 月上旬上海小刀會起義軍對李紹熙營盤連續三次發起猛烈進攻，討伐叛逆。李紹熙在戰鬥中兇相畢露，或「督勇迎剿」，或在清軍掩護下「迎頭截殺」，死力對抗小刀會。[21]當然，李紹熙集團並不是小刀會起義軍的對手，1854 年 4 月 2 日咸豐帝發出「上諭」，嚴厲質問怡良等人，「專恃一投誠報仇之李紹熙，遂能力竭賊鋒耶？」[22]儘管如此，直到小刀會撤出上海縣城為止，李紹熙部直接參與鎮壓小刀會，成了起義軍最兇惡的敵人之一。

綜上所述，上海小刀會起義前的李紹熙既是清朝候補縣丞，嘉應州會館董事，又是鴉片販運集團的頭目之一，具有官、紳、匪三種身份，這為他控制嘉應州遊民集團提供了有利的條件。多種的社會身份又使李紹熙具備了察言觀色、見風使舵的應變能力。在上海小刀會起義時，李紹熙率嘉應幫遊民集團入夥，並非篤信「反清復明」的洪門宗旨為推翻清王朝而鬥爭，而是為了從中漁利。雖然他們對封建統治秩序是有較大的破壞作用，但朝秦暮楚、反覆無常、唯利是圖、見利忘義的遊民特性又使他們極易為封建統治階級所利用。在鬥爭的關鍵時刻，李紹熙遊民集團在清方功名利祿的引誘下背叛小刀會，分裂起義軍，拋棄洪門宗旨，殺戮昔日的結盟兄弟，淪為清軍的幫兇。所有這一切都表明，在近代中國民主革命中如何處置遊民階層確實是個相當困難的問題。上海小刀會作為一個會黨組織由於受時代和階級的局限並不具備解決這一難題的能力。

19　《苟全近錄》，《彙編》第 1148 頁。
20　《軍錄》怡良等奏摺（咸豐四年二月二十二日）。
21　《軍錄》怡良等奏摺（咸豐四年二月二十二日）。
22　《彙編》第 281 頁。

寧波雙刀會起義與洪世賢起義

　　1853 年 9 月上海小刀會起義不久，寧波即爆發了雙刀會起義。寧波雙刀會起義是寧波地區階級矛盾尖銳化的產物。在太平天國革命和上海小刀會起義的鼓舞下，這次起義爆發是必然的。

　　寧波地區的官府和地區互通一氣，狼狽為奸，對廣大農民實行殘酷的剝削和壓迫，錢糧弊病就是一個明顯的例子。在鄞縣徵收錢糧時有紅白兩封之別：「地丁每兩，紅封兩千以外，白封則三千以外矣。」「且紅封皆出於紳衿之家，白封皆出於貧民碎戶。」對於白封之超額部分，吏沾餘潤，官亦分肥，鄉間糧戶無不對此切齒痛恨。1852 年 4 月，鄞縣人民在監生周祥幹的領導下奮起反抗，「聚眾入城，燒毀衙署，」請平糧價。[1]前此奉化縣亦「因錢糧價重，鄉民滋鬧……開監縱犯」[2]，縣官狼狽逃至府城。清朝地方政府慌忙派大隊兵勇前往鎮壓，但這些兵勇「毫無約束，沿途鬧事，甚至姦淫搶掠」，這更加深了鄉民對封建官府的仇恨，他們奮起抗擊，打死副將以下武官二十餘員，兵丁二百餘名，文官六員，壯勇百餘名」[3]，其中有知縣德竹樓、蔡子樹、通判袁挺舉等人。起義群眾並有「先取寧波，再進紹興，以據杭城；一面著人投奔廣西，以通『粵匪』」之說。[4]

　　由於吏治腐敗，水利不修，導致道咸之交寧波地區連年災荒。1849年寧波等府被水饑荒；1852 年又遭旱荒。四鄉貧民迫於生計，打門敲戶向富室乞食。次年寧波鄞縣諸紳士「捐錢運米賑濟，……開局日，

[1]　段光清：《鏡湖自傳年譜》第 51 頁，中華書局 1960 年版。
[2]　何士祁致吳煦等函（1852 年 5 月 29 日），《吳煦檔案選編》第四輯，第 25 頁，江蘇人民出版社 1983 年版。
[3]　何士祁致吳煦等函（1852 年 5 月 29 日），《吳煦檔案選編》第四輯，第 25 頁。
[4]　段光清：《鏡湖自傳年譜》第 60 頁、第 62 頁。

城鄉饑民紛紛聚集，當場踐死四五十人。」[5]同年 5 月鎮海又發生了饑民起事。7、8 月間，遭到嚴重水災的台州人民亦在李廣六、李幅六兄弟的率領下，聚眾數百，「樹立黃旗，結黨肆行殺掠。」[6]

　　由此可見，在雙刀會起義前夕的寧波及其附近各地早已是風潮迭起，民變頻發。在那裏富者衣豐食足，貧者寒號饑泣，階級矛盾十分尖銳。寧波人民寄希望於太平天國，紛紛議論太平軍來「則衣食可以均平，並欲殺盡貪官污吏」，地方官員承認「至我等身臨民上者，誰不思剮之剷之，而共分我一杯羹哉。」[7]

　　1853 年 9 月爆發的上海小刀會起義大大擴大了太平天國革命的影響，給了「一葦可通」的寧波以強烈的震動。寧波雙刀會聞風而動，準備回應。雙刀會首領陳春富、陳伯堯、小潘、蘇阿嶽等人發動當地及台州群眾數百人，定於 12 月 6 日起事，「先陷寧郡，再取慈溪」，[8]「已議定某人作某官，將前官盡殺之。」[9]雙刀會以太平天國為號召，以上海小刀會為依靠，會中所用之「符布、偽印，皆冒托金陵洪逆偽號」[10]，陳春富且聲稱，太平軍已得南京，「上海已有人佔據，我等先聚多人，即約上海頭領來踞寧波，功不難成」，計畫「先搶聚糧食，以待上海消息。」鄞縣南鄉薑山一帶的雙刀會員把從地主紳富手中奪來的數百擔穀存在自設的局中，「積糧以待上海兵到。」

　　雙刀會的行動遭到了地主團練的對抗，薑山顧宏康兄弟糾集二、三十圖殷戶，[11]共捐錢三萬餘串作為團練經費，拉起一支六百人的反動武裝，「到官府請給火器械」，準備武裝鎮壓雙刀會。鄞縣知縣段光清聞報後趕到當地，帶領顧氏團練突襲雙刀會局所，因雙刀會已得信轉移，當天僅抓到一名雙刀會員。於是顧氏地主團練在官府的支持

5　趙鈞：《過來語》，《近代史資料》總 41 號，第 158 頁。
6　《軍錄》：浙江巡撫黃宗漢奏摺（咸豐三年十一月十四日）。
7　段光清：《鏡湖自撰年譜》第 73 頁。
8　《軍錄》：浙江巡撫黃余漢奏摺（咸豐三年十一月十四日）。
9　段光清：《鏡湖自撰年譜》第 73 頁。
10　《軍錄》：浙江巡撫黃余漢奏摺（咸豐三年十一月十四日）。
11　圖係舊時區劃地方的單位名稱，隸屬於鄉、圖下分十莊。

下四出搜查，幾天之後陳春生等人被捕，[12]其中陳春富本人「為練局武生顧洵擒獲」，解郡殺害。[13]

陳春富犧牲後，雙刀會仍在活動，並繼續設法與上海小刀會聯繫。據清方記載，「聞上海賊首予旗七面，囑其分佈城鄉，潛招匪黨，每旗務集萬人。」9月間寧波雙刀會再度召集三千餘人準備起事，並冒用官府的名義「使人至台州，招槍手千五百名」，前來助戰。段光清忙召顧寶康至署，「令其勿散團勇」，並代為其勸捐團練經費，用來對付雙刀會。起義軍領導對於這樣一支威脅很大的反動武裝卻掉以輕心，沒有充分估計到它的危害性，他們在起義當天否決了先攻顧氏團練的正確意見，聲稱「既得寧波城池，顧姓團勇將為我有，如我不從，日後再收不遲。」結果起義軍不等台州鄉勇前來會合，即從畫山出發徑攻寧波府城。顧宏康率團盤踞顧宅，向路經其地的起義軍開火襲擊，起義軍經過頑強抵抗後，即行潰散。[14]

上海小刀會十分重視聯絡寧波雙刀會，首領劉麗川在佔據縣城後不久即派出副帥張金山等五人去寧波，「授以偽印、旗幟，結寧屬群不逞之徒」[15]，期以11月1日舉事，以擴大聲勢。但事不機密，被清方偵知。寧波地主團練頭子李厚建聞報大驚，遂施展騙術，「變姓易服，假冒起義者深夜在寧波甬東廂找到了隱蔽於此的張金山，詭稱結有兄弟數百人，「日思走上海，從將軍，」並「有屋在西鄙僻處」，可密謀大事。張金山缺乏應有的警惕，不查真偽，旋於1853年10月25日率隨從至李厚建設伏處，被一網打盡。「盡縛獻於官」[16]，不久遇害，張金山所攜帶的符布、印信也一併被敵查獲。[17]由於張金山的麻痺大意，致使小刀會此次的聯絡計畫未能成功。

1853年寧波雙刀會起義失敗後，當地人民仍然堅持反清鬥爭。1854年又發生了洪世賢起事。

[12] 段光清：《鏡湖自撰年譜》第83～84頁。
[13] 《奉化縣誌》卷十一，大事記，頁十七。
[14] 段光清：《鏡湖自撰年譜》第86～87頁。
[15] 《奉化縣誌》卷十一，大事記，17頁。
[16] 《鄞縣誌》卷四十四，《浙江忠義錄》，頁三十三。
[17] 《軍錄》：浙江巡撫黃餘漢奏摺（咸豐三年十一月十四日）。

　　洪世賢，鎮海人，「昔年曾為梟憲衙門書辦」，後因故被革，「乃歸鎮海山中不出」[18]。太平天國起義爆發後，洪轉入地下活動，「蓄髮多年」[19]。他以奉化縣山中雪竇寺為據點，積極準備發動武裝起義。洪在雪竇寺中聲稱「我興王者之師，不肯妄戮一人。」他還把人在寧波城內「雇刻字匠，至雪竇寺刊刷偽騰黃」[20]，模仿清政府的式樣，「大字皆經寸……豫備得地後出告示招人。」[21]至起義前夕，已印了數千張。在組織上，洪世賢設立了「軍師」、「丞相」、「將軍」等職，授官數百[22]，並設法「與上海劉麗川聯為一氣」。[23]每日至雪竇寺入貢捐糧的群眾也為數不少。

　　1854 年 2 月底 3 月初，洪世賢來到蕁湖，「即將起事」[24]。但洪世賢因謀事不密，風聲屢有洩漏。清朝上海地方偵悉洪世賢和小刀會的聯繫後，已於 1853 年冬向浙江巡撫黃宗漢作了通報。[25]稍後，署寧紹台道段光清也通過自己的渠道，掌握了洪世賢活動的線索，得以從容佈置，「密為調度」[26]。為了一舉壓平洪世賢起義，黃宗漢還特令正在上海城下圍攻小刀會的地主團練頭子李厚建「急歸圖之」[27]。在洪世賢起義的前五天，官方搶先動手，段光清「命水陸兩軍會集擒捕，以民團作嚮導」[28]，「會督各官紳，暗布幾千壯丁」，四面包圍洪世賢住所，[29]洪世賢及軍師董鈞岡、丞相董得彰三人被捕，丞相董廷萱後亦被俘，[30]洪世賢起義就這樣被清政府扼殺在搖籃之中。

18　段光清：《鏡湖自傳年譜》第 92～93 頁。
19　黃宗漢致自娛主人的信（咸豐四年二月二十八日）《何桂清等書札》第 114 頁，江蘇人民出版社 1981 年版。
20　段光清：《鏡湖自傳年譜》第 92～93 頁。
21　黃宗漢致自娛主人的信（咸豐四年二月二十八日）《何桂清等書札》第 114 頁。
22　段光清：《鏡湖自傳年譜》第 92～93 頁。
23　《奉化縣誌》卷十一，大事記，17 頁。
24　黃宗漢致自娛主人的信（咸豐四年二月二十八日）《何桂清等書札》第 114 頁。
25　黃宗漢致自娛主人的信（咸豐四年二月二十八日）《何桂清等書札》第 114 頁。
26　段光清：《鏡湖自傳年譜》第 93 頁。
27　《鄞縣誌》卷四十四，《浙江忠義錄》。
28　段光清：《鏡湖自傳年譜》第 92 頁。
29　黃宗漢致自娛主人的信（咸豐四年二月二十八日），《何桂清等書札》第 114 頁。
30　《奉化縣誌》卷十一，大事記。

諸暨蓮蓬黨起義

　　太平天國革命時期，浙江人民曾多次起義回應，給太平軍以有力的支持。浙東蓮蓬黨是當時浙江地區規模較大的一個農民起義組織，在鬥爭中逐漸發展壯大的蓮蓬黨擔任太平軍進軍浙東的前鋒，是太平軍在浙東戰場的主力之一。

　　蓮蓬黨的創建是紹興地區階級矛盾尖銳化的產物。浙江向為清政府重點搜刮的地區，浙江每年的漕糧為一百餘萬石，約占全國漕糧總額的四分之一以上。浙江的田租率一般都在百分之五十以上。除此之外，諸暨、餘姚、慈溪一帶的押租也特別高，高達一萬六千文，[1] 幾為外省普通押租的十倍以上。太平天國起義爆發後，清政府進一步加強了對浙江的搜刮，大大加重了浙江人民的負擔。當時地方官承認太平軍「踞南京，浙江供應軍餉多取之寧紹」[2]。紹興當時是浙東地區徵收錢糧最多的地方，而且浮征之弊也最嚴重，人們的生活十分困難。蓮蓬黨就是在這種苛政下在諸暨楓橋前畈誕生的。

　　蓮蓬黨的首領何文慶，諸暨前畈人，「本一外科醫士」。1858年太平軍入浙後，何「以防止潰兵、防堵竄賊為名」，「招集新昌、嵊縣、天臺三處流亡之徒，辦團練於前畈」，[3]「自樹蓮蓬黨名目。」[4] 蓮蓬黨創立之初，凡參加的人每人發給銅質蓬蓮形縣製之黨牌，「後以人眾，改用鉛質」[5]。黨牌的圖案為蓮葉捧荷花，「取連和之意，

---

[1]　《楊園先生集・林農書》。

[2]　段光清：《鏡湖自撰年譜》第 189 頁。

[3]　宗先謙：《蓮蓬黨始末記》，《太平天國史料集》第 395 頁。

[4]　《諸暨兵備志》。

[5]　宗先謙：《蓮蓬黨始末記》，《太平天國史料集》第 395 頁，中國社會科學出版社 1982 年版。

實隱何字於中也。」[6]蓮蓬之「蓮」與聯合起來的「聯」字同音,「蓬」字表示興旺,因此「蓮蓬」一詞已暗喻窮人聯合起來,才能興旺之意。

蓮蓬黨成立後,以貧苦農民為骨幹分頭活動,「其人能轉招十人,即尊推之為頭目;十人再百人,則加推而上……黨羽互相保護,人無如何。」[7]不久蓮蓬黨的勢力就從諸暨發展到餘姚、嵊縣、新昌及台州府屬,餘姚王春生、嵊縣馬阿元等人都與蓮蓬黨建立了聯繫。何文慶憑藉蓬蓮黨的武裝,設總部於前畈何氏宗祠,「聽斷詞訟,判裁曲直,設狴犴,置刑具……村民以其能扶貧困、植巽懦,多傾向之,於是從之者更眾,勢亦盛矣。」[8]致使縣令許瑤光之權不能達於前畈。1861 年,蓮蓬黨與封建官府爆發了首次衝突。當時許瑤光下鄉強行攤派捐稅,經過諸暨前畈蓬蓮黨總部時,遭到蓮蓬黨眾的痛罵,並擲毀其儀仗。許瑤光下令喝拿,更是激怒了會眾,「其有擁大泥鑪者,以鑪擲縣令,中其頭血流被面」,隨即將許拘入何氏宗祠,共關了五天之久,直到山陰縣主事何維俊聞訊趕來利用與何文慶之間同宗關係進行調停,蓬蓮黨人才答應「保釋之」[9]。

許瑤光回縣城後,即將此事件飛報浙江巡撫王有齡,「請示處置之機宜。」當時忙於防堵太平軍的王有齡深感力不從心,認為「若再以武力制止蓬蓮黨之肇事,恐激而生變,浙事愈不可收拾。乃用改剿為撫的辦法,招撫文慶」,給何以軍餉,命其帶五千人助處州鎮總兵文瑞進攻太平軍控制下的金華。而當時蓬蓮黨雖人多勢眾,「然既無軍衣,又無軍器,所持者惟板槍筤筅而已」[10],何文慶為了騙取敵人軍器,裝備部下,以期待機而動,暫時決定仍保留團練的名義,將計就計,但在行動上蓬蓮黨並沒有唯文瑞之命是從。6 月 12 日即文瑞部抵達諸暨後的第四天,駐紮在縣城東門外江東的蓬蓮黨六、七千人即殺文瑞兵四人。文瑞在許瑤光的鼓動下,隨即向蓮蓬黨發起反撲,

6　許瑤光:《談浙》,《太平天國》(六),第 579 頁。
7　許瑤光:《談浙》,《太平天國》(六),第 579 頁。
8　宗先謙:《蓮蓬黨始末記》,《太平天國史料集》第 395～396 頁。
9　宗先謙:《蓮蓬黨始末記》,《太平天國史料集》第 396 頁。
10　宗先謙:《蓮蓬黨始末記》,《太平天國史料集》第 396～397 頁。

何文慶敗退東鄉。即是如此，占了上風的敵人仍感到蓬蓮黨是支初具實力的武裝，決定進一步施展借刀殺人的騙術。經縣役、紳縉出面調解，以二千串錢加上一些軍器為代價草草了結了此次衝突，遣送蓬蓮黨去上江抵敵太平軍，這當然是敵人一廂情願的如意算盤。蓬蓮黨一到上江後，遂與太平軍會合。從此蓬蓮黨走上了與太平軍並肩作戰，協力開闢浙東的光榮道路，在蓬蓮黨的鬥爭史上寫下了光輝的一頁。

　　不久何文慶隨太平軍進攻浦江，並於 1861 年 9 月 27 日攻克該縣。「浦江既下，何文慶再領太平軍攻打諸暨。」[11]他們在進攻諸暨之前首先發佈勸諭，稱「雄師到來臨，爾民不須驚，放膽在屋內，何必據山林……早早來投順，家業免刁【凋】零。爾為我國民，共享樂升平。」[12]號召諸暨人民起來，擺脫清政府的統治、奴役和欺騙，共同投入反清鬥爭。10 月 29 日太平軍進天義范汝增部克復諸暨，就地堅持鬥爭的那部分「蓮蓬黨至是複聚。」[13]11 月 3 日蓬蓮黨人引太平軍東攻嵊縣，被嵊縣北鄉三十六社的團練擊退。11 月 8 日範汝增由會稽陶隱嶺、寶天義黃顯忠和何文慶「復由諸暨西坑上谷嶺入嵊，次日下嵊縣。」新昌人楊增齡「向與諸暨何文慶通聲氣，及是謀內應。」11 月 12 日攻佔新昌。[14]

　　在新昌蓮蓬黨為了更好地配合太平軍作戰，兵分兩路：一路由何文慶帶領隨太平軍東進，另一路由何文慶之子何松泉帶領隨另支太平軍南下。東路蓮蓬黨起義軍會合太平軍黃呈忠部走塘路攻上虞，擊潰謝敬的黃頭勇，於 11 月 23 日力克上虞。11 月 24 日向與蓮蓬黨聯繫密切的餘姚十八局成員黃來昌接應太平軍入餘姚縣城。於是「文慶自上虞入餘姚。」[15]餘姚十八局原是農民反抗地主的一種自發性組織，王春生就「與蓬蓮黨結，欲起事」，旋遭敵人鎮壓。[16]至此，十八局和蓮蓬黨兩股地方反清力量在太平天國運動的洪流中匯合了。西與餘姚接壤的

---

[11] 宗先謙：《蓮蓬黨始末記》，《太平天國史料集》第 396～397 頁。

[12] 《缺名告諸暨縣民勸諭》，《太平天國文書彙編》第 135 頁，中華書局 1979 年版。

[13] 許瑤光：《諸暨團練殉難始末》。

[14] 《新昌縣誌》卷七，《大事記》34 頁。

[15] 《新昌縣誌》卷七，《大事記》35 頁。

[16] 《談浙》，《太平天國》（六），第 601 頁。

慈溪縣內，與諸暨何文慶交通的慈溪人陸心蘭此時「潛至餘姚約師期，並糾合北鄉沈魯琴、洪省華，鎮海范維邦，同時竊發。」[17]11 月 26 日何文慶導太平軍三千人「由九里山漁溪而東，入小西門……入城撲滅燎火。」何文慶所引導的這支太平軍軍紀肅然，「不與之抵牾不殺也。」「陸心蘭備酒食潔館舍以待」[18]，慶祝與蓮蓬黨、太平軍勝利會合。

12 月 7 日鎮海北鄉範維邦率眾起事，「由西海塘直入向辰門」，踞鎮海，旋招何文慶至鎮，[19]「於是文慶乃入城，出示安民，嚴禁薙髮」[20]。是時鄉人「務以牛羊雞豚獻，賊笑而遣之，戒眾勿擾。」[21]史料表明由於蓮蓬黨在浙東積極配合太平軍作戰，戰功卓著，因此在進兵鎮海前後，何文慶已被太平天國授予「志天義」爵位。[22]按太平天國後期爵位，分為王、義、安、福、燕、豫、侯七等，「義」爵僅次於「王」，何文慶封「義」實質上是太平天國對蓮蓬黨的鼓勵和肯定。慈溪、鎮海等地的先後克復，掃平了太平軍進攻寧波的道路。12 月 9 日太平軍攻佔寧波。清朝署浙江提督陳世章、寧紹台道張景渠逃入英國領事館，後由法艦送往定海。何文慶率部參加了此次攻甬之戰役。據清方記載，太平軍「犯寧波……勾引之者，則諸暨蓮蓬黨何文慶也」[23]。太平軍進天義范汝增於攻克寧波後，根據鬥爭需要，「留陸心蘭於府城畫策，令何文慶、範維邦守鎮。」[24]

南路蓮蓬黨起義軍在何松泉的帶領下，分兵後自新昌南下，11 月 25 日在當地人民的引導下，力拔天臺，起義軍軍紀嚴肅，「未嘗焚殺」，得到群眾的普遍擁護。「城陷之次日，各村土匪投降者萬餘」，何松泉令其守城，「自率眾攻郡城」，進軍台州。[25]時「臨海泥山人

---

17 《慈溪縣誌》卷五十五，《前事》紀事，26 頁。

18 《慈溪縣誌》卷五十五，《前事》紀事，26 頁。

19 《鎮海縣誌》卷三十七，《雜識》，23 頁。

20 宗先謙：《蓮蓬黨始末記》，《太平天國史料集》第 399 頁。

21 《鎮海縣誌》卷三十七，《雜識》，23 頁。

22 參見《談浙》，《太平天國》（六），第 602 頁，《鎮海縣誌》，卷三十七，《雜識》，23 頁。

23 《談浙》，《太平天國》（六），第 600 頁。

24 《談浙》，《太平天國》（六），第 602 頁。

25 葉燕雲：《辛壬寇記》，《近代史資料》總 30 號。

梁佩書，投文慶為養子，聚眾於百步險阻處，與文慶通聲勢，延頸以待松泉至。」[26]12 月 2 日太平軍李世賢部佔領台州府城後命何松泉部進攻黃岩。12 月 8 日何松泉率部進抵黃岩，前此一日，太平軍已打下黃岩。何松泉的蓮蓬黨部隊隨即投入了保衛黃岩的戰鬥。12 月 18 日侍王李世賢回金華後，命何松泉守黃岩。「臨海之家子、柵浦、海門等六里貢賦並附黃岩。」[27]何松泉對於太平軍內部的違法亂紀行為也進行了抵制和鬥爭，原餘姚十八局成員「耿天義潘飛熊由寧海焚掠鳥岩、寧溪，村民拒敗之，退屯路橋。同治元年正月，松泉襲殺之。」[28]由於何松泉的功績，何松泉亦被太平天國封為信天義。

1862 年 3 月 7 日，何松泉率部自黃岩進佔樂清縣，隨後即自樂清南下協助太平軍進攻溫州，在近城鄉鎮駐軍數月。太平軍在溫州地區的攻勢一直持續到 5 月中旬，5 月底清軍援兵從水路趕到，敵我力量對比發生了變化。6 月 3 日太平軍在溫州地區的瞿溪、任橋據點被敵攻破，清軍總兵秦如虎「率大隊夾擊，逐北三十餘里，賊首何松泉降。」[29]較確切地說，何松泉被秦如虎俘獲後，「以身上稟牘於士大夫，得免其死」，但是諸暨的地主階級後來還是找了藉口置松泉於死地，請兵「斬以雪恨。」[30]

和何松泉不同，其父何文慶始終堅持反清鬥爭，直至生命最後一息。太平軍攻下寧波後，何文慶即受命駐守鎮海。駐守鎮海期間何文慶並沒有採取消極防守的辦法，而是主動出戰，擴大戰果，從而達到積極防禦的目的。1861 年 12 月下半月，何文慶應象山陳某之邀，先調潘、汪二人，「齎長毛令箭來象。」後又增派侄子率眾去加強對象山的控制，[31]使之成為鎮海的南部屏障。1862 年 3 月初，何文慶繼遣部南下後，復派趙增大「發船四十艘，大股來撲」，[32]東進定海，與敵

26　《太平遺事》。

27　《台州府志》，卷一百三十六，《大事略五》，9 頁。

28　《黃岩縣誌》，卷三十八，《雜誌》，《變異》，25 頁。

29　《永嘉縣誌》，卷八，武備一，兵事，《金錢會資料》第 95 頁，上海人民出版社 1958 年版。

30　宗先謙：《蓮蓬黨始末記》，《太平天國史料集》第 399 頁。

31　《辛壬脞錄》

32　《定海方志》，卷二十八，《大事記》，53 頁。

激戰，後因勢孤，未下定海，改從水路攻擊，事至未成，但亦反映了何文慶積極防禦的戰略思想。何文慶在鎮海期間，按照太平天國的制度，令鎮海「南北六鄉立局，局有鄉人充為軍帥、師帥、旅帥、名曰鄉官。責富民月會錢米供局，轉輸入城。」[33]何文慶還為在鎮海恢復生產和貿易，建立合理的稅收制度作了努力：「製造田冊，編門牌，計畝納粟，計戶納番。要害之地，各設『賊』烽以控扼之，兼收津稅。」[34]何文慶還執行太平天國的外交政策，曾下諭兵士，對轄區內正當活動的外國人「侍以賓客之禮，妥為通商」，給予保護。但對於侵略者的不法行為，決不容忍，並一再向外國領事提出抗議。1862 年 4 月 5 日何文慶以「天朝九門御林真忠報國志天義」的名義照會法國領事，照會指出：「無如尊國之人，不知何意，欲代胡妖行挾制之事，凡遇我貨船米載來鎮，尊國之人，受雇在船，駛闖進關，既不容關卡稽查，又不容兵民平買。……務望速戒諭船商人等，嗣後各不相犯，永遠通商營業。」[35]5 月 6 日陳世章、張景渠等帶領清軍游擊布興有、布良帶等水師、團練進攻鎮海，在這關鍵時刻，範維邦突然出城投敵，何文慶出戰不勝，只得於當天夜間西門出走，鎮海陷落。5 月 11 日何文慶退至慈溪，即遭到地方「義勇」的武裝襲擾，何文慶為避免「孤軍罹困」於次日黎明退出慈溪，旋於 13 日聯合太平軍周申容部打回慈溪，「義勇聞風奔潰。」5 月 14 日英法炮船由丈亭駛入太平橋，開炮轟城，何文慶等被迫撤出西走。[36]不久，何文慶與太平軍黃呈忠等會合，「並聚餘兆，城外掘土坑，水路植木椿，嚴密守備；刈民田禾稼，積粟屯努」，進圖鄞縣。[37]6 月 9 日何文慶會同餘姚之太平軍擊敗駐守雙河的地主武裝，進至鳴鶴場活動，6 月 10 日、12 日接連在雙河、沈師橋一帶與敵作戰。由於餘姚防守甚固，清軍只能再次乞求於外國侵略者的武力。7 月 31 日，英國水師總兵丟

---

[33]　《鎮海縣誌》，卷三十七，《雜識》，24 頁。
[34]　《定海方志》，卷二十八，《大事記》，52 頁。
[35]　志天義何文慶致寧波法國領事命戒飭該國船商人等照會，《太平天國文書彙編》第 322 頁。
[36]　《慈溪縣誌》，卷五十五，《前事》，30 頁。
[37]　《鄞縣縣誌》，卷十六，《大事紀》下，41 頁。

樂德克、法國水師副將勒伯勒東、炮隊管帶達爾第福及已革道員張景
渠等糾合英法輪船四艘、廣艇數十艘,「義勇」小船百餘艘進犯餘姚。
次日敵船隊抵竹山港口,太平軍在玉皇山頂「以槍炮轟輪船之尾」。
8 月 2 日敵軍水陸猛撲,在船隊炮火掩護下,強行登陸攻城,新城先
被攻陷,舊城遂亦失守。「何文慶遁踞方橋,范汝增遁踞馬渚」,黃
呈忠走上虞。[38]9 月 18 日太平軍黃呈忠部克慈溪,何文慶亦於是日由
餘姚潛山進至東埠鎮,次日「至楊範,爇范維邦居屋」,表現了他對
無恥叛徒的切齒痛恨。[39]9 月 20 日太平軍在慈溪迎戰華爾的常勝軍,
重傷華爾(次日斃命),但因戰事不利,慈溪再度失守後,黃呈忠向
何文慶部靠攏,並肩作戰。10 月 30 日何文慶由五夫奄進至上虞西鄉,
11 月 4 日何文慶在餘姚四罩,與謝敬的常勝軍激戰,殺死謝敬,大
敗常勝軍。11 月 22 日上虞失守,「何文慶率數千人竄走瀝海所、百
官、梁湖,駐一夜」而去。[40]「越數日何文慶復踞曹娥,聯營數里,
備舟欲東渡」,為中外反動派所阻,「不得渡」,旋即撤走。[41]

　　何文慶來到紹興後,受到太平天國來王陸順德的禮遇和器重。「陸
順德……賜以寶馬,使守曹娥江,並呼之為黃忠老將。」[42]1863 年 2
月 18 日,英國總兵丟樂德克統率英兵及常安軍、定勝軍、權授江蘇
副將法國人達耳第福統率法兵,出動「車輪大炮,徑攻西郭門。」主
將何文慶與駐守紹興的寧王周文佳等奮力抵禦,先後擊斃達耳第福等
中外反動將兵百數十人,給了敵人有力的回擊。[43]3 月 12 日駐守諸暨
的太平軍經政司張戀夫率部投降,清軍淪陷諸暨。自紹興來援的何文
慶被敵總兵高連升、副將熊建益戰敗於浦陽江東。不久在戰鬥中被敵俘
獲,英勇犧牲,殘暴的敵人「暴其屍於市」不准收殮,以發洩獸性。[44]

[38]　《慈溪縣誌》,卷五十五,《紀事》,32 頁。
[39]　《寇難紀略》。
[40]　《上虞縣誌》,卷三十五,《武備志》,《兵事》,20 頁。
[41]　《上虞縣誌》,卷三十五,《武備志》,《兵事》,20 頁。宗先謙:《蓮蓬
　　黨始末記》,《太平天國史料集》第 399 頁。
[42]　宗先謙:《蓮蓬黨始末記》,《太平天國史料集》第 399 頁。
[43]　李鴻章:《達耳第福陣亡請恤折》,《李鴻章奏稿》卷三。
[44]　《越難志》卷上。

何文慶死後，中外反動派很快進佔紹興、肖山，浙東全部淪入敵手。因此何文慶之死實為太平軍在浙東戰場失利的重要標誌，也說明蓮蓬黨的命運和太平軍的命運是緊密相連、息息相關的。

從時間上來看，蓮蓬黨和太平軍合作的歷史並不算長，但在1861年9月至1863年3月短短的一年半中，蓮蓬黨作為太平軍的前鋒，先後進佔浦江、諸暨、嵊縣、新昌、上虞、餘姚、天臺、慈溪、寧波、象山、樂清等十餘座府城、縣城。在蓮蓬黨的幫助下，太平軍的戰旗在浙東地區高高飄揚。連外國侵略者也看到了蓮蓬黨參加太平軍開闢浙東根據地的重要作用，如英國駐寧波領事夏福禮於1862年8月向駐京英國公使卜魯斯報告浙江太平軍戰況時說：「去年叛軍在鎮海一帶接連打勝仗，大部分由於他投降叛軍之所致。」[45]參加太平軍的蓮蓬黨不僅給了本國封建統治階級以沉重的打擊，而且面對著武備精良、氣勢洶洶的外國侵略者亦毫不示弱，在餘姚、紹興等地參加太平軍的蓮蓬黨據城力守，有力地回擊了擁有堅船利炮的外國侵略者，僅在紹興之戰中，守軍就先後擊斃權授江蘇副將法人達耳第福及英國參將定齡等，給了外國侵略者以應得的懲罰，大長了中國人民的志氣。但我們在歌頌蓮蓬黨抗擊外敵武裝干涉的英雄業績時還要看到蓮蓬黨最初在對外國侵略者的認識上還有些錯誤。如1862年4月何文慶在致法國領事的照會中稱：清政府「上年曾欺尊國，欲負經商之約，粵東火燒洋行，互動干戈。後雖仍歸和好，立約通商，奈胡妖反覆無常，去歲天津叛議，以致徒勞征伐。」在這裏何文慶完全顛倒了第二次鴉片戰爭後期清政府遭到外國侵略者侵略、壓迫的歷史事實。何文慶還對外國侵略者抱有幻想，認為「尊國志在通商，我朝掃蕩胡妖，彼此兩不相關，本可毋庸嫌釁，」[46]完全沒有看到列強的侵略本質。何文慶的上述錯誤觀點主要是受了太平天國的影響，也反映了蓮蓬黨這一地方性會黨組織對於當時全國錯綜複雜的鬥爭格局認識不夠，當然這是受到歷史條件的限制，無可避免的。從蓮蓬黨的全部鬥爭歷史來看，蓮蓬黨仍不愧為近代中國愛國主義的會黨組織之一。

45　《太平天國史料譯叢》第30頁，神州國光社1954年版。

46　志天義何文慶致寧波法國領事命戒飭該國船商人等照會，《太平天國文書彙編》第322頁。

康有為、梁啟超與會黨的關係

一

　　戊戌變法時期以康有為、梁啟超為代表的資產階級維新派對會黨持基本否定的態度，這一基本態度反映了他們與下層民眾關係的一個側面。康有為在上清帝書中，多次將「會匪」和「強夷」並列為內憂外患，說明變法的必要和緊迫。他們清楚外國傳教士的胡作非為是釀成各地教案的根源，但對由會黨發動的反洋教鬥爭仍不以為然。梁啟超誣衊四川哥老會余棟臣和回應起義的湖北會黨是「暴徒」、「奸民」，是在「藉端生事」。譚嗣同則認為「燒教堂、打洋人，明知無益而快於一逞」。

　　1897 年春康有為在廣西桂林創辦聖學會時適逢興安會黨起事。康立即走訪地方官員，要他們以聖學會的名義辦團，並向官府借軍械，準備武裝對抗，後覺鎮壓並非易事，於是提出了招撫建議。按麥孟華設計，招撫可使會黨「感激鼓舞，效忠致命」，一勞永逸地消除積年隱患。為了防範會黨，維新派還從 1898 年夏起，在湖南長沙倡設團練「保衛局」。

　　維新派也利用會黨。譚嗣同在維新變法緊急關頭，將好友、哥老會首領畢永年引見康有為，康有為令其帶兵督袁世凱軍圍頤和園殺西太后。畢以為袁不可信，拒不從命。與此同時，譚還急電唐才常率哥老會赴京相助。

　　1899 年 10 月湖南哥老會、香港三合會與興中會的三方代表在香港舉行聯席會議，決定成立興漢會，公推孫中山為總會長。在此次會議即將召開之際，與維新派關係密切的湖南哥老會首領師襄從上海趕

來香港。有人向康有為報告了其行蹤，稱「師中吉偕湖南志士九人（皆哥老會頭目也）來港，已分往潮州及福建各處，師暫住兩禮拜亦往別處矣。師云：湖南內地有九萬餘人，獨無軍械糧餉，不能舉動，擬候君勉南洋籌款。然君勉初到南洋，一切佈置未定，奈何，奈何！在澳門，何穗田亦曾見此數人，晚生亦見之，然籌款一節亦甚難耳。……諸公到港亦曾識宮崎及少白等人也。惟師則主意極定，外聯宮崎、少白，而內防之。」[1]日本友人宮崎滔天察覺到師襄「勾結康派，企圖從孫派手裏奪取這些幫會的領導」的用心，與陳少白商議，以托其照顧內地同志為名，送其回滬，機智地粉碎了維新派阻撓會黨與興中會聯合的圖謀。師襄臨行時聲稱：「心裏並沒有孫、康之別，只願能同心合力早日起義。」[2]

　　義和團運動高潮時，康梁在長江流域策動勤王起義的總負責人唐才常在籌畫自立軍起事時也多方聯絡會黨。由於唐才常富而多資，吸引了當時在滬的湖南哥老會首領楊鴻鈞、李雲彪、辜鴻恩、張堯卿等人的投奔。從自立軍散發的票布上可以看到，13 個龍頭中有楊鴻鈞和李雲彪，14 個總堂中有辜鴻恩，張堯卿作盟證。後據被捕獲的廣東哥老會正龍頭朱香楚供稱：「前有素識之李雲彪告知，現在新立中國國會，並交與富有票多張，囑令糾人入會，相機起事」[3]。又據 1902 年 1 月廣東巡撫岑春煊奏報，李雲彪曾「到上海、香港、澳門等處，散放富有票，於各逆匪商謀起事，復送信往鎮江勾結徐老虎」[4]。

　　徐寶山是揚州青洪幫著名幫首。對於徐寶山來歸，梁啟超在欣喜之餘，又憂心忡忡，他一方面顧慮自立軍龍頭楊鴻鈞、李雲彪能否與

---

[1]　梁鐵君致康有為函（1899 年 9 月 19 日），轉引自孔祥吉：《晚清佚聞叢考——以戊戌維新為中心》，第 8～9 頁，巴蜀書社 1998 年版。

[2]　〔日〕宮崎滔天：《三十三年之夢》第 169～170 頁，花城出版社、三聯書店香港分店 1981 年版。

[3]　德壽奏摺附片（光緒二十六年十二月初四日），《宮中檔光緒朝奏摺》第 13 輯，第 844 頁。

[4]　中國第一歷史檔案館藏朱批奏摺：廣東巡撫岑春煊折（光緒二十七年十二月）。根據史料記載，徐是 1900 年 2 月之前與維新派取得聯繫的，因此李雲彪對徐寶山的聯絡當不晚於此時。

徐部相合團成一軍，另一方面認為唐才常、狄楚青若不入徐部，「其
事全在彼輩之手，其害滋甚……彼輩不解文明之舉動不足以饜天下之
望，必償大事……即使幸獲小成，而有功之後，愈驕蹇不能就我範圍，
則以海外辛苦之血汗，養獻、闌於內地，無以謝天下」，梁啟超要求
唐、狄二人「必以一人入之，以一人在外觀變，且便接應控制」[5]。
看來梁啟超內心對所謂的「豪傑」並不信任，而是處處加以提防和監
控，時時警惕其越軌肇事。當然，梁啟超的擔心是有一定根據的。因
為長江一帶哥老會「宗旨實則排外與義和團相等」，其票布上也大都
印有掃清滅洋字樣，梁啟超「深以其票旨為慮，謂如殺戮外人者，將
有亡國之禍，囑專以改其宗旨為第一要圖。」[6]

　　與此同時，康有為在兩廣策動勤王起義，精心選擇了日本人井上
雅二和陳翼亭為負責人，1900 年 6 月康有為在致徐勤等人的信中提
出，「凡港中各雄各才，願往者皆宜同行，掃地卷眾襲桂，速即舉
事……，若以羽異、版築〈或三品〉、李立亭諸將實行，諸眾並上必
取之也」[7]，目標是「全力取桂、襲湘，攻鄂，而直搗京師」[8]，北上
勤王。其中李立亭原是廣西天地會起事首領，失敗後流亡南洋。康有
為與李立亭接上關係後，由於現實鬥爭的需要，很快將其列入「雄才」
一類，欲加重用。

　　但會黨首領們入夥的思想基礎並不牢靠。楊鴻鈞等人參加自立軍
的目的在很大程度上是從經濟考慮的，後因康梁海外匯餉接濟不能滿
足他們的要求，於是因所索不遂，拂袖而去。徐寶山投入勤王運動也
是為了謀求物質利益，他在與維新派建立聯繫後仍在政治上遊移不定
待價而沽，後被兩江總督劉坤一招撫。

　　自立軍在起義前，經過楊鴻鈞等人離異、徐寶山叛變這兩次沉重
打擊，已經實力大傷。只有秦力山領導的以會黨為主力的大通自立軍
前軍是唯一按期發動的一路。大通起事後，「湖北會匪蠢動，長江一

5　《梁啟超年譜長編》第 224 頁，上海人民出版社版。
6　《梁啟超年譜長編》第 246 頁。
7　《康有為與保皇會》第 111 頁，上海人民出版社 1982 年版。
8　《康有為與保皇會》第 45 頁。

帶，凡各種會匪，明張揭貼，云：奉南海康有為之命。派妥人至粵密探，知康有為令著匪區新及三合會首潘新桂，聯合各省會匪欲在兩湖、蘇寧、上海等處起事。粵省亂黨極多，均在澳門，知新報館為拜會聚義之所，其最著者有何連旺、何樹令、徐勤、劉楨麟、麥孟華、陳宗儼、容閎等往來香港、澳門，勾結黨類，謀亂地方，若不查辦，必為北方拳匪之續，有礙東南大局不淺。」劉坤一、張之洞急電駐上海英國、葡萄牙領事，「務請電達貴國政府，速由藩部嚴致香港、澳門總督，密為查拿拘禁，免致蔓延。事關大局，中外同受其害，必先絕其黨徒，東南可保安靖。」[9]

不久自立軍漢口總機關又被清方破獲，自立軍起義陷於失敗。1900 年 11 月張之洞致函劉坤一，認為「辜人傑係最大頭目，無論在押在保，均請解鄂審辦。……現在康黨時圖大舉報復……非多辦緊要匪首，即不足以保長江。兩湖既亂，三江斷不能獨完。故辜人傑一匪，更不能以自首而寬之也。」[10]與此同時兩廣起事因負責人洩露軍機，加上軍餉不濟也告失敗。

二

戊戌政變之後，康有為於 1899 年 7 月在加拿大創立保皇會後，經過多方宣傳奔走，在三藩市、紐約、芝加哥、沙加緬度、檀香山等地捷足先登，相繼建立了分支組織，洪門人士之列名其中者，大不乏人。

康氏門徒除歐榘甲早年在家鄉歸善加入過三合會[11]外，徐勤、梁啟田、陳繼儼等也「先後投入致公堂」[12]。他們擠入致公堂內部並推

9　盛宣懷檔案資料選輯之七：《義和團運動》第 204 頁，上海人民出版社 2001
　　年版。
10　苑書義等編：《張之洞全集》第 10 冊，第 8394 頁，河北人民出版社 1998
　　年版。
11　《革命逸史》第四集，第 130 頁。
12　《中華民國開國前五十年文獻》第一編，第二冊，第 388 頁。

舉其首領擔任保皇會的領導，於是致公堂成員大量加入保皇會，使得後者的發展極其迅速。僅芝加哥一地，「僑商人保皇黨者十居其九」[13]。

　　梁啟超則在 1899 年赴檀香山，由鄧玉欽大佬作主盟人，在國安會館加入洪門。次年 2 月 23 日他在給康有為的信中表示，「美屬各埠，若弟子不往，恐擴展無幾矣。……況弟子已入彼會乎！」但由於主客觀各種原因「恐弟子雖去，亦不能擴充幾多，或能多收攬致公堂之人，大商則難也。」[14]1903 年梁啟超去美國後又有《新大陸遊記》，論及致公堂，稱太平天國運動失敗後，「其餘黨復以海外為尾閭，三合會獨盛，蓋以此故，其後統名為致公堂。全美國十餘萬華人中，其掛名籍於致公者，殆十而七八」[15]。「致公堂者，三合會之總名也，各埠皆有，其名亦種種不一，而皆同宗致公。……全美國十餘萬人中，其掛名籍於致公者，殆十而七八。而致公堂會員中，殆無一人不別掛名於以下各團體者。致公派者，以傾滿洲政府為目的者也。」[16]但各洪門團體「軋鑠無已時，互相仇讎，若不共戴天者然。忽焉為數團體相合為一聯邦，忽焉為一團體分裂為數敵國，日日以短槍、匕首相從事，每歲以是死者十數人乃至數十人。」[17]

　　1903 年三藩市致公堂的機關報《大同日報》創辦時延聘保皇黨機關報《文興日報》主筆歐榘甲來兼任。歐榘甲此人雖與康有為的主張有某些不合，但在輿論導向上還是為保皇會搖旗吶喊。他在《大同日報緣起》中再三呼籲致公堂與稱之為「某大會黨」、「至大至盛之某會黨」即保皇會合作，「方軌並駕，以握中國之政權。」[18]這一思

[13] 近代史資料專刊《華僑與辛亥革命》，第 280 頁，中國社會科學出版社 1981 年版。
[14] 《自立會史料集》，第 337～338 頁，嶽麓書社 1983 年版。
[15] 梁啟超：《新大陸遊記》第 182 頁，《新民叢報》臨時增刊本，1904 年。
[16] 《新大陸遊記》，《新民叢報》臨時增刊本，1904 年。
[17] 《新大陸遊記》，《新民叢報》臨時增刊本，1904 年。
[18] 《辛亥革命前十年間時論選集》第一卷上冊，第 366～367 頁，三聯書店 1960 年版。

想主張在他寫的《新廣東》[19]一書中也十分強調。歐榘甲稱儘管海內外洪門會事腐敗，會章陳舊，但「若得有重望所歸者，而善聯之」；「若有高才遠裁之英，鼓舞而生發之」即可改觀；因此「必求通達熱誠之人，改革精良，以圖進步，而會中之精神乃振」。[20]美國西部勢力很大的秉公堂原本洪門致公堂支堂。自保皇黨相繼加入後，「對於同盟會頗為仇視，嘗因其堂員雷祝三加入同盟會，乃加以毆打而除其名。」[21]

總之，1898 年戊戌變法失敗後，康有為在海外多年苦心經營，保皇黨在美國和加拿大華僑中發展迅速，勢力很大，給孫中山的海外革命活動造成了嚴重的困難。如何破解這一不利局面，爭取海外洪門的支持與幫助，這是康有為、梁啟留給孫中山的一道超級難題。

---

[19] 《新廣東》全文在《大同日報》上連載過。

[20] 《辛亥革命前十年間時論選集》第一卷上冊，第 300、303 頁，三聯書店 1960 年版。

[21] 張藹蘊：《辛亥前美洲華僑革命運動紀事》，《孫中山與辛亥革命史料專輯》第 53 頁。

興中會時期孫中山與美國致公堂的關係

一

　　致公堂是中國洪門天地會在海外的分支。早在 19 世紀 50 年代，美國三藩市就出現了廣德堂（1852）、洪順堂（1853）、協議堂（1853）、安松堂（1854）等洪門組織。[1]太平天國運動失敗後，「其餘黨複以海外為尾閭，三合會獨盛，蓋以此故，其後統名為致公堂。全美國十餘萬華人中，其掛名籍於致公者，殆十而七八」[2]。60 年代美國有了致公堂的組織名稱，致公堂是華人移民在美洲被排擠、被歧視的情況下為了維護自己的利益而組織起來的，目的是「欲和睦梓里，遵大道以生財，妥諸同人，效居奇而樂利」[3]，社會經濟色彩濃厚，與中國本土同期的洪門組織較多地參與反清政治鬥爭有明顯的不同。正因為致公堂具有互濟互助的性質，所以受到了海外華人的歡迎，其分堂很快遍佈各地，並在三藩市建立了「金山大埠致公總堂」。洪門致公堂在美國是公開的組織，有公開的會所。它的任務主要是反抗當地流氓以及移民、員警、司法當局的欺凌，調解華僑之間的糾紛，避免到美國法院打官司，被美國律師敲竹槓。有時也代表華僑利益，辦些公益事情。在 1910 年前後，洪門致公堂的大佬（主盟人）和師爺（辦事人），多半是華僑資本家或破落資本家，他們在排解糾紛、舉辦公益時，深感華僑在外國社會上地位低下的痛苦，因此有擁護孫中山先生鬧革命的思想基礎。

---

[1]　周育民、邵雍《中國幫會史》第 333 頁，上海人民出版社 1993 年版。

[2]　梁啟超：《新大陸遊記》第 182 頁，《新民叢報》臨時增刊本，1904 年。

[3]　《加拿大致公堂章程》，《從中國到加拿大》第 41 頁，上海社會科學院出版社 1988 年版。

另一方面致公堂也有不少落後消極的成分：

在思想上仍然帶有反清復明的色彩，信奉皇權主義。致公堂封授白扇執照詩句稱：

<blockquote>

印本黃金重四斤　　三呼萬歲拜明君

五祖賜我扇一枝　　兩京十三省佳詩

清兵一見身先退　　聽我威名懼十分

兄弟若有大小事　　秉政公平心莫私

一把素扇甚清新　　二板橋頭過萬軍

三腳香爐浮水面　　四大忠賢鐵石堅

五祖平番洪起義　　六人聯結普庵前

吉星高照楊城耀　　八尺花亭果實真

九底為尊招學士　　十分忠義保明君[4]

</blockquote>

其核心是「拜明君」、「保明君」。即便他們的反清大業真的成功了，接著成立的也只能是另一個封建王朝，不可能是民主共和國。

政治立場上傾向於保皇。戊戌政變之後，康有為於 1899 年 7 月在加拿大創立保皇會後，經過多方宣傳奔走，在三藩市、紐約、芝加哥、沙加緬度、檀香山等地捷足先登，相繼建立了分支組織洪門人士之列名其中者，大不乏人。康氏門徒除歐榘甲早年在家鄉歸善加入過三合會[5]外，徐勤、梁啟田、陳繼儼等也「先後投入致公堂」。[6]他們擠入致公堂內部並推舉其首領擔任保皇會的領導，於是致公堂成員大量加入保皇會，使得後者的發展極其迅速。僅芝加哥一地，「僑商人保皇黨者十居其九」。[7]

4　張藹蘊：《辛亥前美洲華僑革命運動紀事》，《孫中山與辛亥革命史料專輯》第 67 頁，廣東人民出版社 1981 年版。

5　《革命逸史》第四集，第 130 頁。

6　《中華民國開國前五十年文獻》第一編，第二冊，第 388 頁。

7　近代史資料專刊《華僑與辛亥革命》，第 280 頁，中國社會科學出版社 1981 年版。

　　梁啟超則在 1899 年赴檀香山，由鄧玉欽大佬作主盟人，在國安會館加入洪門。次年 2 月 23 日他在給康有為的信中表示，「美屬各埠，若弟子不往，恐擴展無幾矣。……況弟子已入彼會乎！」但由於主客觀各種原因「恐弟子雖去，亦不能擴充幾多，或能多收攬致公堂之人，大商則難也。」[8]1903 年梁啟超去美國後又有《新大陸遊記》，論及致公堂。

　　1903 年三藩市致公堂的機關報《大同日報》創辦時延聘保皇黨機關報《文興日報》主筆歐榘甲來兼任。歐榘甲此人雖與康有為的主張有某些不合，但在興論導向上還是為保皇會搖旗吶喊。他在《大同日報緣起》中再三呼籲致公堂與稱之為「某大會黨」、「至大至盛之某會黨」即保皇會合作，「方軌並駕，以握中國之政權。」[9]這一思想主張在他寫的《新廣東》[10]一書中也十分強調。歐榘甲稱儘管海內外洪門會事腐敗，會章陳舊，但「若得有重望所歸者，而善聯之」；「若有高才遠裁之英，鼓舞而生發之」即可改觀；因此「必求通達熱誠之人，改革精良，以圖進步，而會中之精神乃振」。[11]美國西部勢力很大的秉公堂原本洪門致公堂支堂。自保皇黨相繼加入後，「對於同盟會頗為仇視，嘗因其堂員雷祝三加入同盟會，乃加以毆打而除其名。」[12]

　　在組織上，該堂「同人之在美國者不下數萬餘人，向以散居各埠，人自為謀，無所統一，故平時則消息少通，有事則呼應不靈。」[13]在三藩市「同宗致公」的華僑洪門團體多達 24 個，它們是致公堂、保安堂、聚良堂、秉公堂、秉安堂、安益堂、瑞端堂、群賢堂、俊英堂、

8　《自立會史料集》第 337～338 頁，嶽麓書社 1983 年版。

9　《辛亥革命前十年間時論選集》第一卷上冊，第 366～367 頁，三聯書店 1960 年版。

10　《新廣東》全文在《大同日報》上連載過。

11　《辛亥革命前十年間時論選集》第一卷上冊，第 300 頁、第 303 頁，三聯書店 1960 年版。

12　張藹蘊：《辛亥前美洲華僑革命運動紀事》，《孫中山與辛亥革命史料專輯》第 53 頁。

13　《致公堂重訂新章要義》，《孫中山全集》第一卷，第 260 頁，中華書局 1981 年版。

協英堂、昭義堂、儀英堂、協勝堂保善社、協善堂、合勝堂西安社、敦睦堂、萃勝堂、松石山房、安平公所、萃英堂、華亭山房、洋文政務司、保良堂、竹林山房。「致公堂者。三合會之總名也，各埠皆有，其名亦種種不一，而皆同宗致公。雖然，致公以下復分裂為前表所列之二十四團體者。然則致公之為致公，亦可想矣。全美國十餘萬人中，其掛名籍於致公者，殆十而七八。而致公堂會員中，殆無一人不別掛名於以下各團體者。致公派者，以傾滿洲政府為目的者也。」[14]

　　在行動上，致公堂等洪門組織為了爭奪對華僑社會的控制權動輒聚眾鬥毆，造成華僑之間嚴重的內耗。「美國各埠華僑，多有兩個以上之鬥殺團體，名曰堂號，其成立之始，因華僑多從鄉間赴美，鄉村之宗法社會觀念太深，其流弊為大族姓欺壓小族姓，小族姓乃結堂號以為對抗。此種堂號性質，不分姓氏，加盟者均互稱兄弟手足。在華僑中勢力最大者，西美一帶，有合勝堂、萃勝堂、秉公堂等；東美一帶，則有安良堂、協勝堂等，皆勢均力敵者也。初時宗旨，本為一種鋤強扶弱，打抱不平之結合，至於日久則不問是非曲直，只知有堂友矣，黠者遂借堂滋事作惡，若遇對方屬他堂者，則兩堂起釁，謂之堂鬥。當甲、乙堂鬥時期，甲堂人與乙堂人互相伺機暗殺，殺風牽連各埠，蔓延幾省。蓋每個總堂大抵皆在三藩市，而分設支堂於各埠，總堂之與總堂，支堂之與支堂，無論何處，殺機一動，各處無不回應。例如 A 埠有甲、乙兩堂起釁鬥殺，而 B 埠甲、乙兩堂亦隨之而相互轟殺，直至三藩市之甲、乙兩總堂和議成立為止。故平均每年華僑之死於堂鬥者，至少數人。堂號財雄勢大者，利用美國刑法之寬弛，司法界之有黑幕，嘗以賄通警吏，或公家律師（檢察官），或陪審員，或法官，甚至省長。故殺人者常得免刑。」[15]各洪門團體「軋鑠無已時，互相仇讎，若不共戴天者然。忽焉數團體相合為一聯邦，忽焉一團體分裂為數敵國，日日以短槍、匕首相從事，每歲以是死者十數人乃至數十人。」[16]

[14]　《新大陸遊記》，《新民叢報》臨時增刊本，1904 年。
[15]　張藹蘊：《辛亥前美洲華僑革命運動紀事》，《孫中山與辛亥革命史料專輯》
　　　第 52～53 頁，廣東人民出版社 1981 年版。
[16]　《新大陸遊記》，《新民叢報》臨時增刊本，1904 年。

　　總之，致公堂雖是在華僑勢力的代表，但帶有封建思想，同具有新思想的知識份子格格不入，共同語言不多。

二

　　與保皇會相比，興中會在美國華僑中的影響是十分微弱的。雖然以孫中山為首的資產階級革命派也注意到爭取海外華僑工作的重要性，1894 年 11 月興中會在檀香山成立時，其章程中就提出，為了「振興中華」，「特聯絡中外華人，創興是會」，「協賢豪而共濟」。[17]次年 2 月《香港興中會章程》再次強調：「本會之設，專為聯絡中外有志華人，講求富強之學，以振興中華、維持國體起見。」「會友散處四方，自當隨時隨地，物色賢才。」同時要求各支會廣為搜集人才。[18]但在實際上，興中會對包括致公堂在內的美國華僑工作顯然重視不夠，投入不多，明顯滯後。1896 年 6 月至 9 月孫中山到美國三藩市、紐約等地活動，發展興中會，成效不大，參加者甚少。1903 年孫中山先生再度抵檀香山。他覺得在多次國內革命活動中，都有許多洪門人士參加，因而革命活動如火如荼；但因海外華僑十有八九皆洪門中人，而他自己不是洪門中人，雖竭力宣傳，終屬見外，相從者少。他深感自己必須加入洪門，方能鼓動洪門中人贊助革命，於是在 1904 年 1 月 11 日於國安會館由鍾國柱保薦，加入了洪門，被封為「洪棍」[19]（故洪門中人曾稱孫中山先生為孫大哥）。不久三藩市致公堂盟長黃三德致函檀香山洪門弟兄，請他們資助孫中山來美國。[20]

　　1904 年 4 月 6 日孫中山乘船抵達美國三藩市。位於美國西海岸的三藩市歷來是華僑聚居之地，然而革命思想傳播甚少，保皇勢力較強。當地保皇黨人事先接到檀島的保皇黨份子報告後，向當地總領事何佑以及

[17]　《孫中山全集》第一卷，第 19 頁，中華書局 1981 年版。
[18]　《孫中山全集》第一卷，第 23 頁，中華書局 1981 年版。
[19]　《國安會館會員名冊》（天運癸卯年十一月念四號），影印件見馬袞生：《孫中山在夏威夷——活動和追隨者》第 69 頁，世界知識出版社 2003 年版。
[20]　黃三德：《洪門革命史》第 3 頁，1935 年出版。

美國移民局告密，稱孫中山為中國「亂黨」、「通緝犯」，所持的入口
證件是非法的，要求遞撥出境。恰好美政府當時為保護率團來美參加在聖
路易舉辦的世界博覽會的清廷要員溥倫等安全，正在採取措施，防範可疑
人物入境。結果孫中山被美國移民局及海關以入境證件不合法為由，阻止
登陸並監禁於碼頭木屋（候審所）中。當地致公堂大佬黃三德、三藩市致
公堂英文書記、《大同日報》經理唐瓊昌接到孫中山舊友、《中西日報》
總理伍盤照的通報後，多方奔走，合力救援，聘得美京律師事務所拉斯頓
及色當斯（Reston and Siddon）代為申訴，所有法律費用均由黃三德代付。
旋得移民總局准予取保外出候訊，由致公堂以士波福（Spofford）街會
所樓業向保單公司具保五百元，擔保孫先生出外，聽候美京判決，孫先
生乃於 28 日獲登岸。不久，美京方面司法部門受理申訴，定案無事。

　　孫中山登岸後受到洪門兄弟的熱誠歡迎，黃三德、唐瓊昌等殷勤
招待他在致公堂會所下塌。因致公堂供孫先生居住之房間，甚為狹
小，後遷至英國大旅館上等房。一切費用，由致公堂支付。[21]孫中山在
三藩市時，金山大埠的致公堂的要人與之多有往還，還用致公堂的名
義，標貼長紅，請他在戲院演說時事。孫中山演說慷慨激昂，把滿清
政府庸弱無能，釀成庚子之禍，辛丑合約喪權辱國等等發揮無遺，並
號召群眾早日參加革命，團結一致，推倒滿族的封建統治，使漢人有
出頭之日。據聞當時致公堂的中心人物曾向先生請教，怎樣改良參加
洪門的儀式，適合有新思想人物的接受。孫中山回答說，洪門的加入
儀式，有些象宗教的迷信，如果簡化了，無異把這個迷信破棄了，這
恐召來全部渙散，寧可社會上沒有香燭供給，亦要自造香燭，用以維
持這個迷信等等。還勸告他們，要自己辦個大報，宣傳洪門宗旨和革
命宗旨，這樣表示自己有新思想，自然不怕有思想的人不加入洪門。[22]

　　其實致公堂的機關報《大同日報》1903 年就創辦了，創辦人兼
主持人是唐瓊昌。[23]孫中山到美後該報主筆歐榘甲在報上著文攻擊洪

---

[21]　劉偉森：《孫中山與美加華僑》第 11 頁，臺北近代中國出版社 1999 年版。

[22]　《辛亥革命回憶錄》（八），第 367 頁，文史資料出版社 1982 年版。

[23]　《辛亥革命回憶錄》（八），第 368 頁，文史資料出版社 1982 年版。劉偉森：
　　《孫中山與美加華僑》第 11～12 頁稱：「一九〇一年歐榘甲創辦致公堂之機

門尊重孫中山為不智，黃三德及書記唐瓊昌，力勸歐榘甲與孫先生攜手合作，為革命効力，歐奉其師康有為之命，堅不肯從。致公堂將其辭退後，經孫中山推薦請留日學生劉成禺來繼任。由是《大同日報》之言論，始為革命黨所掌握，「後數年加拿大致公堂之變產助餉，及辛亥洪門籌餉局之成立，即種因於是」。[24]

　　鑒於致公堂「散漫四方，未能聯絡一氣，以成一極強極大的團體」[25]，孫中山在5月向黃三德提議實行全美洪門會員總註冊，藉以加強聯繫，籌集資金。從5月24日至9月28日，黃三德陪同孫中山前往沙加免度、洛杉磯、紐約等地，「演說洪門宗旨，發揮中國時事；各埠同人始如大夢初覺，因知中國前途」，致公堂「實有其責」。[26]

　　行前，三藩市致公堂於5月15日向各埠發出公啟稱：

　　「我洪門宗旨以反清復明為最緊要，而開基二百餘年來，事猶未舉。豈以時之未至，眾之未集耶？察今日之時局，則清運已終，不可謂非其時也：觀今日之團體，則洪門最大，不可謂不眾也。而何以我洪門之士日日以反清為心，刻刻以復仇為念，而仍年過一年，未曾一舉大義耶？此無他，無人為之提倡，無人為之指導，則雖有志，不知何所適從也。今幸孫逸仙先生來游此地，以提倡革命為專職，以聯絡洪門為義務，而先生十年以來建旗起義已經數次，聲勢卓著，名動全球，想我各埠兄弟早有所聞，無待贅述矣。其事雖不成，然其振起國民之氣。激揚革命之潮，功效誠非淺鮮。近者各省讀書士子，遊學生徒，目擊滿清政府之腐敗，心傷中華種族之淪亡，莫不大聲疾呼，以排滿革命為救漢種獨一無二之大法門。無如新進志士，雖滿

關報《大同日報》，自任總主筆，言論袒護保皇黨，致公堂書記唐瓊昌任經理兼翻譯員。」因為1903年10月《新民叢報》38、39期轉載過《大同日報緣起》，劉說時間有誤。

[24] 馮自由：《華僑革命開國史》，《華僑與辛亥革命》第43頁，中國社會科學出版社1981年版。

[25] 《孫中山全集》第一卷，第259～260頁，中華書局1981年版。

[26] 《孫中山全集》第一卷，第260頁，中華書局1981年版。

腔熱血，沖天義憤，而當此風氣甫開，正如大夢初覺，團體不大，實力末宏，言論雖足激發一代之風潮，而實事尚未能舉而措之施行也，只有空懷悲天憫人之心，徒有手無斧柯奈龜山何歎耳。惟我洪門則異於是，團體之大，實力之宏，實為地球上會黨之大莫於今者。今欲排滿革命，捨我其誰？洪英洪英，速宜奮發，同心協力，眾志成城，共圖義舉，此則應天順人，識時合道之作也。茲者我大埠致公堂傳集同人，當眾談妥，公舉黃三德大佬隨同孫先生到來貴地，演說洪門宗旨，今日當辦之事務，望各埠大佬職員義伯義兄等竭力贊成美舉，庶幾不負高溪起義、花亭拜盟之初志也。至於各埠應辦之事，當盡之責任，孫先生，黃三德大佬必能面言詳細，祈為賜聽，採擇施行，洪門甚幸。」[27]

5月24日孫中山由金山出發，偕黃三德分訪各埠：

5月24日至6月7日訪沙加緬度（二埠，Sacramento）、尾利允（Marysvill）、柯花（Oroville）、高老砂（Coluse）等地，費時半月。6月6日返抵三藩市。[28]6月9日偕黃三德由三藩市出發，東行至美國各地繼續進行註冊宣傳活動。當天抵裴士那（Fresno 今譯弗雷斯諾）。6月10日孫中山覆函黃宗仰：「弟近在苦戰之中，以圖掃滅在美國之保皇黨，已到過五、六處，俱稱得手。今擬通遊美地有華人之處，次第掃之，大約三四個月後，當可就功。保壽當梁賊在此之時，極為興盛，今已漸漸冷淡矣，掃之想為不難。惟是當發始之初，而保黨不無多少反動之力，因此有一二康徒極恐彼黨一散，則與彼個人之利益大有損失，故極力造謠生事，以阻吾人之前途。所幸此地洪門之勢力極大，但散渙不集，今已與各大佬商妥，設法先行聯絡各地洪家成為一氣，然後可以再圖其他也。」[29]孫中山在信中亦望黃宗仰「與此處致公堂並大同報館通消息，以鼓舞人心，則

27　《致公堂之公啟》，《警鐘日報》1904 年 7 月 2 日。
28　《洪門革命史》第 7 頁。
29　《孫中山全集》第一卷，第 240～241 頁，中華書局 1981 年版。

更可增多熱力也。」[30]當天訪北架斐（Bakersfield 貝克斯菲爾德）。14 日赴洛杉磯（Los Angeles）。7 月 1 日，往山爹咕（San Diego，聖地牙哥）。7 日，往厓化西（Riverside，里沃賽德）。8 日，往山班連拿（San Bernardino，帕薩迪諾，以上均屬加州）。9 日，往力連（Redlands）。10 日，往斐匿（Phoenix，費尼克斯，鳳凰城，亞利桑那州首府）。13 日，往孖李級巴（Maricopa）。14 日，往祖筍（Tucson，圖森）。[31]

　　在祖筍，黃三德有事須在阿利桑那州（Arizona）、德克薩斯州之間停留，請孫中山自行前往訪問各埠，相約在紐約會合。[32]而孫中山因運動致公堂事不易收效，將註冊事宜委諸黃三德，自己赴紐約運動留學界及國際方面。8 月 4 日，孫中山離紐約西行，在新奧爾良（New Orleans）與黃三德會合。8 月 18 日，赴聖路易斯，與黃三德前往遊覽參觀當地召開自法國購買該城百年紀念博覽會。在聖路易斯期間孫中山用英文寫了《中國問題的真解決》，其中提到：「再者，還有致公堂（中國的反滿會黨）的存在，這個國家內一般都稱之為中國共濟會，其宗旨乃是『反清（滿洲）復明（中國）』。這個政治團體已存在了二百多年，有數千萬會員散佈在整個華南；僑居這個國家之內的中國人中，約有百分之八十都屬於這個會黨。所有抱著革命思想的中國人，約略可分為三類：第一類人數最多，包括那些因官吏的勒索敲榨而無力謀生的人；第二類為憤於種族偏見而反對滿清的人；第三類則為具有崇高思想與高超見識的人。這三種人殊途同歸，終將以日益增大的威力與速度，達到預期的結果。由此顯然可以看到，滿清政府的垮臺只是一個時間問題而已。」[33]

[30]　《孫中山全集》第一卷，第 240～241 頁，中華書局 1981 年版。

[31]　《洪門革命史》第 7～9 頁，並參見《孫中山年譜長編》上冊，第 316 頁，中華書局 1981 年版。

[32]　劉偉森：《孫中山與美加華僑》第 18～19 頁，臺北近代中國出版社 1999 年版。

[33]　《孫中山全集》第一卷，第 253 頁，中華書局 1981 年版。

　　9月1日偕黃三德離聖路易斯繼續東行，在沿途各地運動會黨。9月5日抵達匹茲堡。因洪門入會註冊工作繁多，逗留十天始赴華盛頓。[34]9月14日抵達華盛頓，21日赴費城，27日返回紐約，在當地大放洪門，發表演說。

　　10月21日孫中山在紐約停留約一個月後，偕黃三德再出發遊訪各埠，是日抵馬里蘭州巴爾的摩（Beltimore），大放洪門三次。旋又轉往華盛頓，復回紐約。12月4日，往乞佛（Hartford，哈特福德，康涅狄格州首府）、波士頓（屬麻塞諸塞州）、攬問頓（Providence，普羅維登斯，羅德艾蘭州首府），再回紐約。所到各埠均由洪門招待。[35]

　　在波士頓，當時見到孫中山先生的致公堂華僑司徒美堂後來回憶說：「他使我在政治上頓開茅塞，初步懂得要在中國進行『民有、民治、民享』的革命道理。中山先生那時住在旅館，我們每天請他在飯館吃飯，到第三天他拒絕了，說『留幾個錢打滿清吧』。他搬到致公堂宿舍來住，由我們每天料理他的伙食，他伏案讀寫，至深夜不止，第二天一早又出去找朋友宣傳。對『洪門』組織，也曾好好整頓過一番。」[36]

　　在紐約期間，「由致公堂擔任租借華埠宰也街9號之華人戲院開演講大會」，聽眾極多，「乃至座無餘隙，甚至宮牆外望者不計其數。後查到聽者多半屬於保皇會會員」。當時歐榘甲正在紐約鼓吹保皇，見此大為不滿，乃於翌日借該戲院演講，進行反駁，「倡革命必流血招瓜分慘禍的言論」，並請孫中山「解釋革命之真理」。又翌日，孫中山「再在該戲院申論保滿清異族為虛君立憲之非計。彼此互相辯論，一連十天。僑界多已明瞭革命確能救中國」。[37]

　　孫中山到美國後雖然迭次得到洪門的援助，但他深感各地致公堂組織不夠健全，因而向主事者建議，修訂章程，推行會員總註冊，使

[34]　《孫中山全集》第一卷，第256～257頁，中華書局1981年版。

[35]　《洪門革命史》第10頁。

[36]　司徒美堂：《回憶當年，歡呼今朝》，中國致公堂中央研究室編：《司徒美堂》第119頁，中國致公出版社2001年版。

[37]　吳朝晉口述，李滋漢筆記：《孫中山三赴紐約》，《近代史資料》總64號。

洪門組織現代化、制度化，配合革命。另一方面，他也看到興中會的
實力不足，要打開革命工作局面，非借用洪門力量不可。根據司徒美
堂回憶：「孫先生後來到紐約發展興中會組織。最初有 200 餘人，但
在革命處於艱難的情況下，大家灰心離去，兩年後在美會員只剩七
位。其中一位負責人鍾性初先生，因工作困難，心中慚愧無似，於舊
曆除夕跳海自殺。孫中山得訊後，心裏非常苦悶難過。不久他同我商
量，認為在美洲要使革命得到發展，還是要依靠洪門兄弟，革命沒有
群眾基礎是不行的。於是孫先生才再回到致公堂來，舉行全堂會員總
註冊，並定出 80 條會章。」[38]

1904 年 5 月 20 日他手訂《致公堂新章》八十條，[39]序言中稱：

> 「原夫致公堂之設，由來已久，本愛國保種之心，立興漢復仇
> 之志，聯盟結義，聲應氣求，民族主義賴之而昌，秘密社會因
> 之日盛。早已遍在於十八行省與五洲各國，凡華人所到之地，
> 莫不有之，而尤以美國為隆盛。蓋居於平等自由之域，共和民
> 政之邦，結會聯盟，皆無所禁，此洪門之發達，固其宜矣。惟
> 是向章太舊，每多不合時宜；維持乏人，間有未愜眾意，故有
> 散漫四方，未能聯絡一氣，以成一極強極大之團體，誠為憾事；
> 近且有背盟負義、赴入歧途、倒戈相向者，則更為痛恨也。若
> 下亟圖振作，發奮有為，則洪門大義必將淪陷矣。有心人憂之，
> 於是謀議改良，力圖進步，重訂新章，選舉賢能，以整頓堂務，
> 而維繫人心。夫力分則弱，力合則強，眾志可以成城，此合群
> 團體之可貴也。
>
> 我堂同人之在美國者不下數萬餘人，向以散居各埠，人自為
> 謀，無所統一，故平時則消息少通，有事則呼應不靈。以此之
> 故，為外人所輕蔑、所欺凌者所在多有，此改良章程、維持堂

---

[38] 司徒美堂：《旅居美國七十年》，中國致公堂中央研究室編：《司徒美堂》
第 35 頁，中國致公出版社 2001 年版。

[39] 劉偉森：《孫中山與美加華僑》第 13 頁，臺北近代中國出版社 1999 年版。

務所宜急也。且同人之旅居是邦，或工或商，各執其業，本可相安無事。但常以異鄉作客，人地生疏，言語不通，風俗不同，入國不知其禁，無心而偶干法紀者有之矣；又或天災橫禍，疾病顛連，無朋友親屬之可依，一而流離失所者亦有之矣。其餘種種意外危虞，筆難盡述。語有之曰：『人無千日好，花無百日紅。』若無同志以相維護，以相綢繆，一旦遇事，孤掌難鳴，束手無策，此時此境，情何以堪！此聯合大群，團集大力，以捍禍害、體恤同人，實為本堂義務之不可缺者一也。

本堂人數既為美洲華人社會之冠，則本堂之功業亦當駕乎群眾，方足副本堂之名譽也。乃向皆泄泄遝遝無大可為者，此又何也？以徒有可為之資，而未有可為之法，故雖欲振作而無由也。今幸遇愛國志士孫逸仙先生來遊美洲，本堂請同黃三德大佬往遊各埠，演說洪門宗旨，發揮中國時事；各埠同人始如大夢初覺，因知中國前途，吾黨實有其責。先生更代訂立章程，指示辦法，以為津導。我旅美同人可以乘時而興矣！況當今為爭競生存之時代，天下列強高倡帝國主義，莫不以開疆闢土為心；五洲土地已盡為白種所併吞，今所存者，僅亞東之日本與清國耳。而清國則世人已目之為病夫矣，其國勢積弱，疆宇日蹙，今滿洲為其祖宗發祥之地，陵寢所在之鄉猶不能自保，而謂其能長有我中國乎？此必無之理也。我漢族四萬萬人豈甘長受滿人之羈軛乎？今之時代，不爭競則無以生存，此安南、印度之所以滅也。惟爭競獨立，此美國、日本之所以興也。當此清運已終之時，正漢人光復之候，近來各省革命風潮日漲，革命志士日多，則天意人心之所向。吾黨以順天行道為念，今當應時而作，不可失此千載一時之機也。此聯合大群，團集大力，以圖光復祖國，拯救同胞，實為本堂義務之不可缺者二也。

中國之見滅於滿清，二百六十餘年而莫能恢復者，初非滿人能滅之、能有之也，因有漢奸以作虎倀，殘同胞而媚異種；始有

吳三桂、洪承疇以作俑，繼有曾國藩、左宗棠以為屬，今又有所謂倡維新、談立憲之漢奸，以推波助瀾，專尊滿人而抑漢族，假公濟私，騙財肥己。官爵也、銀行也、鐵路也、礦務也、商務也、學堂也，皆所以餌人之具，自欺欺人者也。本堂洞悉其隱，不肯附和，遂大觸彼黨之忌。今值本堂舉行聯絡之初，彼便百端詆謗，含血噴人。蓋恐本堂聯絡一成，則彼黨自然瓦解；而其所奉為君父之滿賊，亦必然覆滅，則彼漢奸滿奴之職，無主可供也。其喪心痛狂，罪大惡極，可勝誅哉！凡吾漢族同胞，非食其肉，寢其皮，無以伸此公憤而挫茲敗類也。本堂雖疲駑，亦必當仁不讓，不使此謬種流傳，遺害於漢族也。此聯合大群，團集大力，以先清內奸而後除異種，實為本堂義務之不可缺者三也。

今特聯絡團體，舉行新章，必當先行註冊，統計本堂人數之多少，以便公舉人員，接理堂務。必註冊者然後有公舉之權，有應享之利，此乃本堂苦心為大眾謀公益起見。法至良，意至美，凡我同人，幸勿為謠言所惑，遲疑觀望，自失其權利可也。今特將重訂新章先行刊佈，俾各埠周知參酌妥善。待至註冊告竣之日，然後隨各埠公舉議員，擇期在本大埠會議，決奪施行。望各埠堂友同心協力，踴躍向前，以成此舉。同人幸甚！漢族幸甚！」[40]

新章程第二條提出：「本堂以驅除韃虜、恢復中華、創立民國、平均地權為宗旨。」[41]這與後來同盟會的立會宗旨完全吻合。又在第四條規定：「凡國人所立各會黨，其宗旨與本堂相同者，本堂當認作益友，互助提攜。其宗旨與本堂相反者，本堂當視為公敵，不得附和」，[42]從而明確了該堂革命的原則立場。

[40]　《孫中山全集》第一卷，第259～261頁，中華書局1981年版。
[41]　《孫中山全集》第一卷，第262頁，中華書局1981年版。
[42]　《孫中山全集》第一卷，第262頁，中華書局1981年版。

重訂新章條款如下：

「第一章　綱領

一　本堂名曰致公堂，總堂設在金山大埠，支堂分設各埠。間
　　有名目不同者，今概改正，名曰『致公堂』，以昭劃一。

二　本堂以驅除韃虜、恢復中華、創立民國、平均地權為宗旨。

三　本堂以協力助成祖國同志施行宗旨為目的。

四　凡國人所立各會黨，其宗旨與本堂相同者，本堂當認作
　　益友，互相提攜。其宗旨與本堂相反者，本堂當視為公
　　敵，不得附和。

五　凡各埠堂友，須一律註冊報名於大埠總堂，方能享受總
　　堂一切之權利。

六　凡新進堂友，須遵守洪門香主陳近南先生遺訓，行禮
　　入闈。

七　所有堂友，無論新舊，其有才德出眾者，皆能受眾公舉，
　　以當本堂各職。

八　本堂公舉總理一名，協理一名，管銀一名，核數一名，
　　議員若干名（以上百人公舉一名）。

九　本堂設立華文書記若干名，西文書記若干名，委員若干
　　名，幹事若干名。以上各人，皆由總理委任，悉歸總理
　　節制。

十　本堂設立公正判事員三名，公正陪員廿名，皆由總理委
　　任，但不受總理節制。」[43]

十一至十七款略。

　　新章明確規定「本堂以協力助成祖國同志施行宗旨為目的」[44]。
在經費方面新章規定「各埠堂友當年例捐經費，每人一元」，「現在
舉行註冊，每人收銀一元，為開辦新章經費」，「各埠自後新進堂友，

[43]　《孫中山全集》第一卷，第 262 頁，中華書局 1981 年版。
[44]　《孫中山全集》第一卷，第 262 頁，中華書局 1981 年版。

每人須繳堂底銀二元，註冊銀一元，歸人大埠公堂」[45]。1905 年 2 月 4 日該章程經修改定稿後發表。

　　1904 年 12 月 14 日孫中山離紐約赴倫敦。黃三德得悉後，致送旅費三百美元，並函各埠致公堂籌集六、七百美元以作程儀。黃三德在孫中山離美之後，繼續巡遊各地，在芝加哥大放洪門，新加盟者八十餘人。旋經柯眉賀（Omaha，奧馬哈）、墾土瑟地（Kansas City 坎薩斯城）、尼梳罅（Missouri，密蘇里）、舍路（Seattle，西雅圖）、砵侖（Portland，波特蘭），返回三藩市，結束總註冊工作。[46]

三

　　實事求是講，孫中山此行的經濟效益並不佳，僅籌得了一些為數不多的旅費。但功夫不負苦心人，興中會收到了較大的社會效益：從保皇黨手中奪回了輿論陣地，糾正了致公堂保皇的政治傾向；初步整理了致公堂的組織和事務；結交了一些朋友和同志，打開了在美國進行革命工作的局面。

　　孫中山的革命宣傳在美國華僑中激起了強烈的反響。在這以後，美洲致公堂與保皇黨衝突加劇。《大陸報》載《美洲對待康梁傳單照錄》：

　　　「義興同人均鑒：戊戌而後，有保皇之康聖人出，以排漢媚滿為宗旨，四遣徒侶，以搜刮外洋華商之財產為事。夫其甘為奴隸，誠不足惜，而獨惜我數萬旅外同胞以血汗之資而供彼一人之欲耳。試思康某奴隸頭目，假革命之名，到處立會，所斂何只百十萬金，飽其私囊，席捲而去，全無建白。所作何事，所支何項，問我誤入彼會之同胞，其誰知之也？嗣以召會之術窮，保皇之弊露，又轉為召集商股之說……使猶受其蠱惑，被其棍騙，是真冥頑不靈，甘心為奴隸頭目之牛馬矣。本堂昆仲，

[45]　《孫中山全集》第一卷，第 268 頁，中華書局 1981 年版。
[46]　《洪門革命史》第 10～12 頁。

散居外埠，誠恐有中其毒者，故不惜舌焦唇敝，為我昆仲忠告之，不知本堂昆仲以斯言為河漢否也。無論仍入保皇會之牢籠，故大背本堂宗旨，即使誤入商股，亦大非本堂保護昆仲財產之苦衷。倘如執迷不悟，仍與康有為奴隸魁周旋，附會其說者，顯係有意干犯本堂章程，查出有據，定必從重嚴懲，再議處置。伏望既誤入者出之，未入者拒之，是本堂之所禱也。」

又載《金山大埠致公堂特啟》：

「洪門諸君大鑒：保皇會自為我洪門識破斥逐之後，每每誹謗洪門，可惡已極。除設法對待之外，仍恐各埠洪門諸君，不悉彼黨與洪門為難一切情形，尚有與彼黨交好者，特此佈告。又梁啟超來美運動，藉口名曰保皇實則革命一語，本堂子弟有為所惑者。今則水落石出，彼黨無一點民族之心，不過欲利用本堂，藉以斂財。今康有為又四處演說，無一語不是死心異族，其宗旨顯然為斂財起見，本堂弟子，萬毋再蹈前轍，以達本堂宗旨。彼黨既與本堂為難，凡洪門子弟自今以往，均宜知所以對待彼黨，不得絲毫徇情。本堂大佬先生，曾遍遊各埠，已將此意宣佈，另有註冊換票細章，係由本堂發出，不日便寄。此後彼黨再有穢逆之來，即行遍告。」[47]

1904 年孫中山美國之行對致公堂也有益處。後者因為孫中山的遊說籌餉，加強了組織向心力與凝聚力，加快了統一的步伐。1907年三藩市致公總堂大樓開工興建，黃三德被推為總理。[48]這一雙贏的結果為雙方然後進一步的合作打下了基礎，對加快祖國辛亥革命的進程產生了重要的影響。

47　《大陸報》第 3 年第 8 號（1905 年 6 月 12 日）。
48　《洪門革命史》第 50 頁。

同盟會時期孫中山與美國致公堂的關係

一

美國是晚清以來華人華僑集中的地方，19 世紀 60 年代就有了互助互濟的洪門組織——致公堂。由於致公堂有時代表華僑的利益，為他們辦了一些排憂解難的公益事務，因此受到華僑的熱烈歡迎，其分支組織遍佈美國全境，在華人社會中有一定的影響力。為了聯絡旅美華僑，孫中山早在興中會時期就於 1896 年、1904 年兩次前往活動。1896 年之行，因沒有與致公堂聯繫，故收效不大。1904 年，已經具有洪門身份的孫中山在美國順利地接上了致公堂的關係，在宣傳革命主張、籌集革命經費方面取得了一些成效，但是對於興中會在美組織建設方面進展不大。

　　1905 年 8 月中國第一個資產階級革命政黨——同盟會在日本東京成立。同盟會總章第二條「本會以驅除韃虜、恢復中華、創立民國、平均地權為宗旨」、第五條「凡國人所立各會黨，其宗旨與本會相同、願聯為一體者，概認為同盟會會員。但各繳入會捐一元，一律發給會員憑據」，[1]與 1904 年 5 月孫中山手訂的《致公堂新章》第二條、第四條[2]相同或基本相同，當然其中的「本堂」均改為「本會」了。同盟會成立後革命黨人聯絡會黨的工作進入了一個新的階段。總理孫中山先易後難，先後指導在國內各地和東南亞、歐洲建立同盟會的分支組織。其中除歐洲主要是依靠留學生組織的外，其他地方的建黨工作

[1]　廣東省社會科學院歷史研究室等合編：《孫中山全集》第一卷，第 284 頁，中華書局 1981 年版。

[2]　參見《孫中山全集》第一卷，第 262 頁，中華書局 1981 年版。

或多或少與洪門幫會有關，在越南、緬甸、泰國等地更是充分利用了洪門的組織資源，[3]初見成效。

　　1909 年 11 月 8 日孫中山先生由歐洲到達紐約，第三次赴美。[4]洪門老友黃佩泉到碼頭迎接，黃在巴也街七十二號有商店名「溪記」。首先，由黃佩泉出面聯繫華僑成立同盟會紐約分會事宜，並向致公堂募得港幣 3000 元。接著，孫中山於 12 月 16 日赴波士頓，向致公大佬梅宗炯求助，又募得港幣 2000 元。[5]24 日返回紐約，商議紐約同盟會成立日期，最後決定 12 月 31 日在黃佩泉家中開會，成立中國同盟會紐約分會。華僑周超、趙公壁、李鐵夫、吳朝晉、陳永惠等加入了同盟會，黃佩泉為會長，會址也設在勿街 49 號他的家中。[6]這是在美國成立的第一個同盟會的組織。從中人們可以領悟到孫中山此次美國之行的目標非常明確，這就是迅速在美國華人社會中建立同盟會的分支組織，以就近組織旅美同胞的革命鬥爭。

　　1910 年 1 月 18 日孫中山抵芝加哥，由於當地華僑受康梁保皇黨的宣傳影響較深，中上層人士大都傾向保皇會。致公堂主持人梅宗周就是保皇會會長，根本不聽總堂的指令。在這種情況下，孫中山經朋友介紹到唐人街的上海酒樓去找梅光培。梅時任上海酒樓經理，和孫中山是同鄉，但彼此並不相識。孫中山到上海酒樓說明來意後，梅光培就迎接孫中山在內進工作室住下。孫中山向梅光培講了來芝加哥的三大目的：首先是向華僑籌款，準備在國內進行革命起義；其次是向華僑宣傳革命道理；第三是建立同盟會組織。翌日，「該埠華僑在會英樓設宴歡迎，先生於席間演說革命之必要，達五六小時之久，滿座皆感動」。但到成立同盟會時，卻只有 12 人參加，推蕭雨滋為會長，梅光培、曹湯三為書記。籌款工作亦不順利，「往往遭到冷遇，甚至

3　參見邵雍：《孫中山與泰國洪門》，《團結報》1990 年 2 月 21 日；《孫中山與緬甸洪門》，1990 年 7 月 21 日；《旅越華僑三合會》，1990 年 8 月 11 日。
4　《孫中山全集》第一卷，第 424 頁。
5　轉引自吳相湘：《孫逸仙先生傳》第 668 頁，臺北遠東圖書公司 1982 年版。
6　馮自由：《革命逸史》第四集，第 166 頁，中華書局 1981 年版，參見《孫中山全集》第一卷，第 423 頁。勿街是紐約四大唐人街之一。

被拒之門外」。孫中山在芝加哥一個多月中只募得港幣 3000 元，加上在紐約、波士頓所募，總共不過港幣 8000 元。[7]

2 月 1 日（正月初一）孫中山來到三藩市。當天下午就接香港電告，新軍起義失敗，倪映典戰死。孫中山獲悉後十分痛惜，立即著手籌款。當地雖有 1909 年同盟會員李是男、李旺與同鄉溫雄飛、黃伯耀等人秘密建立的美洲同盟會，對外以「少年學社」的名義活動，但同志不多。再加上正值農曆新年，僑胞的興奮點集中在此，無意其他。所以孫中山奔走數天，只籌得數十元而已，不得已只好向致公總堂大佬黃三德求助。在黃與堂內各值理洽商時，眾人都說茲事體大，非短期內所能解決。最後還是同盟會員李是男向其父經營之和隆皮鞋店借貸 600 美元，湊成港幣 1000 元，才應了急。從此事可見，與同盟會相比，致公堂的辦事效率平平，其政治覺悟與戰鬥力均有待提高。

2 月 27 日在孫中山的直接關心下，三藩市「少年學社」改組為同盟會三藩市分會，孫中山親自作介紹人及主盟人，李是男、黃伯耀[8]、趙昱[9]、張靄蘊等十餘人加入。次日孫中山在同盟會三藩市分會召開的成立大會上發表演說，介紹當時的革命形勢，指出：「同盟會自從一九〇五年成立以來，我們運動革命的方法，就是運動會黨和聯絡軍隊兩個方面，軍隊排滿空氣非常濃厚，中下級軍官佐幾乎有過半和我們有聯絡。……這座滿漢互相排擠的火藥庫，它的導火線隨處皆是，任何一處，只要稍接觸就爆發起來。」[10]孫中山在會見美國人荷馬里與布思，介紹革命黨人的實力和國內的形勢時也不無誇張地稱：

---

[7]　參見陳錫祺主編：《孫中山年譜長編》上冊，第 485 頁，中華書局 1981 年版。

[8]　1905 年，華僑青年黃伯耀、溫雄飛發起組織同源會。分別擔任西、中文之書記。黃伯耀為永生壽板店老闆、致公堂成員。參見政協全國委員會文史資料研究委員會編：《辛亥革命回憶錄》（八），第 336 頁，文史資料出版社 1982 年版。

[9]　趙昱，字壽朋，廣東新會人，1906 年赴美、半工半讀，1908 年組織愛國團體求是學社，研究國是，社員有工人和學生三、四十人。1910 年 2 月時任葛技利（Berkeley）求是學社負責人。趙昱曾恭請中山先生為社員演講。

[10]　《辛亥革命回憶錄》（八），第 363 頁。

「可以從秘密會黨中招收一千萬（人），其黨內有三萬名知識份子和學生，還有許多個師的正規軍與之合作云云。」[11]

　　3月1日孫中山在覆趙公璧信中透露出對一些地方致公堂籌款不力的不滿：「省城軍事……此次之失敗，實因於年底缺款五千。波土項（士頓）致公堂初許擔任五千，所寄不過一千九百餘元，因（紐）約致公堂許擔任者一文未寄，遂致年初二黨軍亦以欠款而不能作應援之計，新軍第一標遂不支退散。幸二、三標尚無恙，可留後圖。弟今擬在美久留，遍到各埠以聯絡同志，藉集大款，然後遲謀再舉。現下大埠（指三藩市——引者注）人心極踴躍，經已成立同盟會，訂妥章程；已抄一份至周超兄處，請他招集同志，宣佈舉行。弟擬在大埠立妥一完善機關，然後往他埠演說立會。但現在旅費告罄，此間新立團體，未便以此小故連累，未知貴埠同志尚能為力以籌小款為我行動之需否？西方一帶立好團體，弟再來東方推廣本會於各處也。望足下並同志竭力推廣已成之團體，務使漢人皆當負一份之責任，則事易為矣。」[12]孫中山在這封論及近期工作打算的信件中講的擬在三藩市立妥的「一完善機關」，當為同盟會的而不可能是致公堂的。後來，在美國一些城市成立同盟會分會的基礎上，以三藩市同盟會為美洲同盟會總會，直接管轄美洲各地分會，各埠華僑陸續加盟者有數百人。

　　3月22日孫中山從三藩市起程赴檀香山。在以孫中山為首的中國同盟會的宣傳鼓動下，在美國的革命工作局面有所改觀。1910年9月12日孫中山在南洋致函三藩市同盟會，對此進行了描述：「美洲各埠近日革命思潮初至，銳氣方新，且人數逾十萬。……況美洲洪門不下六七萬人，除一二大埠人心渙散，其美西各坑上及美國東南各華人無多之埠之洪門人士，皆甚熱心贊成革命，倘能引導有方，則無不鼓舞向前也。」他要求同志收信後，馬上行動，開捐軍費。由於孫中山在三藩市已經體會到由同盟會直接向洪門弟兄勸捐的難處，因此他在信中強調要注意工作方法，「公舉同盟內之洪門人往各坑、各埠勸

---

[11]　〔美〕史扶鄰著，丘政權、符政興譯：《孫中山——勉為其難的革命家》第113頁，中國華僑出版社1996年版。

[12]　《孫中山全集》第一卷，第446頁。

捐。……並向附近洪門勸捐。」[13]11 月中下旬孫中山明確向三藩市美
州同盟會總會提出籌款十萬元的任務。

　　從總體上看，1909 年孫中山美國之行的首要任務是建立同盟會
的分支機構，而建立同盟會的分支機構的首要任務就是籌集革命經
費。在此期間他與洪門致公堂溝通不多，只是在由同盟會直接出面不
便的情況下才考慮運用致公堂的資源。

二

　　1911 年 1 月 19 日孫中山從歐洲抵達紐約，31 日到三藩市。2 月 4
日起程赴加拿大溫哥華。2 月 10 日孫中山致信三藩市致公總堂眾職員，
興奮地通報到溫哥華後大受致公堂弟兄歡迎的盛況，並說：「現加拿大
公堂紛紛電邀弟在此數日，當即往各埠一遊後，自滿地好出美境周遊各
埠，以冀振興我洪門黨勢力。不日當擬一告白寄上，請由總堂出名登報，
佈告各埠洪門手足，以便陸續前往演說運動。屆時自當寄上也。」[14]

　　4 月 19 日孫中山結束加拿大之旅後回到紐約。當晚他函告芝加哥
同盟會員，稱接蕭雨滋、梅就、梅喬林等函電，知「人心丕變，機會
大佳，……此處致公堂、同盟會聞芝城已聯絡安良、協勝兩堂合力以
助革命軍之進行，亦欲仿法行之，即晚已發人運動」。[15]此時孫中山的
思想傾向是顯而易見的，這就是要將芝加哥同盟會首創的與所有洪門
組織大聯合的模式推廣到美國其他地方，共同推進革命運動的發展。

　　4 月 28 日孫中山從紐約與朱卓文[16]一道抵達芝加哥，此時廣州「三
二九」（西曆 4 月 27 日）起義消息，已經通過西報遍傳北美。5 月 4

---

[13]　陳旭麓、郝盛朝主編、王耿雄等編：《孫中山集外集》第 334 頁，上海人民
　　　出版社 1990 年版。
[14]　《孫中山全集》第一卷，第 510 頁。其實，三藩市總堂與加拿大的致公堂沒
　　　有直接的組織聯繫。與加拿大的致公堂有直接的組織聯繫的是美國紐約的「美
　　　洲致公總堂」及其下屬的美東各地的洪門組織。
[15]　《孫中山全集》第一卷，第 517 頁。
[16]　朱卓文是 1910 年初底特律同盟會分會成立時第一批加入者之一。參見《孫中
　　　山生平事業追憶錄》第 213 頁，人民出版社 1986 年版。時為美洲同盟會（對

日急於辦理廣州起義善後事宜的孫中山被迫電告費城致公堂：「下周不能來你市，將於再下周之 5 月 17 日來。」[17]

5 月 5 日，芝加哥同盟會開會，孫中山、黃三德、梅喬林、曹湯三等人與會。孫中山說「籌餉方法，各處不同。南洋籌餉，多為地方政府所限制，秘密而行。美國是自由之邦，籌餉公開，做事較為容易。最好想出一個統籌辦法，集合鉅款，分途舉義，一方得手，就地因糧籌餉，革命事業便可成功。請同志各抒所見。」[18]梅喬林提議在當地組織革命公司（後改名為「中華公司」），後因認股者甚少，不了了之。此事表明，當時同盟會在美國的實力特別是經濟實力是相當有限的，不發動致公堂的力量是很難打開革命新局面的。

當時同盟會會員朱卓文與崔通約在加利福尼亞洲各埠勸導僑胞輸款效果很不理想，崔即「以美洲致公堂（即洪門）之革命人物均不努力，乃向各埠致公堂攻擊金門致公總堂。總堂執有憑據，大為震怒，以此為同盟會之舉動，因是欲轟殺同盟會之青年，其時正值為三月廿九一役籌餉，同盟會大受抨擊」。時任三藩市同盟會機關報《少年中國晨報》主筆的伍平一，原本與洪門機關報《大同日報》經理唐瓊昌、致公堂大佬黃三德有老交情，為調和雙方矛盾，在斐士那打電報向孫中山求助。孫因事不能馬上趕到當地解決，於是在 5 月 20 日致電三藩市致公堂：「不要登報反對同盟會，等待我去替你們解決問題。」[19]6

外稱少年學社）在美國西部委林墨（Winncemvcca）的成員。參見張藹蘊《辛亥前美洲華僑革命運動紀事》，廣東省政協文史委主編：《孫中山與辛亥革命史料專輯》第 43 頁，廣東人民出版社 1981 年版。宋慶齡在《我家與孫中山先生的關係》（《黨的文獻》1994 年第 5 期）一文中說，「朱卓文是孫中山的香山同鄉。孫先生到美國三藩市時，朱卓文也在美國，從那時起他們成了好朋友。他們同往美國各州旅行，向中國學生和商人進行演講，宣傳推翻腐敗滿清皇朝和建立民主中國的必要。」

[17] 鄧麗蘭整理《新發現的孫中山海外電報存稿》，《近代史資料》總 88 號，第 40 頁，中國社會科學出版社 1996 年版。

[18] 《孫中山全集》第一卷，第 517～518 頁。

[19] 鄧麗蘭整理《新發現的孫中山海外電報存稿》，《近代史資料》總 88 號，第 41 頁。

月 3 日孫中山從紐約前往三藩市。[20]6 月 8 日孫中山到達洛山磯，次日寫信給三藩市致公堂同人，對該堂「有意實行贊助中華革命事業，殊深欣慰」，並通知將於 10 或 11 日動身赴三藩市，到時再行電告車期。[21]當天孫中山還致函致公堂大佬黃三德，通報昨日由紐約抵達洛杉磯，「有要事交涉。」[22]將涉及致公堂的事情及時通報對方的負責人，是孫中山為人處事的細心之處。此舉有助於加強雙方的信任，消除疑慮，防止誤會。

6 月 18 日（辛亥年五月二十二日）孫中山抵三藩市，與前此趕到的伍平一匯合。他倆在與黃三德、唐瓊昌的會談中力主雙方聯合，「結大團體，匡扶革命事業。」孫中山耐心說服致公堂大佬、叔父與同盟會合作，而對方則歡迎未進洪門的同盟會會員「一律入闈，聯成一氣。……開特別招賢之禮，以示優遇，盡釋從前門戶之分別，翼贊將來光復之偉業，掃虜廷專制惡毒，復漢家自由幸福。」[23]並同時請伍平一兼任《大同日報》的主筆。「使兩黨言論一致，精誠團結」。[24]當天三藩市致公總堂與同盟會實行組織聯合，雙方分別在《大同日報》與《少年中國晨報》上刊出實行聯合的佈告。三藩市中國同盟會在佈告中肯定「洪門為中國提倡排滿革命之先祖，而人稱致公總堂之改革新章，更與本會三民主義相合，原可互助提攜，共圖進取。……今得孫總理駕抵金山，主張聯合；而致公總堂開特別會，以招納本會會員之未加入洪門者。本會集議，全體贊成，特此佈告各埠會員一體遵照，以成大群，合大力，而共圖光復之大業。」[25]

---

[20] 根據鄧麗蘭的研究，從 6 月 3 日到 9 月 2 日之間，孫中山使用了從紐約到三藩市車票的去程部分。參見鄧麗蘭編著：《臨時總統和他的支持者》第 196 頁，中國文史出版社 1996 年版。

[21] 《孫中山全集》第一卷，第 522 頁。

[22] 《孫中山集外集》第 336 頁，上海人民出版社 1990 年版。

[23] 《美洲大埠致公總堂啟》，《大同日報》1911 年 6 月 18 日。

[24] 伍平一：《揭發「滄海生平海外革命之文字獄」記載之真相》，轉引自《孫中山與辛亥革命史料專輯》第 57 頁，廣東人民出版社 1981 年版。

[25] 《三藩市中國同盟會啟》，《少年中國晨報》1911 年 6 月 18 日。

其實在同盟會內部不少人對加入致公堂，與致公堂聯合不以為然，心存疑慮，認為「新舊人物心理思想異趣，恐難合作，即合作亦不易持久。」只是經過孫中山在會員大會上的反覆勸說才勉為其難，同意與致公堂合作的。而致公堂中心人物對同盟會會員加入的想法，與其說是吸收新血液，不如說是增加個人生活的收入，至少兩者兼而有之，而以後者為主。因為洪門致公堂擁有發言權的中心人物多半沒有固定職業收入，其生活來源有賴於新丁的加入。新丁加入的費用，大約每個人付出七八元，分頭用作公堂堂底費、香油費、大佬（即主盟者）個人收入和加入儀式時的助手收入。[26]

據洪門舊規，洪門中人如果打聽出和他有過結的人要入洪門，他就可以到場向新入門者提出令人難堪的質問，甚至可以將其當眾逐出，拒其加入。不過如果帶領入圍的「舅父」（即介紹人）有面子或有勢力，就可以立即解釋或擔保。孫中山考慮到同盟會同志中有人和洪門中人有夙怨，為了減少麻煩，化解矛盾，親自擔當「舅父」角色，分別介紹黃芸蘇、趙昱、張靄蘊、李是男、黃伯耀、劉鞠可等旅美的同盟會會員加入致公堂，每期數十人，分別受封要職。[27]

孫中山號召同盟會會員一律加入致公堂，因而促成了籌募革命軍餉的大業。兩團體聯合後，隨即仿效孫中山在加拿大的成功經驗，[28]設立「洪門籌餉局」，地址就設在三藩市斯波福街 36 號致公堂二樓。[29]7月 10 日，洪門籌餉局決定由致公堂、同盟會兩方人士共同擔任辦事人員，黃三德出任監督。[30]兩團體推定的職員名單如下：

監督：黃三德（致公堂）。

總辦：朱三進、羅敦怡（致公堂）。會計：李是男（同盟會）。

---

[26]　《辛亥革命回憶錄》（八），第 367 頁，文史資料出版社 1982 年版。

[27]　張靄蘊：《辛亥前美洲華僑革命運動紀事》，《孫中山與辛亥革命史料專輯》第 66 頁

[28]　參見邵雍：《1911 年春孫中山加拿大之行述略》，《近代中國》第 14 輯，上海社會科學院出版社 2004 年版。

[29]　參見馬袞生：《孫中山在夏威夷：活動和追隨者》第 110 頁（世界知識出版社 2003 年版）上的該局信箋影印件。有些記載說是三藩市斯波福街 38 號，誤。

[30]　黃三德：《洪門革命史》第 19 頁。

中文書記：黃任賢（致公堂）、黃傑亭（同盟會）、劉鞠可（同
　　　　　盟會）。
西文書記：唐瓊昌（致公堂）、黃伯耀（同盟會）。
查數：司徒文烆（致公堂）、李務明（致公堂）。
董事：黃達仁等十九人（致公堂）和劉達朝等十人（同盟會）。
遊埠演說員：黃芸蘇、張藹蘊[31]、趙昱（同盟會）。[32]

　　孫中山對如此格局還算滿意。其實當時在籌餉局任職，既是榮譽
又是苦差，任何一方都無法完全排斥對方，包攬籌餉全局。
　　孫中山住在三藩市約兩個月的時間，除關心洪門籌餉局事務外，
有時還外出進行革命宣傳。6 月 25 日起[33]，孫中山在加利福尼亞州士
得頓（Stockton）、埃侖頓（Isleton）、汪古魯（Walnut Grove）、葛
侖（Courtland）、沙加免度（Sacramento）等埠活動，向僑胞宣傳革
命，發展組織。據《少年中國晨報》記載，「孫公逸仙，偕趙君昱、
張君藹蘊抵士得頓埠。致公堂同志，備自由車往站迎接，先到公堂少
憩。該埠萃勝堂，開周月紀念，並歡迎孫公大會。是晚，席上演說，
先由主席宣佈開會宗旨，隨請張藹蘊君演說，大意述清政府壓制漢人
之苦。次請趙昱君演說，大意述外國欺凌中國人之苦。末請孫公演說，
大意謂堂號有合群之性質，有保護同群抵抗外侮之勇敢，更宜本其愛
群之心，以愛四萬萬之同胞；本其抵抗外侮之心，以抵抗異族專制政
府。演畢，鼓掌之聲不絕。次日，乘車往渴市地臣演說矣。」
　　孫中山抵埃侖頓時，該埠洪門手足二十餘人親到碼頭歡迎，「即
午開茶會於該埠會新樓。孫公接見各同志，大有應接不暇之勢。是晚
七點半鐘在致公堂演說，附近園口紛紛到聽，座為之滿。先由主席宣
佈開會宗旨，次請孫公演說發揮三民主義及革命難易問題。末由黃芸

---

[31] 有關張在辛亥革命以後的事蹟參見〈團結報〉1988 年 10 月 25 日〈『革命強
　　人』張藹蘊〉。
[32] 參見劉偉森：《孫中山與美加華僑》第 64～65 頁，臺北近代中國出版社 1999
　　年版。
[33] 參見鄧麗蘭編著：《臨時總統和他的支持者》第 206 頁。

蘇、張藹蘊[34]二君繼演講革命為國民之義務，同心協力之易成功，不革命之招瓜分。演說畢，座中熱心志士，多願擔任勸捐軍費值理，人心踴躍，可見一斑。次午會宴畢，即乘自由車往汪古魯矣。」

在葛侖，孫中山、張藹蘊分別發表了演說。[35]

在加洲首府沙加免度，常交結省長及其他高級官員秉公堂的勢力很大，因其中多數為保皇分子，故與同埠致公堂肇釁，揚言自某日起開始轟殺革命黨，聲勢洶洶。而「致公非堂號性質，不輕動殺機，故有時亦為所困。……當地同盟會黃晉三，仍邀請總理至」。孫中山某日致電沙加免度致公堂：「明天下午乘三點三十分的輪船到。」[36]他與張藹蘊抵達後，方知陷入險境，「此時進則冒險，退則必為保皇黨所笑，謂被嚇跑也。總理乃痛責晉三冒昧，即直抵秉公堂老巢言和，幸秉公堂主席劉三才悅服，而總理又制止致公堂好事者不得暴動，和議成。三才召集茶會，歡迎總理，總理與藹蘊演說革命救國於秉公堂，時講座對壁，尚皇皇然高懸『本堂手足不得加入同盟會』之諭也。後三才卒以是不容於堂，辭退主席，而皈依民黨。」[37]

必須指出，孫中山住在三藩市的主要任務是擬訂《洪門籌餉局緣起》及章程《章程》另約章四款，以資信守。

7月《洪門籌餉局緣起》在三藩市公佈如下：

> 「茲當人心思漢，天意亡胡，所以各省義師連年繼起。然尚未能一戰成功者何也？豈以人才之不足，戰陣之無勇耶？皆不然

---

[34] 此次是孫中山與偕趙昱、張藹蘊、黃芸蘇四人共同行動，與九月間孫中山黃芸蘇以及趙昱張藹蘊兩組分頭活動有別。不少著述對此含糊其次，莫衷一是。

[35] 張藹蘊：《辛亥前美洲華僑革命運動紀事》，《孫中山與辛亥革命史料專輯》第67～68頁。

[36] 鄧麗蘭編著：《臨時總統和他的支持者》第196頁，但編定時間在5月31日到6月24日之間，不知何據。筆者根據鄧麗蘭前後引文，判斷當在訪問士得頓（6月25日）、埃侖頓、汪古魯、葛侖之後。

[37] 張藹蘊：《辛亥前美洲華僑革命運動紀事》，《孫中山與辛亥革命史料專輯》第54頁。

也。試觀最近廣州一役，捨身赴義者，其人多文武兼長之士，出類拔萃之才；當其謀泄失敗，猶能以數十人力戰而破督署，出重圍，以一當百，使敵喪膽，可知也。然人才既如彼，英勇又如此，仍不免於失敗者，其故安在？實財力不足、佈置未周之故也。內地同胞久在苛政之下，橫徵暴斂，剝皮及骨，遂至民窮財盡，固無從厚集資財，而為萬全之佈置也。故輸財助餉，以補內地同胞之所不逮，實為我海外華僑之責任，義不能辭也。內地同胞捨命，海外同胞出財，各盡所長，互相為用，則革命大業之成，可指日而定也。

我洪門創設於美洲已數十年矣，本為合大群、集大力，以待時機而圖光復也。所謂『反清復明』者此也。今時機已至，風雲亦急，失此不圖，則瓜分之禍立見矣！本總堂茲承孫大哥指示，設立籌餉局於金山大埠，妥訂章程，務期完善無弊，以收效果。捐冊寄到之日，切望各埠手足，竭力向前，踴躍捐資，以助成革命大業，則洪門幸甚！中國幸甚！」[38]

「章程」規定：「革命軍之宗旨，為廢滅韃虜清朝，創立中華民國，實行民生主義，使我同胞共用自由、平等、博愛之幸福。」籌餉局分董事部與辦事部，各定職能。所有收捐，「除經費外，一概存入銀行，以備孫大哥有事隨時調用，他事不得提支」。[39]

「籌餉約章」凡四款，規定「凡認任軍餉至美金五元以上者，發回中華民國金幣票雙倍之數收執。民國成立之日，作為國通寶用，交納稅課，兌換實銀」。「認任軍餉至百元以上者，除照第一款之外，另行每百元記功一次，每千元記大功一次。民國成立後，照為國立功之例，與軍士一體論功行賞。」「記大功者，於民國成立之日，可向民國政府請領一切實業優先利權。」[40]

---

[38] 《孫中山全集》第一卷，第 527 頁。
[39] 《孫中山全集》第一卷，第 528 頁。
[40] 《孫中山全集》第一卷，第 529 頁。

　　7月18日孫中山致信南洋鄧澤如等人說：「金山致公總堂，雖系洪門，以反清復明為宗旨，然向多老朽頑錮，向無進取之氣，故嘗與吾黨之少年勇進之輩積不相寧，數月之前猶大反對同盟會之籌餉。美國華僑十居八九為洪門之徒，致公總堂一反對籌餉，則雖熱心革命者亦不敢前；故以美國華僑之數，所集不過萬餘港銀，遠不及加拿大少數華僑之捐款。乃至羊城一役之後，見吾黨志士捨身赴義，英勇絕倫，則頑錮老朽之輩亦因而奮感。今致公總堂已發起籌餉，現已設立籌餉局以專責成，想不日必能大收效果也。此又羊城失敗之影響也。茲附上致公堂籌餉章程[41]一閱。弟於月內此處籌餉局規模大定之後，當再往東美，今冬或再往歐洲，以辦外交要件，而回東之期尚未定也。」孫中山希望南洋各同志「竭力維持已聯之人心，並鼓吹初醒之民氣，倘得合大群、集大力，以南洋、美洲華僑之財力以濟內地同志之所需，自無不足，而成功之期決其不遠也。」[42]此一內部通信透露出孫中山對美國致公堂的真實態度，既站在本黨「少年勇進」一邊，對致公堂「老朽頑錮」、「反對同盟會之籌餉」表示不滿，又不得不承認對方人多勢眾，氣焰熏天的客觀現實。現在的問題是如何通過這個機構，發揚「奮感」「進取之氣」，「以專責成」。此時孫中山對洪門籌餉局的前途是樂觀的，充滿了期望和信心。

　　籌餉局成立之初，先電匯港幣一萬元給在香港的黃興，為籌設暗殺機關的經費，並議決推孫先生及黃芸蘇、張藹蘊、趙昱四人，為遊埠籌餉專員，分北南兩路，由西往東，在美國各埠籌餉。

---

[41]　《孫中山全集》第一卷的編者將《洪門籌餉局緣起》及《革命軍籌餉約章》四款制定的時間定為7月21日，該書第527頁的注釋說，「孫中山於是日在三藩市發起成立美洲洪門籌餉局（又稱中華革命軍籌餉局，對外界稱『國民救濟局』），並起草了《洪門籌餉局緣起》及《革命軍籌餉約章》二文。」但黃三德的《洪門革命史》稱洪門籌餉局成立於1911年7月10日。因此7月18日孫中山給同志寫信，附上致公堂籌餉章程一閱，十分順理成章，也足證21日之說有誤。

[42]　《孫中山全集》第一卷，第526頁。

　　出發前先由致公總堂刊發佈告，通知各埠同志，優禮歡迎。通告如下：

> 「本總堂首次提倡籌餉，為空前之偉舉。我洪門人士，雖羈身海外，而二百六十餘年亡國之慘痛，刻不去懷。今者風雲急矣！籌餉之議，全體贊成，同肩責任矣。現經印就捐冊，寄呈各埠，復派演說員兩隊：孫文大哥、黃芸蘇君為一隊，周遊美國之北。張靄蘊君、趙昱君為一隊，周遊美國之南。分途遍游全美，演說勸捐，發揮本堂宗旨，務達實行目的，該員等所到各埠，凡我同志，務祈優禮歡迎；並望各埠職員叔父，鼓勵同胞，慷慨捐助。鉅資麇集，大舉義旗。世代之仇，指日可復。不特我洪門之光，抑亦漢族之幸也。

> 孫文大哥與黃、張、趙三君遊埠演說路程大略：

> 孫文大哥、黃芸蘇君於七月初二日動程先往撥崙、次舍路，士葡頃、抓李抓罅、追加斯地、抗定頓、南巴、貝士、卜提、爹罅、惡頓、梳力，落士丙、典化、墾士斯地、聖疊、芝加哥、先洪拿打、必珠卜、波地麼、華盛頓、費利爹化、紐約、哈佛、士丙非、波士頓、杭面頓、保夫盧、企李崙、地彩，乜地慎、勝普、棉答步路、柯未賀、地高打掌慎、積活、比利、立必斯地、氣連打、貓斯地、委林墨、我利古、李糯至卞慎而還。

> 張靄蘊君、趙昱君亦同日動程，先往馬寫、次馬且罅、非士那、軒佛、都那利、北加啡、汝路士、巴土傑、委林士、夫冷士合、雲士路、巴梳、墾寅斯地、火活、篤統亞麻、墾士斯地、聖疊、因陳答步士、先先拿打、哥林布、必珠卜、紐約、費利爹、波地麼、華盛頓京、羅利、哥林比亞、士灣拿、晟臣委、墨簡、亞連打、孟金利、莫比利、紐柯連、飾滿、山多寸、巴梳、水路化斯地、羅珠卜、企粒頓、古磲、片順、桃新、非匿、天馬、列蘭、粒巴洗、山班典那、羅省、山爹古、惡市拿、山打巴罅、

山打巴罷官、林葛、和老比、山壘比市步、沙連那、山古羅司、
屈臣委利、吉來、山多些、尾利扮、至山多酒而還。

北美洲致公總堂公佈」[43]

不久，致公總堂又加派許炯黎、劉冠辰等，亦沿加省一帶，如：
聶步碌、北架啡、美利賀、委路士、委羅、沙臣、山爹古、加沙免度、
山多些等小埠；發賣革命軍債票，籌集美金三萬餘元。

8月11日孫中山給澤生寫信，通報了籌餉局的成立以及近期的
遊埠籌餉計畫，並表示，目前「倘能人人協力，能集足發難之經費，
則可一戰成功也。」[44]孫中山一行的計畫是先往鉢侖（Portlond），續
赴舍路（今譯西雅圖 Seatle）、士卜頃（今譯波斯頓 Boston）、抓李
抓罅（Walla Wallu）、追加斯地、抗定頓、南巴、貝士、卜提、爹罅、
惡頓（Ogden）、梳力、洛士丙、典化、懇士斯地、聖壘、芝加哥、
先洪拿打、必珠卜、波地麼、華盛頓、費利爹化、紐約、哈佛、士丙
非、波士頓、杭面頓、保夫盧、企李侖、地采、乜地慎、勝普、棉答
步路、柯末賀、地高打掌慎、積活、此利、立必斯地、氣連打、貓斯
地、委林墨、我利古、李糯（Reno），至卜慎而返。

9月2日（七月初十日）孫中山等四人離三藩市往美之中、北各
省演講，到處勸捐，成績斐然。[45]

砵侖函云：「革命首領孫逸仙先生，與黃芸蘇先生，駕抵砵侖，
致公堂備車歡迎。先到致公堂稍憩，隨往拜客，各同胞相見甚歡。在
西人亞倫可跳舞堂演說，聽者五百餘人，為埠中空前之大會集。先由
致公堂總理宣佈開會宗旨，……次請孫先生演說，痛陳亡國之悲慘，
及革命之利益。略謂『美國之如此富豪，亦革命之良好結果，而華人

---

[43] 張藹蘊：《辛亥前美洲華僑革命運動紀事》，廣東省政協文史委編：《孫中山與辛亥革命史料專輯》第 70～71 頁。

[44] 《孫中山全集》第一卷，第 533～534 頁。

[45] 《孫中山全集》第一卷，第 537 頁，根據鄧麗蘭《臨時總統和他的支持者》第 197 頁介紹，9 月 2 日到 10 月 20 日，孫中山使用的是從三藩市到紐約車票的回程部分。

且受其賜，以美國之革命尚可以惠及華人，吾國地內之蘊蓄、地皮之生產，皆勝於美，倘吾中國能革命，開浚財源，到其時美人且往中國覓食，吾人尚何須作外人籬下之寄耶？』」[46]孫中山此論的可能性不大，然鼓動作用不小。當晚致公堂宴請，宴後在該處演說。

在埃侖頓，在會新樓受洪門弟兄接待的孫中山在致公堂講演了三民主義及革命難易問題，聽者座為之滿，並多願擔任勸捐軍費值理。[47]

9月12日孫中山抵達舍路。[48]在他演說後「人心傾向革命，如水就下，即平時最不喜談革命者，至今亦連聲諾諾，以革命之事業，為救國之唯一上策。」孫中山又接連演說兩次，「將歷年革命之歷史及將來革命之方法，解釋無疑義，聽者均為感動，且擔任力助革命事業，以期速成。」是日致公堂請宴，到者六十餘人，孫中山又當場發表演講。

孫中山駕臨抓李抓罅當晚，即開演說會，一般老農老圃均輟耕來聽。「孫先生以保皇比之孝敬仇敵，革命譬之孝敬父母，聽者於革命保皇之是非，始豁然領悟，無不歡忻鼓舞，擔任贊助革命事業。」

孫中山與黃芸蘇抵惡頓後，先到洪門公堂，隨到記者小店暢談。翌日會見各手足，晚間進行演說。隨迭接李糯及委林麥同胞函電多次，催促他們先到該埠，然後他往，「二君以其意誠，已允之矣。」

孫、黃兩人應邀駕抵李糯時，「致公堂手足，與同盟會會員，預先往車站候迎，同到哥路頓大旅館憩息。翌朝各同志備自由車數輛，到旅館迎往公堂聚會少頃，隨往各商店拜客，各商家歡迎之色，達於眉宇，大有相見恨晚之慨。」下午三點鐘市長厘非勞及員警長戾到訪，嗣與各同志、各商家同乘自由車，周遊本埠名勝，至晚六點鐘，設西餐以為歡宴，中西來賓滿堂。席次各西報訪員次第到訪，探問中國情形」，擴大了革命黨在美國的影響。

---

[46] 《孫中山全集》第一卷，第541頁。
[47] 張藹蘊：《辛亥前美洲華僑革命運動紀事》，《孫中山與辛亥革命史料專輯》第67頁。
[48] 《孫中山全集》第一卷，第538頁。

孫中山到達卡臣（Carson City）時「公堂手足，竭誠歡迎。一點鐘，在公堂演說革命真理，聽者滿座，踴躍非常。……有茲以後，雖平日反對革命者，亦轉而歸化，人心大有可為也。」

波士頓「該埠除少數熱心革命外，餘均屬保黨」。孫中山迎難而上，特意在是晚選在保皇會所演說革命，「將種族問題，痛加發揮。」[49]

人們從孫中山的演說中，聽到最多的是革命、救國和民族主義。只有在埃侖頓的講演才全面地闡釋了三民主義。9 月 25 日孫中山已在愛達荷（Idaho）。[50]

與此同時，張藹蘊、趙昱一路也在致公堂的支持下在美國各地展開巡迴演說籌餉。他們的演說重點也在反對列強瓜分、救亡圖存，鼓吹民族主義、反清革命，誰都沒有全面地闡釋三民主義，只有趙昱在軒佛的演說中涉及到民生主義。

10 月 12 日孫中山在鹽湖城（Denver）閱報得知武昌起義的消息後遂拍電至聖路易城，催趙昱和張藹蘊速籌旅費。據《少年中國晨報》所記芝加哥函稱：黃芸蘇、張藹蘊、趙昱三君由聖壘抵本埠，本埠致公堂久為保皇黨入寇，尤可怪者以保皇黨總理兼充致公堂總理，故不奉行總堂命令，因此前來歡迎的只有同盟會同志。黃君因事先往紐約，諸同志租西人大會堂，請張、趙二君演說，座為之滿，鼓掌之聲不絕，即晚各同志大宴張、趙二君。[51]他倆籌得五千金，直往紐約，在靈頓旅館見到孫中山。孫留趙昱和黃芸蘇、張藹蘊同住數日，談及武昌起義後種種事情，勸勉諸弟兄努力籌款。

在紐約逗留期間，孫中山致電兩廣總督張鳴岐，「請速率所部反正，免禍生靈，兩粵幸甚。」[52]致公堂則以美洲洪門總會名義向兩廣總督張鳴岐等人發出檄文，宣告「今者時事日亟，滿虜自知其族之死

---

[49] 張藹蘊：《辛亥前美洲華僑革命運動紀事》，《孫中山與辛亥革命史料專輯》第 80～82 頁。

[50] 《孫中山全集》第一卷，第 540 頁。

[51] 張藹蘊：《辛亥前美洲華僑革命運動紀事》，《孫中山與辛亥革命史料專輯》第 84 頁。

[52] 《孫中山全集》第一卷，第 544～545 頁。

期將至，故頻借外債，迭讓利權……故我洪門人士決然奮興，與少年志士聯合為一，誓即掃滅胡塵，廓清華夏。凡殘殺同種，為虎作倀之輩如爾等者，悉將不容。……限於接到此檄之日三月內，率爾部下反正，為國民軍之先驅，掃除胡虜，光復中華，以為抵罪。否則，決以爾等野蠻之法，還治爾等野蠻之人」[53]。這兩個檔的具體時間已不可考，但不管孰先孰後，雙方互通聲氣，進行過協調是沒有疑問的。

10 月上旬洪門籌餉局核准芝加哥同盟會蕭雨滋、梅喬林、梅光培 9 月間提出的購買飛機，以充軍用的建議，購買寇締司式（Gutis）飛機六架，聘請威爾霍士（wilcox）為飛機師，年俸一萬美元。當月下旬，趙昱偕機師威爾霍士夫婦及志願從軍學習的芝加哥同盟會會員李綺庵、余夔回國

11 月 2 日孫中山攜朱卓文離開紐約經歐洲歸國。其中 450 美元的路費是途經紐約時由安良堂人士司徒美堂、阮本萬、李聖策等五人湊給的。[54]籌餉局亦陸續彙旅費與中山先生。

三

孫中山在外籌款時，在三藩市洪門籌餉局內部的黃三德為款項及時發往香港盡了最大的努力。當時中南美洲致公堂均有捐款，尤以墨西哥致公堂為多。根據墨國扶朗姐埠函：「據稱前奉孫大哥來書，所云提倡革命以圖光復中華等語，同人當即通告全埠桑梓，十分踴躍，當場鳩集鉅款，並議定將致公堂遞年所存積款，全數撥充軍餉之用云。」

點美利函云：「本埠致公堂同人熱心革命，不落保皇圈套，茲聞公堂籌餉起義，各大佬、先鋒，叔父等，爰即開台演說，各手足俱熱心捐助，已舉定殷商為司庫，延日即可彙齊各埠捐款，付交救濟局矣。」

---

[53] 黃彥、李伯新編著：《孫中山藏檔選編》第 24 頁，中華書局 1986 年版。
[54] 司徒美堂：《旅居美國七十年》，中國致公堂中央研究室編：《司徒美堂》第 36 頁，中國致公出版社 2001 年版。

告路鏵函云：「本埠致公堂手足為籌餉一事，即集議勸捐，並提議將公堂積存公款，盡行撥充軍餉。」[55]

10月9日孫中山致函洪門籌餉局會計李是男，指示收到捐款的處理辦法。李是男後在該函附加說明經過各情，稱：「先生復自西往東，周遊演說月餘，集款達四十萬。」[56]至於所指「周遊演說月餘」應是自9月2日由三藩市出發募捐時起，至10月20日抵紐約時為止。劉伯驥所著《美國華僑史》第十章也稱：「……籌餉局於區區數月之間，展開籌募，於年底結束以前，竟籌得美金四十餘萬元，可見皆當時民氣之盛，而主因還是由於致公堂與同盟會，和衷共濟，通力合作有以致之。」[57]

10月15日（八月廿四日）黃三德致函孫中山，透露三藩市洪門籌餉局內部鬥爭等情形。函謂：「昨付上之函，料必收到。為籌餉最熱心者，傑亭、菊坡、瓊昌、黎利、伍寅、朝漢、公俠（即李是男——引者注）諸君，正派人才也。如總辦三進、羅怡、劉學澤等形容怪物，種種無才無學，屢聽外邊奸人謠言，生事生端，欲攬財政，欲收全盤銀兩執掌。內中幾人，鬼鬼蝛蝛。昨接得黃興君來電六七封，催迫取款。又得先生來電，云盡將籌之款盡匯。三進、羅怡、任賢、學澤等不允，弟與自由先生舌戰他幾人，然後昨彙盡付二萬元港銀。目下他幾人譭謗弟，與弟反對，多生謠言，他等想爭全權也。他等想爭管全財政，弟對他等曰：爾為總辦，不稱責任，不理各事，自開辦以來集議，三進並無到議。至今他等又不敢出名，現下見革命將成功，又生出異心，欲總攬全權。各人見他如此，個個不服。昨弟湖北革軍風雲緊急，力行提議匯款回港，誰料三進、羅怡、劉學澤、任賢幾人

---

[55] 張藹蘊：《辛亥前美洲華僑革命運動紀事》，《孫中山與辛亥革命史料專輯》第84頁。

[56] 劉偉森：《孫中山與美加華僑》第72頁，臺北近代中國出版社1999年版。

[57] 劉偉森：《孫中山與美加華僑》第72頁。但據美洲金山國民救濟局革命軍籌餉徵信錄，此次籌款，兩路進行，歷時三月，從開始到1912年初奉孫中山電令結束，「公佈進款總數為美金一十四萬四千一百三十五元四毫一先」，皆彙交香港《中國日報》金利源商店等機關」。《孫中山與辛亥革命史料專輯》第86頁。

反對，又云假事籠絡手段，又話『拐攦』狀偏，不入牛耳。此等人端
不能共謀大事，弟傷心矣！所以昨廿二晚，弟請齊各董事大集議，與
他幾人大舌戰，方能將銀放出來匯二萬元也。他幾人又云先生游北
方，便無有銀付出。又云先生平生事，許多不能盡錄等之言也。祈為
照鑒。此等諸人妖物，非係人也。他又奪公俠之任。弟力抗，萬萬不
能，寧可散了此局。弟端不能任他所為也。」[58]

10月27日黃三德又致函孫中山，「昨得來電，內云將軍債票彙
回香港胡君展堂，未審何意見？弟待十八水船承尊命匯之便是。惟現
下各綠部未繳，遊埠人員未回埠，如盡將軍債票盡匯港者，本局又將
如何？如係再刊者，祈即來電示知如何辦法。昨共匯港銀八萬元。又
處「各」洲府來電之款，弟使他各洲府直匯港，亦不下數萬也。本局
人員朱三進鬼偏「？」，屢欲奪管庫之權，阻止付匯，屢誤革命軍情
也。他日功成之日，必要攻其幾人罪狀矣。幸自由先生到協助也。三
進、羅怡、任賢、劉學澤幾人罪惡貫盈也。」[59]這裏要說明的是，黃
三德熱情表揚的是「傑亭、菊坡、瓊昌、黎利、伍寅、朝漢、公俠諸
君」，其中黃傑亭、李公俠（即李是男）是同盟會的，唐瓊昌是致公
堂的。他所猛烈抨擊的「三進、羅怡、劉學澤、任賢」一夥，其中至
少朱三進、羅敦怡、黃任賢三人是致公堂的。

美洲致公堂捐助的大量經費在辛亥革命運動中具有特殊的意
義，它是辛亥革命得以順利進行的重要物質條件。這一點在從反請武
裝鬥爭第一線總指揮黃興發來的電信中得到印證：

1911年8月黃興致電美洲少年學社、孫中山和致公堂，稱：「弟此
行以粵事非先破壞，急難下手，……今遵諭先組織四隊，按次進行，惟
設機關及養恤費甚巨。茲李准雖傷，須再接再厲。懇助萬五千元」。[60]

10月7日黃興寫信給美洲致公總堂各位同志，稱：「前接中山
先生書，知公等熱心祖國，協力以謀光復，海天翹首，何任神馳。昨
耳蒙賜書，極情獎慰，並許力籌大款，獨任其艱，弟等感激之餘，敢

---

[58]　《孫中山藏檔選編》第49～50頁。
[59]　《孫中山藏檔選編》第50～51頁。
[60]　湖南省社會科學院編：《黃興集》第61～62頁，中華書局1981年版。

不竭力預備，期有以答公等之俠情耶？邇者，西蜀風雲變幻日急，長江一帶民氣飛騰，已專電中山先生，請設法籌應，想已有函達尊處諮商一切矣。」[61]

同一天，他致美洲籌餉局同志書，稱：「前接中山先生函，知貴局成立，即為恢復我祖國之基，遠識宏謨，曷勝欽佩。弟自廣州事敗，憤同志死事之慘，即組織實行隊，先為狙伏漢奸之計，以助革命大軍之進行。蓋二者相輔而行，乃能有濟。今再舉之師已次第預備，則實行隊自當竭力以辦去。前電中山先生乞籌萬五千元，專為此事設立機關及養恤之費，已蒙貴局先籌墊萬元，經已收妥。茲各處機關將及完備，不久當有事實發現，成功時再為電告，以慰廑念。仍望貴局再籌備若干，以資接濟，弟處得以寬裕籌畫，尤所切禱。再要者，四川民黨已起，長江一帶皆需款回應，前已有電致貴局籌商矣。聞貴局原議俟美屬各埠大款齊集然後調用，本為至善之法。但今內地情形瞬息萬變，若乘此機會，則事半功倍。今四川同志之利用保路風潮，亦萬不得已之勢，外間若無回應，必至為賊虜摧殘殆盡，復起者殊難為力。伏乞貴局念內地同志經營之艱苦，即速開議速籌大款，立予救援，中國大事不難一舉而定也。」[62]

10月17日黃興再次致函美州籌餉局同志：「鄂事起，五日之間，湘、蜀、豫、皖皆有回應。武漢之秩序今已恢復，長江流域指日可定。惟兩粵、滇、閩各省，非待外款接濟，不能獨立發動。今貴局所匯到之款只二萬元，南洋各處亦未有大款來助。計已得之款，以之辦一省之事，尚憂不足，請火速竭力籌畫，事方有濟。前所電弟為實行隊用之萬元，只用去二千，餘八千撥歸公用，已由電中陳明。今弟趕赴前敵，實行隊員留粵省待機而動。總之，此次革命，決望成功。望海外同人，盡力相助，時不可失。以公等之明，想得電即奮躍襄事，不俟此書之勸告也。」[63]黃興以前線總指揮之尊，在上戰場之前如此措辭，如此救援，可見來自美國的經費款項有何等重要！

61　《黃興集》第 69 頁。
62　《黃興集》第 69～70 頁。
63　《黃興集》第 73 頁。

　　1912 年初，南京臨時政府成立後，美國三藩市同盟總會奉孫中山命與致公總堂會商合併。其條件如下：（一）致公堂與同盟會，各廢去原有名稱，歸併為一，名為中國國民黨；（二）致公堂所有產業，盡變為中國國民黨產業；（三）致公堂主辦之《大同日報》與同盟會主辦之《少年中國晨報》，合併而為一報。以上三條件，致公堂方面，皆已接納，雙方已有成議。然而《少年中國晨報》司理黃經申以個人權利之故，統率報館工人集會，反對與致公堂合併，致功敗垂成。單從此事件可知：一、當時大肆宣揚的同盟會與致公堂的互相參加問題，只是聯合，並非合併，一些史書上的「合併」之說，純屬誤解。二、在雙方關係中，致公堂方面思想保守，行動遲緩，同盟會方面則年輕氣盛，言行過火，從而導致致公堂方面的反感與反彈。也就是說即使在雙方蜜月期間，同盟會同志的言行舉止確有欠妥之處。從此美洲各埠，致公堂與國民黨勢成水火，裂痕之深，影響海外各洲，如加拿大、墨西哥等埠，纏訟經年，甚至鬧成命案。[64]

　　孫中山此時忙於國內的政治事務，根本無暇顧及海外，因此他在辛亥革命前夜在美國精心打造的聯合戰線開始瓦解，給日後的革命工作帶來了極為不利的影響。

　　孫中山在美國進行革命活動並取得成功的原因之一就是充分利用了美國的民主制度。他認為美國是自由之邦，籌餉比較容易，在美國比在英國殖民統治下的南洋要自由的多。[65]

　　首先美國實行三權分立的政治制度，司法是獨立的。1904 年 4 月 6 日孫中山乘船抵達美國三藩市被美國移民局及海關以入境證件不合法為由，阻止登陸並予監禁。由於美國律師的及時干預，孫中山獲准登岸，司法部門受理申訴的隨後結果否定了行政當局的意見。

　　其次是言論、出版自由。孫中山在美國可以到處發表演說，而且還有美國記者前來採訪。致公堂與三藩市同盟會有各自的機關報《大同日報》與《少年中國晨報》，可以發表重要通告。

---

[64]　張藹蘊：《辛亥前美洲華僑革命運動紀事》，《孫中山與辛亥革命史料專輯》第 84 頁。

[65]　參見《孫中山全集》第一卷，第 517～518 頁。

　　第三是結社自由。致公堂是合法的，有美國人參加。當然為了避免麻煩，洪門籌餉局對外稱國民救濟局；美洲同盟會對外稱少年學社。

　　第四是經濟自由。可以發起公司、發行股票。本來同盟會方面是想搞一個中華公司以發行股票的方式來籌款的。

　　第五是政治自由。儘管清政府再三交涉，要求美方協助查拿孫中山。但美方並無大的動作。相反，當孫中山到李糯時當地的市長和警察局長還親往拜訪。很明顯他們是把孫中山作為華僑領袖、社會活動家來看待的，而不是所謂的「國事犯」。

論黃興與會黨的關係

　　在黃興的革命生涯中，多次與會黨打過交道。他曾與兩廣會黨合作進行過武裝起義，代表同盟會接受過美洲取公堂為廣州起義籌集的鉅款，而聯絡時間最長、關係最為密切的，還是他家鄉的會黨。本文主要從他與湖南會黨的關係入手，考察辛亥革命前後黃興對會黨態度的變化。

　　1900 年由唐才常領導的自立軍起義，是中國近代改良與革命的轉捩點，也是黃興與會黨的初次接觸。

　　自立軍的基本隊伍是會黨，其中湖南會黨又占了一定的比例。自立軍左軍統帶陳猶龍是桃源人，曾在常德一帶發展會友，先後與桃源會黨領袖楊吉陔在武陵縣河獄主盟發展接納宋教仁、胡瑛、覃振等為富有山堂會員。[1]長沙會黨張堯卿，「曾參加自立會瀏陽起義軍」[2]，林圭稱讚他「足智多謀，遇事有把握，實駕群兄而上之」，是「達變通才」[3]。黃興此時與陳猶龍，張堯卿等人的關係如何，尚無確切材料可考，但黃興和這次起義的主要組織領導者唐才常等人的關係極好是可以肯定的。據記載，黃興「與畢（永年）素投契……而秦力山、唐才常均倚重興，恆資擘畫」。[4]黃興後來回憶說，義和團運動爆發時他回國，「既至湖北，適唐君才常密謀起義，友人因以相告。兄弟以北方雖亂，而南方之勢力尚堅，且軍隊未及聯絡，實不可冒昧起事」[5]。由此可見，黃興確實預聞了這次以會黨為主體的起義。自立軍起義失敗

---

[1]　馬志亮：《陳猶龍傳略》，《桃源文史資料》第一集，第 36 頁。

[2]　《自立會史料集》第 314 頁。

[3]　《自立會史料集》第 323 頁。

[4]　《中國國民黨史稿》第四編，第 1534 頁。

[5]　《長沙日報》1912 年 11 月 9 日。

後，楊毓麟、秦力山等人自武漢出亡日本。黃興等在兩湖書院南齋秘密餞行，「力勸他們丟掉保皇的幻想，只有革命，才能救亡圖存」[6]。

黃興高度評價自立軍起義，認為它和庚子惠州起義一樣是堂堂正正可稱為革命軍者」[7]，並承認自己是繼承唐才常等人的餘緒奮起革命的。他也嚴肅指出產唐才常非保皇黨人，而為康、梁所利用」[8]。黃興在以後聯絡會黨的實踐中注意吸取這次起義的經驗教訓。他回憶自己決心革命時，「聯絡的弟兄，以兩湖等處的會黨為多。」並告誡這些會黨弟兄：「我們當革命黨，一要服從首領，二要弟兄們同生死，共患難，有福不享，有禍同當，不能有絲毫私意、私見、私利、私圖。」[9]這裏主要是告誡會黨不要重蹈太平天國的覆轍，但所提的基本要求也是借鑒了自立軍的失敗教訓。黃興給會黨樹立了繼承太平天國事業的明確目標，而不是象唐才常那樣帶領會黨群眾在革命與保皇之間徘徊，同時要求會黨嚴肅組織紀律，堅決服從指揮，力圖糾正自立軍起義中各地會黨自行其事的陋習。黃興的上述言論體現了他聯絡會黨的基本風格。

二

黃興大規模地聯絡會黨的實踐主要是在華興會成立之後。他在華興會成立會上精湛地分析了湖南的政治局勢，指出「今就湘省而論，軍學界革命思想日見發達，市民亦潛濡默化，且同一排滿宗旨之洪會黨人久已蔓延固結，惟相顧而莫敢先發。正如炸藥既實，待吾輩導火線而後燃。使能聯絡一體，審勢度時，或由會黨發難，或由軍學界發難，互為聲援，不難取湘省為根據地」，然後雄據一省，各地回應，奪取全國。[10]在這裏，黃興明確地將洪會黨人作為一支重要的革命力

6　《辛亥革命回憶錄》（一），中華書局 1961 年版，第 332 頁。
7　《黃興集》中華書局 1981 年版，第 180 頁。
8　《黃興集》第 6 頁。
9　《黃興集》第 212 頁。
10　中國近代史資料叢刊：《辛亥革命》（四），第 277 頁。

量。為了爭取這支力量，黃興與劉揆一別創同仇會，「專為聯絡洪會機關。」[11]這是經過深思熟慮的重要決策。

首先，馬福益是湖南地區會黨中最大的實力人物，是湘贛邊界會黨中獨一無二的正龍頭大爺。他 1891 年創立哥老會回崙山，自稱四路總統，散放飄布達一萬多張，[12]勢力遍及醴陵、湘潭、瀏陽等縣，並及江西、湖北兩省。

其次，馬福益是當時罕見的通達世界大勢的會黨首領。早在 1899 年，他就派李雲彪、楊鴻鈞、張堯卿赴香港與興中會接洽，共謀反清革命，在某種程度上已經有了一些朦朧的革命意識。這一點很重要，因為只有實力，而毫無民主革命的意識，那麼這種會黨仍然只能是傳統的「綠林好漢」團夥而已，它們對革命的進行只能起到腐蝕作用。

再次，除了黃興之外，華興會骨幹分子大都十分瞭解會黨。如劉揆一、劉道一兄弟與馬福益有著良好的個人交往。這又是黃興聯絡馬福益的一大有利條件。

1904 年春初的一個寒夜，黃興、劉揆一與馬福益在湘潭茶園鋪礦山一岩洞中秘密會晤，共商反清革命大計。「三人席地促坐，各傾肝膽，共謀光復」。黃興歸途詩興大發，引吭高歌，「結義憑杯酒，驅胡等割雞。」[13]這裏有一個問題值得注意：按天地會系統會黨的慣例，在結義時或用針各自把手指挑破或當場宰殺一雞，將血注入酒中共飲之，如此歃血結盟，象徵入會者從此有了生死與共的血親關係。有人根據這一記載和馮自由所談「黃克強在湘鄂入哥老會，被封為龍頭」[14]一語，判定黃興本人即是會黨分子，這種看法不無道理。退一步說，黃興即使當時不是個會黨人物，至少也是一個十分瞭解會黨內情的革命者。為了籌備湖南起義，黃興還採取了一系列的組織措施，其中包括派「周維楨、張榮楣，接洽四川會黨」，並「薦熟悉軍務之

---

[11]　中國近代史資料叢刊：《辛亥革命》（四），第 277 頁。
[12]　《辛亥革命十年間民變檔案史料》第 293 頁，中華書局 1985 年版。
[13]　《辛亥革命》（四），第 277～278 頁。
[14]　《中華民國開國前革命史》（一）第 150 頁。

會黨如劉月升、韓飛等數千人，陸續加入湘鄂贛軍隊。[15]同時華興會
還派鄒永成到江西吉安運動會黨首領董福開，集合手下多人成立贛江
堂，對外稱為黃自強公司，準備在那裏回應華興會長沙起義。[16]

可惜的是，黃興精心組織的這次起義因各種原因未及發動就流產
了。在這之後，黃興開始意識到運動會黨必須與運動軍隊同時並舉。
1904 年冬，黃興派遣鄒永成等人去廣西運動清軍倒戈，並與廣西會
黨起義首領陸亞發取得聯絡。1906 年秋，黃興又派劉道一、蔡紹南
等人回國運動軍隊、會黨策動起義，並囑劉道一等對帝王思想濃厚的
會黨「時以民族主義、國民主義，多方指導為宜」[17]。在同年爆發的
萍瀏醴起義中部分會黨已顯示出明顯的民主革命傾向。

黃興在湖南大規模聯絡會黨的實踐為他後來在西南邊境與當地
會黨合作進行武裝起義提供了有益的經驗。這些經驗也為其他地區的
革命黨人所效法。例如陝西革命派首領井勿幕在著手革命工作時力主
「擴大範圍，並聯絡有實力之三合會及刀客等。因此時一般同志，多
係讀書人，深惡彼會黨中人之行為，不屑與之入伍，井的提議未獲通
過。」1907 年春，井勿幕「赴四川，轉東南各省，與黃克強、朱貴
全諸人連絡，……親見黃克強之作風，乃決然與會黨取得連絡。」[18]井
回陝後反覆做工作，陝西同盟會終於作出了聯合會黨的決議。

三

辛亥革命勝利後，會黨反清的目標已達，失去了進一步前進的方
向。革命派對會黨的態度總的趨向於冷淡，黃興也不例外。他和陳其
美，張堯卿、陳猶龍等人的關係有力地說明了這一點。

黃興和陳其美同是資產階級革命家、老同盟會員，按理當不會有
多大的磨擦。但事實上黃興自出任南京臨時政府陸軍總長後，產生了

15　《辛亥革命》（四），第 278 頁。
16　《近代史資料》1956 年第 3 期，第 81 頁。
17　《辛亥革命》（四），第 285 頁。
18　《辛亥革命回憶錄》（八），第 159～160 頁，文史資料出版社 1982 年版。

鄙視會黨的情緒。當孫中山讓陳其美與聞要事時，黃興卻以陳「是青紅幫頭子」，對孫中山「用人太濫」「表示不滿」[19]。實際上，黃興對會黨的憎惡是有一些具體原因的。1912 年 4 月 11 日夜，黃興赴滬籌措軍餉返寧前夕，駐寧贛軍發生兵變，參加洪江會的變兵沿街搶劫商店、住戶，事後被鎮壓者達七、八百人之多。黃興及時趕回南京，平定兵變後，特發出告示，宣佈「凡曾經取有入黨票布及旗幟者，均准其從速呈繳該營長官或自行消毀，即日解散，不究既往。自諭之後，倘軍人等再有結黨情事，一經查出……惟有執法從事」[20]。在黃興擔任南京留守期間，南方軍隊軍餉奇缺，「會黨乘機運動，危險萬分」[21]。在這種情況下，黃興對會黨自然不會產生好感。而黃興疏遠會黨的根本原因，還在於辛亥革命後，革命派和會黨的共同敵人已經被打翻在地，在光復各省，為辛亥革命出過力的會黨為了填補權力真空，奪取地方政權，同革命派發生了劇烈的衝突。革命派對昔日的盟友不惜刀兵相見，武力鎮壓，在廣東、陝西、湖北等地連續釀成了流血事件。資產階級革命派的領袖孫中山本來與美洲致公堂大佬黃三德結為至交，民國建立後，雙方關係迅速降溫。孫中山主張會黨「當改其立會之方針，將仇視韃虜政府之心，化而為助我民國政府之力」，而「不必仍守秘密」[22]。據此孫中山婉言拒絕了黃三德為致公堂立案之議，明確指示蔡元培等人不要將會黨事蹟編入民國正史。黃三德批評孫中山「衰時則倚庇於洪門，盛時則鄙屑洪門」[23]，不為無因。陳其美也在 1912 年聯合李燮和、譚人鳳、宋教仁等發起中華和平會，「附設崇正團。凡從前三點、三合會，哥老會，天地會，八卦會，大刀、小刀會，安清道友幫，紅鬚幫，在理教，凡未光復以前種種黨會，無非同抱復仇主義。今目的已達，俱須一律取消舊會名目，改為本會崇正團團員，以合成

---

[19]　《孫中山生平事業追憶錄》第 81 頁，人民出版社 1986 年版。

[20]　《黃興未刊電稿》第 72～73 頁，湖南人民出版社 1983 年版。

[21]　中國第二歷史檔案館館藏：《蔣作賓致袁世凱為催發南京餉電》（1912 年 5 月）。

[22]　《孫中山全集》第二卷，第 358～359 頁。

[23]　黃三德：《洪門革命史》第 35 頁。

一大團體。……倘仍各分黨派，擾害公安，或並秘密結盟，行為不軌，……本會即負維持和平之責，即有保衛治安之權，得以公共法律制裁之，迫令解散。」[24]與此同時，劉文翰攻擊南方軍隊是「乞丐流氓，濫側將校，青紅匪幫，忝縮軍符，紊亂龐雜，不可究詰」[25]，企圖以此搞臭革命黨人的名聲。上述兩股否定會黨思潮的合流，基本上左右了當時全國的輿論，給了黃興以極大的影響。他急於擺脫與會黨的干係，清除會黨對南方軍政的影響，並把它作為鞏固共和的措施之一。

在這個問題上，黃興和陳其美發生了分歧。前已提及陳其美在民國建立後採取過瓦解會黨的政策。但當應桂馨、張堯卿、徐寶山等人籌組青幫、紅幫和公口三家的聯合組織——共進會時，陳卻表示全力支持，並在1912年6月19日的有關廣告中列為首席發起人，聲稱發起此會的目的在於「就各地原有同志，實行聯合，共議進行，以期交換知識，增進道德，維持國內和平，振興各項實業。」[26]黃興則認為袁世凱派人「召集九龍會匪應夒臣組織共進會，以擾亂大江以南各省」，「擾亂南方各省軍隊」[27]。因而對於陳其美列名發起人之首十分不滿。

然而刺宋案發生之後，陳其美轉而與黃興統一行動，共同抵制會黨。1913年3月，共進會會長應桂馨受袁世凱收買，派人在上海火車站刺死國民黨首領宋教仁。事件發生後，參加過辛亥革命的會黨首領舉張堯卿（共進會副會長）等人組織鐵血監視團，力主反擊北洋軍閥。但黃興等人「多不以鐵血監視團為然」[28]。儘管如此，張堯卿等人還是利用黃興和陳其美的名義招兵買馬，並於同年5月進攻上海製造局。十分可惜的是，黃興和陳其美為了與袁世凱調和，以期法律解決宋案，竟然輕率地拋棄了張堯卿等人。他們甚至在5月23日派黃郛去南京向程德全告發張堯卿等人的活動，以為「事勢甚迫，應速消

---

[24]　《孫中山藏檔選編》第390頁，中華書局1986年版。
[25]　第二歷史檔案館館藏：《劉文翰致徐樹錚函》（1912年12月30日）。
[26]　《辛亥革命在上海史料選輯》第893頁，上海人民出版社1981年版。
[27]　《黃興集》第376頁、第370頁，應夒臣即應桂馨。
[28]　《民初政爭與二次革命》，上海人民出版社1983年版，第587頁。

弶」[29]。由於敵方事先作好了嚴密的防範，5 月 29 日進攻上海製造局的隊伍很快被擊潰，徐企文被捕，柳人環逃往南昌。黃興此時仍迭電程德全請拿辦張堯卿、柳人環等人。程德全趁機致電江西都督李烈鈞，要李「必將張、柳拿獲，以表白克強之心跡，以見執事之力維大局」[30]。6 月 5 日，李烈鈞派人逮捕了柳人環等人。黃興對於柳人環的被捕是負有責任的，進攻上海製造局事件很難算是黃興歷史上的光彩一頁。

二次革命失敗後，與孫中山、黃興一樣，張堯卿亦流亡日本。1915年春，張堯卿向袁世凱政府自首，開始充當北洋軍閥的打手，走向了自己的反面。張堯卿這時假借黃興的名義企圖在湖南寶慶一帶招兵，黃興聞訊後，於 1916 年 8 月 25 日致電譚延闓：「查張自民國成立後，假革命之名，充惡政府偵探，傾害同志，無良已極。請即拿捕訊實，以軍法懲治。」[31]黃興此時要殺張堯卿固然沒錯，但說張自民國成立後一直是充當惡政府的偵探則未免誇大其詞、離事實太遠了。誠然，張堯卿是在 1912 年 12 月 16 日陪同應桂馨進京，但張畢竟未曾參與袁世凱和應桂馨的刺宋密謀，更何況張堯卿在 1913 年 8 月南京二次革命中還一度當過江蘇都督。黃興全盤否定張堯卿在民國成立後的政治活動，在某種意義上是為黃興自己自民初以來冷淡乃至拋棄張堯卿等會黨分子進行掩飾和辯解。

四

如果說黃興自進入民國後，對會黨分子一概採取疏遠、輕視態度，那也不符合歷史事實。黃興所冷淡的乃是與他政見不同的那些會黨分子。

1912 年 9 月，譚人鳳繼參與發起中華和平會之後又夥同會黨分子陳猶龍、徐寶山向袁世凱政府呈文，請求設立旨在消滅會黨的「社

---

[29] 江蘇都督府秘書處密電密件全抄件。
[30] 《近代史資料》總 50 號，第 141 頁。
[31] 《黃興未刊電稿》第 40 頁。

團改進會」，聲明「以聯絡為同化之具，寓解散於歸併之中，……袪隱患於將來」[32]。對於這個社團改進會，黃興是支持的，具體表現在他和譚人鳳、陳猶龍、徐寶山等人保持著密切關係。在譚、陳、徐三人中，譚早年加入過會黨，後轉化為革命黨人，陳、徐則純粹是會黨出身，但因為他們在會黨問題上已經和黃興有了共同語言，因此黃興對他們另眼相看。前已述及，陳猶龍是自立軍起義的首領之一，起義失敗後，陳逃亡東京，率眾群向梁啟超算帳」[33]，與保皇派鬧翻。1910年初黃興負債累累，連自日本到香港就近指揮廣州新軍起義的旅費都沒有，陳猶龍慷慨借給黃興千金，解決了燃眉之急。據報，陳猶龍「係洪江會匪。革命以後，在滬勾結譚逆人鳳，得與黃興、陳其美諸逆首往還。……聯絡青紅幫匪，嘯聚為亂。」[34]徐寶山原是江蘇鎮江、揚州一帶青紅幫頭目，自立軍起義前夕與唐才常等人有過聯絡，但旋為清政府所招安。1911 年徐又投機革命，出任揚州軍政分府都督。南京臨時政府成立後被委為第二軍軍長。黃興對徐寶山優禮有加，好言勸慰，由於徐曾表示贊助黃興發起的國民捐運動，黃興於 1912 年 5月 11 日致電徐寶山稱：「貴軍全體贊成減俸助捐，雖由各將校深明大義，實我公激勸之功，曷勝欽佩」[35]，對徐大加表彰，著力拉攏。

　　由此可見，進入民國後黃興與會黨的關係是趨向淡化、惡化，但他同會黨分子的關係則不可一概而論，關係的好壞取決於與黃興關於會黨的政見能否保持一致。黃興對會黨的態度從一個側面反映了資產階級革命派與人民的關係。進入民國後革命黨與會黨關係的迅速惡化，削弱了革命黨日後與袁世凱作鬥爭的總體力量，導致了二次革命必然失敗結局。

---

[32] 譚人鳳等致內務部警政司呈（1912 年 9 月 28 日），《歷史檔案》1982 年第 1 期。

[33] 馮自由：《革命逸史》初集，第 131 頁。

[34] 湖南都督府：《三次電請通輯各犯罪狀報告書》，《辛亥革命史叢刊》第五輯。

[35] 《黃興集》第 176 頁。

論宋教仁與會黨的關係

一

　　會黨是辛亥革命時期一支十分活躍的政治力量，許多資產階級革命黨人都和它有各種各樣的關係，宋教仁就是其中的一位。宋教仁與會黨的關係在一定程度上顯示了辛亥革命的成功與失敗。

　　宋教仁 1882 年出生於湖南桃源的一個地主家庭。宋父曾經學習武術，宋兄也拜師學武術並和會黨有關係。宋教仁幼年就接觸過《揚州十日記》、《嘉定屠城記》這類反滿作品，其中宋的祖父撰寫的含有反清復明的《腹笥草集》對他的思想影響很大。在這樣的家族背景下，宋教仁長大後也就加入了會黨的組織。

　　1899 年冬，桃源會黨首領陳猶龍、楊吉階在武陵縣河洑山接納宋教仁等為富有山堂會員。[1] 不久陳猶龍以自立軍左軍統帶的身份率部積極參與了唐才常直接領導的自立軍起義。當時在漳江書院就學的宋教仁與此次起義的關係尚無確切材料可考，不過他對起義的高度評價是可以肯定的。宋教仁認為，「庚子唐才常一役，根據地在漢口，而原動力則湖南」，和 1904 年華興會起義一樣，「雖皆不成，要為湖南人反對滿族之萌芽矣。」[2] 事實上，自立軍起義失敗後宋教仁仍與參與此事的會黨分子陳猶龍、郭定安等人保持密切聯繫。他當時認為，離開了秘密會社，反滿的民族革命便無從談起。1903 年初，他在赴武昌途經常德時，曾「與舊友孫錫卿謀秘密結社，謂不

---

[1]　《辛亥革命時期桃源人物集》第 105 頁，國際展望出版社 1991 年版。

[2]　《宋教仁集》（上）第 10～11 頁，中華書局 1981 年版。

如是不能革命，不能革命則滿政府不能倒，民權莫伸，國恥亦無由雪。」[3]

1904 年，宋教仁與黃興等人一道創建了資產階級革命團體華興會，並被推舉為副會長。宋教仁完全同意會長黃興提出的設立同仇會聯絡會黨發動武裝起義推翻清政府的重要決策。華興會決定在這年11 月 16 日西太后生日那天在湖南五路同時起義，宋教仁負責常德一路，具體任務是鼓動會黨在常德城內學生和清軍低級士官的領導下起義。

同年 10 月，宋教仁為了招兵籌餉首先回到桃源家鄉活動，「不旬日間，豪俊集者三萬人」，都願聽從他的指揮。但宋教仁在措籌起義經費方面遇到了困難，遂決定趕往長沙與黃興商議辦法。10 月 31日途經常德，住五省棧。該棧司帳、湘西哥老會金鳳山坐堂胡有華、常德雞鴨巷飯館廚師、金鳳山刑堂劉復基以及自立軍起義失敗後從事會黨活動的晏熊聞訊均要與宋同赴長沙。宋教仁決定劉複基留下與湘西哥老會鳳凰山僧楚義生一道，「在常經營一切」[4]自己和胡有華、晏熊共去省城。11 月 5 日舟抵長沙，方獲悉消息走漏，起義事敗。於是宋教仁決定讓胡有華、晏熊分頭暫避，自己乘船離開長沙。他於11 月下旬抵達上海，與亡命在滬的舊友陳猶尤會面，不久先後赴日本開始流亡生活。

二

1905 年 8 月，中國同盟會的成立揭開了辛亥革命的新篇章，宋教仁與會黨的關係也隨之進入了新的階段。

前此，宋教仁和黃興鑒於來日本的「同志日漸加多，意欲設立會黨，以為革命之中堅」[5]，這一動議因遭程家檉的反對而未果。不久

3　《湖南歷代鄉賢事略編次》下編。
4　《宋教仁日記》第 2 頁。
5　《宋教仁集》（下）第 436 頁，中華書局 1981 年版。

孫中山來到東京與宋教仁等人商議籌組同盟會，孫中山在會議中提出：「方今兩粵之間，民氣強悍，會黨充斥，與清政府為難者已十餘年，而清兵不能平之，此其破壞之能力已有餘矣」，「若現在為數十百人出而聯絡之，主張之，……天下事從此定矣。」[6]孫中山的這席話引起了宋教仁強烈的共鳴。8 月 13 日，程家檉在東京中國留學生歡迎孫中山先生大會上的演說同樣受到宋教仁的高度重視。程家檉指出，「國人革命之心，自明亡國，秘密結社，到處皆是，惟各自分立，不相系屬，其勢弱微，不克大舉。……必其聯合留學，歸國之後，於全國之秘密結社有以操縱之，義旗一起，大地皆應，旬日之間，可以唾手而摧虜廷。」[7]從同盟會成立後宋教仁的行動來看，他是贊成孫中山、程家檉的主張的。

　　宋教仁早在 1905 年初籌辦《二十世紀之支那》雜誌時就吸收會黨首領陳猶龍參加編輯工作，還同意參加過自立軍起義的哥老會富有山堂刑堂郭定安參與該雜誌的發行工作。同盟會成立後，陳、郭兩人先後入會。陳猶龍在宋教仁的鼓勵下繼續參與《民報》的編輯，鼓吹革命。他在 1907 年 1 月，經宋教仁同意後秘密介紹數人加入同盟會[8]，並答應設法為派遣回國的同志籌集川資[9]。宋教仁對陳猶龍極為信任，1910 年秋在日本的十一省區同盟分會會長大會就是在陳猶龍的寓所進行的。宋教仁在這次討論革命中心轉移和革命步驟的重要會議上，提出了著名的「革命三策」[10]。不久宋教仁離日歸國時，還把自己的日記手稿交給陳猶龍保存。

　　郭定安的情況則和陳猶龍不同。郭在自立軍起義失敗後變節投敵，出賣同志。由於他在留學日本時隱瞞歷史，偽裝進步，騙取了宋教仁的信任。宋教仁視郭為至交，他在 1905 年 1 至 6 月的日記中提及郭定安達 20 多處。郭定安加入同盟會後被派往武漢活動，宋教仁

6　《宋教仁日記》第 90～91 頁。
7　《宋教仁集》（下）第 437 頁
8　《宋教仁日記》第 322 頁。
9　《宋教仁日記》第 328～329 頁。
10　陳旭麓、何澤福：《宋教仁》第 36 頁。

還介紹他與日知會聯絡，正好中了他的奸計。郭定安回國後真相畢露，先後誘捕劉靜庵等革命志士多人，使日知會遭到嚴重破壞。宋教仁交友不慎，用人失察，對此應負一定責任。

宋教仁作為一個來自湖南的資產階級革命家，對桑梓之地的會黨活動自然特別關心。當 1906 年洪江會萍瀏醴起義的消息傳到東瀛時，宋教仁心潮澎湃，浮想聯翩，在日記中寫道：「余思此當係馬福益之同類或前歲隨余之楚淦，晏雄亦在，亦未可知也。」[11]在整個起義期間宋教仁每天通過報紙密切關注著時局的變化，並同劉揆一一起主動去向黃興請戰。[12]1907 年 1 月 19 日，宋教仁「閱報，見有湘、贛革命軍已歸平靜之事，不勝惋惜。」[13]

作為同盟會的主要領導人之一，宋教仁對祖國各地的會黨運動同樣予以熱情的關注。1907 年初，湖北黃州的會黨起事、河南衛輝會黨的反洋教鬥爭以及陝西華陰的會黨暴動等都記入了他的日記。宋教仁還在 1906 年 8 月親自接待了前來日本尋找革命黨的四川會黨領袖佘英。兩人開誠佈公促膝暢談達四個小時，宋教仁循循善誘，「並就四川之時勢，地勢言其利害得失，勸其勿鹵莽從事」。佘英對宋教仁的話「均以為然，若甚滿足者」。[14]不久，佘英加入同盟會，被孫中山委為西南大都督，「付以打通川、滇，黔會黨之責。」[15]佘英回川後聯絡各派會黨，在 1907 年至 1909 年間，連續在瀘州、隆昌、廣安等地發動起事，1910 年被捕遇害，為辛亥革命在四川的發展作出了重大貢獻。不難看出宋教仁的指導幫助在佘英這一會黨首領走向革命化的過程中起了重要的作用。

宋教仁對於聯絡東北馬俠也是殫精竭慮，不遺餘力。早在 1905年他就在《二十世紀之支那》第一期上發表文章認為東北的馬俠即是二十世紀之梁山泊，並介紹了當時馬俠的活動概況，分析了馬俠興盛

---

[11] 《宋教仁日記》第 309 頁。
[12] 《宋教仁日記》第 311～312 頁。
[13] 《宋教仁日記》第 326 頁。
[14] 《宋教仁日記》第 327 頁。
[15] 楊兆蓉：《辛亥革命四川回憶錄》，《近代史資料》1958 年第 4 期。

的原因。[16]馬俠是俄國侵略者侵入我國境內大肆掠殺後，東北居民互相團結屯聚保衛身家的一種組織，有一部分是反抗清朝統治的窮苦群眾。為了聯絡馬俠，宋教仁通過閱讀書報、找人談話等多種方式進一步展開調查研究。1906 年 9 月 25 日，宋教仁經過慎重考慮向黃興正式提出聯絡馬俠韓登舉部。黃興對此表示原則同意。[17]1907 年 3 月，宋教仁在與黃興、孫中山等人商議後，決定親赴東北，聯絡馬俠。同年 3 月 23 日，宋教仁與日本人古河自東京啟程，於 4 月 1 日抵達安東。

　　4 月 3 日宋教仁執筆寫了致李逢春等馬俠首領書，他在信中表示，「僕等向在南方經營大業，號招徒黨，已不下數十萬眾，欲挾義興師久矣。而山川隔絕，去京絕遠，欲為割據之事則易，欲制清廷之死命則難。視公等所處之地，形勢不及遠矣。欲與公等通好，南北交攻，共圖大舉。……若不嫌微末，而以提倡大義之事互相聯合，則不獨僕等之幸，亦中國四萬萬同胞之幸也。」[18]這裏宋教仁是把聯絡馬俠看作實施自己提出的戰略上策即在北方或首都發動革命的一個重要環節。身在大孤山的李逢春為宋教仁熱情的話語誠懇的態度所打動，於 4 月 8 日覆函宋教仁等，邀其上山商談‧至此宋教仁聯絡馬俠進入了實質性的階段。

　　同年春天，宋教仁在與吳祿貞、張榕等組建同盟會遼東支部時，力主吸收馬俠參加，「集合李逢春、金壽山諸馬俠，設同盟會支部於遼東」。[19]稍後，宋教仁至北滿聯絡著名的馬俠首領劉單子，取得了一定的成效。接著他又和徐鏡心一道前往吉林延吉地區親訪時任當地團練總領韓登舉，策動他舉團練反正。[20]韓登舉出於自保沒有接受宋教仁的革命主張，但向宋教仁及時提供了日本侵略者蓄意製造間島問題妄圖吞併我國領土的資訊。宋教仁後來撰寫的《間島問題》一書是

---

[16]　《宋教仁集》（上）第 13 頁。
[17]　《宋教仁日記》第 278～279 頁。
[18]　《宋教仁日記》第 356～357 頁。
[19]　《中國國民黨史稿》第 1654 頁。
[20]　《革命人物志》第 3 冊，第 425 頁。

宋教仁此次聯絡馬俠的一個重要副產品，為中國政府在對日談判中堅持以圖們江為界提供了可靠的歷史依據。同年 6 月，宋教仁得悉惠州起義，擬發兵回應。不料事泄，宋教仁被迫中止聯絡馬俠的工作，返回日本。但宋教仁在東北馬俠中播下的革命火種並未就此熄滅。

武昌起義後，黑龍江馬俠首領劉獻芹在革命黨的領導下起義，一度攻佔拜泉縣。安東、莊河一帶的馬俠、民軍還積極配合藍天蔚的北伐軍與清軍作戰，連戰皆捷。宋教仁等當時提出了到東三省秘密招募馬俠南下充作北伐騎兵的任務，後在中俄邊境招了劉彈子（玉雙）作革命軍騎兵團的團長。劉彈子所部全數南下抵達上海參加革命。[21]

三

中華民國成立後，特別是 1912 年 2 月清帝退位後，會黨的反清的歷史使命已經完成。由於缺乏新的奮鬥目標，又由於不能很好地克服自身的陋習缺陷，會黨在一些地區聚眾賭博，姦淫擄掠，殺人放火，抗官擾民。甚至被反動勢力所利用，與急於鞏固新政權，穩定社會秩序的革命黨人形成了尖銳的衝突。會黨問題成了民國初年重要的社會問題，宋教仁作為一個傑出的資產階級政治家及時提出了改造會黨的主張。

1912 年 5 月，宋教仁在為日本人平山周所著《中國秘密社會史》一書作敘時指出，「今諸黨會，其行或不軌於正義，為世詬病，然其富團結力，守秩序，重然諾，急公死義，不愛其身軀，心惓惓乎勝國，歷世合群不變，希冀一當，不要有足多乎？使再節制其群，廣展其宗義，化而如歐美之民黨工會，其結局必有以進於新漢隋唐元明季世諸黨會之所為，豈弟為高材捷足者驅除已哉？」[22]可見，宋教仁並不同意「高材捷足」們武力解決會黨的做法，他實事求是地分析了會黨的歷史和現狀，缺點和長處，提出了政治解決會黨問題的方針。

21　《辛亥革命》（七）第 409 頁。
22　《宋教仁集》（下）第 400 頁。

　　為了進一步落實化會黨為「歐美之民黨工會」的方案，宋教仁在同年稍後聯合陳其美、李燮和、張繼等人制訂了《中華和平會章程》。《章程》第四章第四條明確規定，「本會附設崇正團。……凡未光復以前種種黨會，無非同抱復仇主義，今目的已達，俱須一律取消舊會名目，改為崇正團團員以合成一大團體。」「凡如入本團後，……無職業者，即由本會代謀生計，設法安置，或編為民團，以仿市町員警之制；或貸其資本，以歸農、工、商販之途。必使其各暢生機，無虞失業。倘仍各分黨派，擾害公安，或並秘密結盟，行為不軌，即系甘隨下流，為民國公敵，本會既負維持和平之責，即有保衛治安之權，得以公共法律制裁之，迫令改（解）散。」[23]其中安置「無職業者」的措施果能付之實施，解決會黨問題必能收釜底抽薪之效。可惜的是革命黨人自身在新政權中地位不穩，當時社會經濟的發展水平也不足以解決廣大遊民的生計，所以宋教仁等人精心設計的將會黨改造為崇正團的方案終無法實行。儘管如此，宋教仁提出的改造會黨的主張畢竟為解決民國時期幫會問題提供了新的思路。

　　在實踐上，歷任黨政要職的宋教仁與革命黨內的會黨人物仍保持著交往。1912 年 4 月，宋教仁北上進京就任唐紹儀內閣農林總長時，就打電報請同盟會會員、三點會骨幹杜興五北上襄助。[24]當杜奉命抵京後即被宋教仁薦為農林部僉事。然而，宋教仁在重視信任會黨的同時，對其中隱藏的敵人如中華國民共進會會長應桂馨之流，卻也喪失了必要的警惕，以致釀成了被暗算身亡的悲劇。應桂馨，浙江鎮海人，青幫大字輩，辛亥革命前，投效陳其美。1912 年初，任南京臨時政府總統府衛隊司令兼庶務長，不久因貪污被革職。6 月，應桂馨詭稱為剪除會黨舊染之習慣，「免致與民國法律相抵觸，總期立圖改良，維持國內和平，增進國內道德」[25]，要求成立集青幫、洪幫、公口於一體的中華國民共進會。滬軍都督陳其美考慮應桂馨所言和中華和平會崇正團的設計相似，即表示全力支持。不料應桂馨很快就被袁世凱

[23]　《孫中山藏檔選編》第 390 頁。
[24]　《辛亥革命時期桃源人物集》第 139 頁，國際展望出版社 1991 年版。
[25]　《申報》1912 年 7 月 21 日。

收買，於 12 月 3 日進京接受袁世凱的指令，利用會黨勢力進行特務活動。然而，宋教仁身為國民黨代理理事長對此毫無所知，而且在譚人鳳、陳猶龍發現應桂馨行為不軌，囑其加強戒備時，他也不以為然。[26]正由於宋教仁對應桂馨這個有重大通敵嫌疑的幫會分子喪失了必要的警惕，以致在尖銳複雜的政治鬥爭中慘遭袁世凱的暗算，於 1913 年 3 月 20 日遭到應桂馨直接指使的暴徒的槍擊，兩天以後含恨去世。

　　宋教仁的死表明，在半殖民地半封建的中國，理想的西方民主政治敵不過反動統治階級利用會黨搞的流氓政治，而如何處置遊民會黨確為民主革命的困難的問題之一。宋教仁與會黨的交往是他整個革命生涯的一個重要的部分，在這方面他同樣給後來者下了寶貴的經驗和教訓，值得人們深思。

26　《辛亥革命時期桃源人物集》第 109 頁，國際展望出版社 1991 年版。

陶成章會黨工作述略

　　陶成章是光復會傑出的領導人，在他的革命事業中，聯絡會黨佔有十分重要的地位。毫不誇張地說，離開了陶的會黨工作，光復會就不可能有現在這樣的作為、這自然引起辛亥革命研究者們的重視。本文旨在討論陶成章聯絡會黨的對象、政治趨向以及特色，以期加深對陶成章及其光復會的認識。

一

　　在光復成立之前，陶成章最早想要聯絡的會黨是台州寧海附生王錫桐在 1900 年創立的「以排外為宗旨」伏虎會（又稱「伏虎山」）。伏虎會在 20 世紀初屢鬧教案。1903 年，伏虎會再次起義，焚毀寧海天主教總堂，處死神父和教民，黃岩、海門、新昌一帶的民眾群起響應，釀成了寧海教案。浙江巡撫派兵由水陸兩路前來鎮壓，王錫桐倉促抵抗失利。當時寧海留日學生祁文豹等建議陶去聯繫，並為之介紹，不過等到陶趕到寧海時，王已經失敗逃匿，陶未遇而回。[1]

　　陶成章實際最早與之取得聯絡的會黨是以濮振聲為首的嚴州白布會，「其軍制與洪門各會黨有異」。義和團運動期間，自任白布會總帥的濮振聲以保護鄉里的名義，借會眾創辦團練，「遇民教爭執，亦居間理處」。不料一些教民猜疑濮振聲與教為難，「訛傳四起」，會眾於是借濮名望，發動反教起事。[2]濮為眾所迫，只得嚴令會眾不要輕毀教堂，殺害教民，「僅取其家中糧食充軍需，以示薄懲」。起

---

[1] 徐和雍等：《浙江近代史》第 231 頁，浙江人民出版社 1982 年版。

[2] 《辛亥革命前十年間民變檔案史料》上冊第 362～363 頁，中華書局 1985 年版。

義軍進佔桐廬、分水，「軍行所至，咸皆歡迎」。浙江官方急派援軍前往，在分水、於潛境內擊敗了向嚴州府城進軍的會眾。脫險逃進山中的濮振聲見清軍四處擄掠，便以不得妄殺無辜為條件，前往清營自首。清政府害怕「殺之恐激民變」，遂將濮拘押在杭州。[3]

　　1904 年初，陶成章與魏蘭一道從日本回國，在上海與蔡元培會談後於 2 月 11 日回到杭州，14 日，經杭州《白話報》主筆、前《浙江潮》負責人孫翼中介紹，到仁和監獄探望了被囚禁的白布會首領濮振聲。濮振聲給他們出介紹信數通，名片幾十張，便於他們進行聯絡會黨的活動，浙江籍革命黨人聯繫浙江會黨的工作就此實際啟動。

　　2 月 17 日，陶成章、魏蘭兩人就前往浙東。他們先一起由富陽到桐廬，「歷探各秘密會之內狀」。然後，魏蘭從水道經蘭溪、龍遊回到他的家鄉雲和；陶成章從陸路經桐廬、分水，遍訪白布會會員，再經建德、壽昌、湯溪、龍游、遂昌、松陽等地抵達雲和。他在魏蘭倡辦的先志學校擔任了兩個月的教員，然後經溫州回上海。魏蘭在陶成章走後又去處州府城和麗水縣，訪問雙龍會[4]首領吳應龍、王金寶，到縉雲、永康結交龍華會首領呂嘉益、呂熊祥（東升、逢樵），沈榮卿[5]。又在沈介紹下，到金華會見龍華會首領張恭。張恭「其始結有千人會，其後入終南會」[6]，1900 年春他在杭州紫陽書院就讀時接受了唐才常之弟唐才中交付的富有票，準備回金華家散發。「而漢口之變聞，遂置富有票不發，仍理終南舊業」。不久該會正副會主或死或走，於是張恭與沈榮卿等人自立一山堂，定名龍華會，沈榮卿、張恭為正副會主，在金華府屬八縣均有分部，擁眾二萬餘人。該會另外在台州、處州、紹興等府也有分部，擁眾數千人。因此可以說，1903 年春陶成章、魏蘭的浙東之行奠定了聯絡各府縣主要秘密會黨之基礎。

3　陶成章：《浙案紀略》，資料叢刊：《辛亥革命》（三）第 52～53 頁。

4　雙龍會本名萬雲山，又稱萬雲會，因票布上畫有雙龍，故稱雙龍會。本部在處州，屬於終南會系統。

5　沈在入龍華會之前結有百子會，入龍華會後升為新副。見陶成章：《浙案紀略》，資料叢刊：《辛亥革命》（三）第 23 頁。

6　陶成章：《浙案紀略》，資料叢刊：《辛亥革命》（三）第 24 頁。

　　綜上所述，浙江會黨的組織和力量不像湖南那樣集中，除了前述的幾大支外還有王金發的烏帶黨、竺紹康的平陽黨（平陽黨：本名平洋黨，本部在嵊縣）以及余孟庭、夏竹林等人的私販黨即青幫，同時也缺乏像馬福益那樣有巨大號召力量的首領。浙江會黨的特點是山堂林立，名目繁多，各據一隅，互不相屬，宗旨各異，各行其是。很明顯，龍華會與庚子勤王之役有關，伏虎會以排外為宗旨鬧教，它們的政治目標都不可能是反清復明。只有白布會攻城奪地，反清色彩突出。上述情況給在當地開展革命活動的光復會帶來了極大的困難。

二

　　從陶成章後來制訂的《龍華會章程》來看，光復會聯絡會黨時遷就了傳統的「反清復明」的政治理念。《龍華會章程》雖然起草於1904 年春陶成章浙東之行之前，但其中涉及對清末立憲的批判，又詳細提及了「因中國的地方太大，所以不得不分頭辦事，江蘇、安徽、江西、浙江、福建五省為一大部，然這五省的地面亦不是小的，所以又要分開來辦理的。現在我們將這個五省的地方，分為十路，每省二路。……凡相接近的地方，看那都督權力的大小，可以互相兼管的。」其中第二章第二條「命名」，明確宣佈：「我們兄弟家所做趕去皇家的事件，並非一個人可以做得去的，還要眾位兄弟同心協力呢？所以我們的會，就叫做革命協會，山名就叫做一統龍華山，堂名呢？就叫做漢族同登普渡堂。」[7]因此可以認為它就是 1908 年的《革命協會章程》。

　　根據平山周《中國秘密社會史》稱：「於是，有陶成章、沈英、張恭等，倡議於杭州，集浙江、福建、江蘇、江西、安徽五省之頭目，開一大會，打成一團，名龍華會。」。陶成章自己寫的《浙案紀略》也說：「戊申春、夏間，浙江革命黨人另訂一新章，將合江、浙、皖、贛、閩五省之秘密黨會熔鑄而一之，定其名曰革命協會」。

---

[7]　《陶成章集》第 135 頁，中華書局 1986 年版。

《龍華會章程》即《革命協會章程》首先解釋了「革命就是造反。」並且援引了孟子「民為貴，社稷次之，君為輕」的話來論證。《章程》在論及歷史上逐鹿中原的少數民族時充滿了傳統的華夷之辯，稱金兀術是「雜種的四太子」，又說「自從盤古以來，雖有那五胡亂華，一統中國的，就頭一個是元韃子，這是我第一次中國亡的紀念了。幸虧坐不到百年，就出一個朱洪武士把那元韃子趕出塞外，仍舊是我漢人做皇帝，我們是算再見天日。……萬料不到後來金朝殺不了的雜種，又乘著我們年歲饑荒，有了內亂，崇禎皇帝死在煤山的時節，幾個做奸細的范文程、洪承疇、吳三桂引賊開門，他又進了山海關，強佔著北京城來，做我們大朝的皇帝了。那時我們南邊都立著明朝的親王，論理吾們漢人，就是讓了北方，他也就不當搶到南邊來了。不料他狼子野心，得一想十，又帶著許多丑類，把我們南邊的親王一個個滅了。」[8]因此它當然反對任何形式的保清朝光緒帝復位的努力。

《龍華會章程》論及對外關係時說：「至於我們動手革命的時代，外國人不來幫扶滿洲，我們一概客禮相待，兵力所到的地方，無論他是傳教的，做商人的，來中國遊歷的，都要好好保護。或是不願在我們交戰的地方久居，我們就送他出境。等我們平定了滿洲，立格外優待的條約，無論何國，都是利益均沾。若是有人幫助滿洲，不要說是外國人，越是漢人的奸細，越要殺他盡絕。外國是不用說了。但我們所殺的，是令我們打仗的外國人。譬如在我國境內的外國人生命財產，即使與某國失和，也萬萬不肯違背公理，殺戮無辜的。所以就是革命的時節，就立定了兩個主意：滿洲是我仇人，各國是我朋友，萬萬不會誤會的。」[9]因此它與以排外為宗旨的伏虎會是根本不同的。

《龍華會章程》宣佈：革命的宗旨是「報我們兄弟家祖上的大仇，並現在種種暴虐待我們的新仇，趕走了滿洲韃子皇家，收回了大明江山，並且要把田地改作大家公有財產，也不准富豪們霸佔，使得我們四萬萬同胞，並四萬萬同胞的子孫，不生出貧富的階級，大家安安，

8　《陶成章集》第 131～132 頁。
9　《陶成章集》第 134 頁。

穩穩享福有飯吃」。[10]而且「我們今日就是同種人來立憲，還要再起革命。雖然，成功以後，或是因為萬不得已，暫時設立一總統，由大家公舉，或五年一任，或八年一任，年限雖不定，然而不能傳子傳孫呢！或者用市民政體，或者竟定為無政府，不設總統，也未可知。然而必須看那時候我國國民程度了。但無論如何，皇位是永遠不能霸佔的。」[11]講到這裏似乎《章程》對未來的政體尚無定見，但當我們認真讀到第六條、第七條時就會發現情況並非如此。第六條「黜陟」稱：「大都督又有功勞，便在樞密府功勞簿上註定他的姓名，將來等新朝廷成立……若犯了十條戒約，無論大都督及正副介士，一體治罪。十條戒約附載在憑票上面，不載在此。」第七條「追恤」稱：「我們眾兄弟中有為了會中的公事出力死了，或無故受累死了，他的妻子孤苦，他的子女幼弱，家內又非凡的窮，妻子不能存活的時候，本會都有撫恤的費用，……但是要切實查明，不要濫領濫給的。查明了他的出力功勞，樞密府簿上記了他的名，等到新朝廷立定以後，論他功勞的大小，還要封他的祖宗，蔭他的妻子，使他的子孫世世代代食祿做官呢？並且還要鑄了他一個銅像，宣揚他忠義的名譽呢，另外若超度等時件，一切照洪家潘家的舊規。」[12]這裏接連提到的新朝廷成立、新朝廷立定，顯然不是民主共和國的政體。

在《章程》中，陶成章一方面為處於社會下層的幫會弟兄精心描繪了一幅趕走皇帝後的美好未來圖景：「到那時候，土地沒有，也沒有大財主，也沒有苦百姓，稅也輕了，厘捐稅關也都廢了，兵也少了。從此大家有飯吃了，不愁冷了，於是乎可以太太平平，永遠不用造反革命了。」[13]另一方面又按照哥老會內外八堂的模式[14]為革命協會設計了一整套的職官，以調動會黨的積極性。根據陶的設計，「新中國軍政省」為最高行政機關，「分作內外二府」。外府的職官從上到下

---

[10]　《陶成章集》第 135 頁，中華書局 1986 年版。

[11]　《陶成章集》第 133 頁，中華書局 1986 年版。

[12]　《陶成章集》第 136～137 頁，中華書局 1986 年版。

[13]　《陶成章集》第 133 頁。

[14]　參見朱琳：《洪門志》第 132～141 頁，河北人民出版社 1990 年影印版。

為都督、統制使、軍正使、巡察使，還有正副介士。〈章程〉特別說明：「以上新設立的官職，乃是取法於大明、大唐的，並不是杜撰出來的。現在所授的什麼官、什麼職，將來就是什麼官、什麼職了。」這裏要說明的是，1907 年 1 月陶成章已經在日本東京加入了同盟會，並擔任留日會員中浙江分會長。打天下時封官許願，奪取天下後彈冠相慶，權力大家分享，利益共同維護，是典型的封建「會黨政治」，而不是近代資產階級革命黨的政黨政治。光復會與同盟會的政治差距在這方面也是很明顯的。

　　陶成章還惟恐會黨弟兄對這套東西不夠熟悉，特意把它與洪家、潘家的舊官職作了對照，指出：「現在所設的官職，同洪家、潘家的舊官職是一式一樣的。現在五大都督府呢，就是以前的五堂。左右都督呢，就是以前的新副。統制使呢，就是以前的當家。正軍正使呢，就是以前的紅旗正管事。副軍正使呢，就是以前的紅旗副管事。協軍正使呢？就是以前的不管事的紅旗。正巡察使呢，就是以前的巡風。副巡察使呢，就是以前的藍旗管事。正介士呢，就是以前的大九。副介士呢，亦是大九。聖賢總公滿並大滿小滿大麼小八牌等一統裁去不設，所有口號、暗號、各家名教一切者仍其舊，內中單有黃令改作師令，紅令改作將令，藍令改作軍令。」[15]至於內府即樞密府，設大指揮、左指揮、右指揮、參謀部長、運輸部長、偵察部長、交通司大使、報信司大使。明眼人一看就知它是哥老會內八堂模式的翻版。

　　在入會的儀式方面，陶成章搬來了洪門天地會歃血結盟的一套，特別規定要有「盟證人（執香的人做盟證者，即是香堂）、執法行刑人（就是周洪家中紅旗一樣的人）」，並要求新入會者仿照洪門 36誓，[16]走到神位前跪下發誓。「第一誓誠心入會，不敢反悔，如有反悔，天誅地滅。第二誓入會以後，協力同心，不敢畏避，如有畏避，雷殛火燒。第三誓會中秘密；不敢漏泄，如有漏泄，身受千刀。第四誓祭旗起義，聞命必到，如有不到，命盡五殤。第五誓兄弟同心，如

15　《陶成章集》第 135～136 頁。
16　參見李子峰：《海底》第 195～205 頁，上海文藝出版社 1990 年影印本。

同手足，如生外心，身死五刑。」[17]第九條「入會」規定；「凡我們
這個革命協會的時候，……至於各五個都督府招兄弟入會的禮式呢，
各家教各會一切都照舊，如本來不是會友、教友、則從以下所載新定
的禮式」。[18]新定的禮式是：「第一　先寫入會願書一張，交於介紹
人。第二　願書寫後，擇一吉日行入會禮式。第三　行過入會禮式後
隔一日，或二日二三日後發委任狀。第四　發下委任狀後，知會軍政
省本部或支部。第五　軍政省得介紹人知會後，發下圖章及銅牌。但
是《章程》隨即說明：「本會入會的會式種種，內府的人均照此規矩，
外府的人止及於大都督及左右都督，大都督、左右都督招兄弟入自己
部下時，各照各省各教各黨的老規矩，如若大都督、左右都督本不是
會黨或教黨中的人呢，招兄弟入自己部下時，也照本會的新規。如介
士以上統制使以下的兄弟，本非會黨教黨中的人呢，來入的時候也照
本會清規。」[19]

　　在同盟會成立後的 1908 年，陶成章在組織革命協會時向會黨讓
步，遷就他們的一些消極因素，絕不是偶然的。第一，這與光復會本
身的政治綱領不夠明確有關。1904 年 10 月光復會在上海誕生。其誓
詞是：「光復漢族，還我山河，以身許國，功成身退」，並沒有規定
推翻清朝統治後究竟採取何種政體，反映了它在政治上的保守性。

　　其次，在一些革命黨人看來，鼓吹漢「排滿」的民族主義，是迅
速爭取「反清復明」的會黨認同，引為同調的最佳方法，不僅僅在國
內浙江，而且在境外也是如此。1908 年 8 月在日本東京部分長江流
域的同盟會員照綠林開立堂辦法成立共進會就是明證。共進會成立時
發表的兩個宣言雖然大體上沒有離開同盟會的宗旨為宗旨的，但更著
重於反滿的宣傳。文言的宣言中說：「嗚呼！吾同胞苦於祖國淪亡，
呻吟於異族專制之下，垂三百年矣。以四萬萬黃帝子孫神明華胄之
多，而屈辱於區區五百萬腥膻之韃虜，其可恥可哀為古今天下笑，孰
有過於此者，凡有血氣皆為奮起，以雪此累世之深仇。此共進會今日

17　《陶成章集》第 141 頁。
18　《陶成章集》第 138 頁。
19　《陶成章集》第 142 頁。

成立之原因及其宗旨意義之所在也。共進者，合各黨派共進於革命之途，以推翻滿清政權光復舊物為目的，其事甚光榮，其功甚偉大，其責任亦甚艱巨也。」[20]其白話的宣言中，也是首先強調：中國自從盤古以來就是漢種人居住，漢種人做皇帝，後來才被滿人進來，做了中國的皇帝。「所以我們才要這共進二字，增進我們哥弟知識，共拚死力，有進無退的去殺滿人韃子，取回中國，仍舊漢人作主，才算是英雄。」它又進一步宣稱：到了今天，那滿人只顧請洋人來保，護它做皇帝，那管得漢人的死活，把中國的各種權益都送給洋人。「我們若不早點把這滿人打開，再過幾年，就會把我們的中國和盤送給洋人」，到了那時，「難道不把漢人斬盡殺絕嗎？」「所以我們革命，一來是要替祖宗報仇，二來是要早點預備，免得子孫絕種，這豈不是光明正大的道理嗎？」[21]

為了聯絡會黨，共進會的內部也用開堂、燒香、結盟、入夥的辦法，並有山水堂香等名目。山叫中華山，水叫興漢水，堂叫光復堂，香叫報國香。而且各配有一首詩歌。

三

1904 年春以後，由於陶成章等人的聯絡，浙江會黨的鬥爭方向發生了重大變化：教案「自此之後，遂乃絕無僅有，清吏……實不知易其排外之心，盡化而為排滿也。」[22]

在此基礎上，陶成章曾經計畫發動決定浙江會黨回應華興會起義，待長沙起義發動後三天，襲取金、衢、嚴三府，然後底定浙江，出兵皖贛，以應長沙。長沙起義失敗後，陶成章下令停止計畫，但處州雙龍會首領王金寶已先行發出檄文，暴露了行動計畫。王金寶被叛徒出賣犧牲後，會眾由吳應龍代領。

[20]　《共進會的原起及其若干制度》，《近代史資料》一九五六年第三期，第 13 頁。

[21]　李白貞：《共進會從成立到武昌起義前的活動》，《辛亥革命回憶錄》第一集，第 449～501 頁。

[22]　陶成章：《浙案紀略》，資料叢刊：《辛亥革命》（三）第 25 頁。

同年 10 月光復會在上海正式成立後，仍堅持抓緊聯絡幫會的工作。陶成章與光復會主要發起人之一龔寶銓為了推進革命事業「終身在野，數歲之間，提皮包，躡草履，行浙東諸縣，一日或八九十里，交其豪俊，數瀕危難……相與維持，故光復會勢日盛」。陶成章在浙東聯絡會黨時，運發了《革命軍》、《猛回頭》、《警世鐘》、《新湖南》、以及敖嘉熊編的《新山歌》、魏蘭編的《孔夫子之心肝》等書籍，購買贈送《國民日日報》、《警鐘日報》等報紙，努力在浙東會黨中傳播革命思想。

陶成章聯絡會黨的工作是光復會革命活動的一個重要組成部分，其中有些創造具有鮮明的特色。一個特色是於非光復會同志合作進行。光復會成立後，原愛國學社社員（浙江平湖人，寄居嘉興）在《蘇報》案後，也回到浙江，在溫州、台州、寧波等地遊歷，結交當地會黨。敖嘉熊後來回到嘉興就倡建溫台處會館，作為江、浙、皖三省交界處會黨的聯絡中心。魏蘭和陶成章先後前往，分別擔任會館的總理和執事員。敖嘉熊還準備創立「祖宗教」，作為聯繫會黨的手段。蔡元培曾邀約敖嘉熊加入光復會，敖嘉熊表示可以「有事相助」，但不願參加光復會。溫台處會館一直搞到 1905 年 5 月，因敖嘉熊家遭變故，經費無從維持，才無形解散。敖嘉熊回到家鄉，魏蘭遠走爪哇。陶成章、龔寶銓從嘉興到紹興，協助徐錫麟籌辦大通學堂。「於是，紹興不僅成為光復會本部的活動中心，並且也成為浙東會黨的聯絡中心。」[23]

陶成章聯絡會黨的另一個特色是利用學校作為基地。1904 年陶成章曾經在雲和先志學堂任教習，以校為基地，進行聯絡會黨和活動。1905 年初陶向剛加入光復會的徐錫麟介紹了浙江會黨的情況，及運動會黨的重要性。在陶的影響下，徐於同年二三月間前往嵊縣、諸暨、義烏、東陽、縉雲等地，訪問並結識了一些幫會首領，在聯絡幫會的過程中徐錫麟看到了浙江哥老會的一些弱點。他認為「浙省會

[23] 金沖及、胡繩武：《辛亥革命史稿》第一卷第 356 頁，上海人民出版社 1980 年版。

黨知識淺暗，非加以教練，以兵法部勤，不能為用」，打算在家鄉韶興東浦附近大通橋畔籌建學校。陶成章、龔寶銓積極參與此事，陶成章本任親自去杭州學務處遞稟立案，還邀集呂熊祥等人前來協助。1905 年 9 月大通學堂在紹興創辦，成為浙東幫會的聯絡、訓練中心。大通學堂規約規定：「凡本學堂卒業者，即受本學校辦事人之節制，本學校學生，咸為光復會會友」按照這一規定，先後進校學習的幫會骨幹和其他有志青年 600 餘人全部成了光復會會員。現在名單中有確切姓名可查的就有 63 名，從名單中還可以看到，在大通學堂任教的老師參加光復會的也有 17 名，其中涉及的學科有國文、英文、日文、史地、倫理、博物、體操、琴歌、圖畫、軍號，另有總理、庶務、監學等辦學人員 7 人入會。[24]這是「國內第一所訓練會黨頭目、培養革命幹部的學校。」[25]秋瑾接任大通學堂督辦後，更是招金、處、紹三府幫會首領數十人進校學兵，動員了百餘名會黨青年骨幹到紹興大通學堂的體育專修科訓練。後又將各路幫會編為「光復漢族大振國權」八軍，總稱光復軍，由竺紹康、張恭、王金發等人分任分統。《光復會黨人錄》中明確列入了龍華會首領和骨幹沈榮卿、張恭等 8 人、白布會首領濮振聲、雙龍會首領和骨幹王金寶、闞麟書等 4 人、伏虎會首領王錫彤、平陽黨首領竺紹康、王金發、青幫首領余孟庭、夏竹林、杭辛齋等 25 人、洪幫頭目張伯岐、釋月空以及清洪幫首領劉福彪。秋瑾規定，凡是大通學堂的學生，一律得加入光復會，畢業後仍受學堂辦事人員的節制，這樣大通學堂成了聯絡浙江各地會黨的中心，「遂為草澤英雄聚會之淵藪矣」。[26]

　　陶成章聯絡會黨的第三個特色是不僅聯絡洪幫，而且還聯絡青幫。在舊民主主義革命階段，從洪秀全到孫中山，他們都曾經注意吸納洪幫人士參加他們的事業，為己所用。前已述及，陶成章也是如此，這是因為洪幫有反清復明的宗旨和反清起事的傳統。但陶成章的高明

---

[24]　參見《光復會黨人錄》，《浙江辛亥革命回憶錄續輯》浙江人民出版社 1964
　　　年版。

[25]　徐和雍等：《浙江近代史》第 237 頁。

[26]　陶成章：《浙案紀略》，資料叢刊：《辛亥革命》（三）第 28 頁。

之處是同樣重視在歷史上沒有什麼反清傳統，倒是曾經為清朝運送漕糧效力的青幫。在他的革命影響下，青幫首領余孟庭、夏竹林成了辛亥革命期間直接對抗清朝軍隊的一支武裝力量[27]。這在全國範圍內如果不是絕無僅有的話，也是極為罕見的。陶成章在為余孟庭、夏竹林等人立傳時稱讚「余孟庭軍行所過，除殘去暴，固一仁義之師也。」至夏竹林等人也是「世之英雄」。[28]他們在青幫原先並不光彩的歷史上寫下了珍貴的一頁。至於聯絡各教，尚未見具體材料，只有章乃韺、鞠僧甫《民國浙江參謀陶公煥卿傳》提及陶成章「內地與三合會、哥老會、大刀會頭目內相接納，一見傾心」，[29]無具體時間、地點，且為孤證，故不討論。

四

浙江自 1907 年光復會皖浙起義失敗後，光復會活動進入低潮。陶成章後來的工作重點已經不在浙江甚至不在中國本土了，同盟會在浙江會黨中的影響逐漸增強。但是陶成章在浙江會黨中的巨大影響依然存在。這集中表現在 1912 年初南京臨時政府成立後，浙江都督湯壽潛調任交通總長後，浙江會黨積極擁戴陶成章繼任。會黨首領沈榮卿宣稱，陶成章「先生十餘年苦心，才得今日之收果。吾浙倚先生如長城，經理浙事，非先生其誰任？況和議決裂，戰事方殷，榮等已號召舊部，聽先生指揮。先生為大局計，萬祈早日回浙籌備一切，若不諒榮等之苦衷，一再退讓，將來糜爛之慘不可逆料」[30]。章太炎在為陶成章活動時強調：「此次下江光復，微李燮和上海不舉，微朱介人南京不下，而我浙之力，得於敢死隊者甚多，是皆煥卿平日經營聯合之力。且浙中會黨潛勢，尤非煥卿不能撫助。鄙意若令代理浙事，得

---

[27]　參見《辛亥革命前十年間民變檔案史料》上冊第 373 頁，中華書局 1985 年版。

[28]　陶成章：《浙案紀略》，資料叢刊：《辛亥革命》（三）第 74 頁。

[29]　《辛亥革命浙江史料選輯》第 352 頁，浙江人民出版社 1982 年版。

[30]　《民立報》1912 年 1 月 14 日。

諸公全力以慰，必為吾浙之福。」[31]所有這些並非無根之談，過譽之詞。不料，浙江方面擁陶的輿論引起了同盟會上海負責人、滬軍都督陳其美的忌恨。陳其美對陶成章在浙江各界包括幫會的威望極為不悅，1 月 14 日他派蔣介石、王竹卿在上海將陶刺死，以至陶成章壯志未酬，抱恨終身，他怎麼也不會想到他與會黨的聯絡竟然會以這樣一種方式結束的。他的死激化了革命陣營內部（包括部分會黨）光復會與同盟會的矛盾，引起了人們不安、困惑與混亂。這一整個革命陣營的重大損失，在日後的政治鬥爭中一再顯現出來。

---

[31]　《章太炎政論選集》下冊，第 545 頁，中華書局 1977 年版。

論秋瑾與會黨的關係

一

　　秋瑾是辛亥革命時期最著名的女革命家。她的革命生涯確切地說應該從 1904 年秋加入有孫中山背景的洪門三合會開始。

　　1904 年秋瑾在東京留學期間，「日惟與留東之革命黨員相往還，因與湘人劉道一、王時澤、仇亮、劉復權、蜀人彭春陽、贛人曾某等十人相結為秘密會，以反抗清廷恢復中原為宗旨。是歲秋馮自由、梁慕光等組織洪門天地會於橫濱，瑾素有志於秘密會黨之運動，遂偕劉、彭、王、曾諸人報名加盟，受封為白紙扇之職，白紙扇又稱先生，即俗所謂軍師也。」[1]秋瑾、劉道一、劉復權、彭春陽、王時澤、曾貞、仇亮等二十餘人是第二批的入會者，「蓋當時留學生多認聯絡會黨為運動革命之捷徑也。」[2]據馮自由事後的解釋，「當時革命黨尚無統一組織，孫中山在海外結納同志，常利用三合會的形式行之。」[3]在此之前，馮自由等人宣稱，是孫中山派他們在橫濱組織革命團體，「以推翻清朝、恢復中華為宗旨，秘密邀集同志參加」的。[4]

　　秋瑾加入會黨，是有思想基礎的。有豪俠的英雄氣概是她和會黨的共同文化背景。天地會中有「洪水橫流西複東，順天行道會英雄」[5]、

---

[1]　馮自由：《革命逸史》第二集，第 164 頁，中華書局 1981 年版。

[2]　馮自由：《革命逸史》第六集，第 42 頁，中華書局 1981 年版。

[3]　《辛亥革命回憶錄》第四集，第 226 頁，文史資料出版社 1963 年版。

[4]　《辛亥革命回憶錄》第四集，第 224 頁，文史資料出版社 1963 年版。

[5]　蕭一山：《近代秘密社會史料》第 329 頁，嶽麓書社 1986 年版。

「平定豪傑壯中原,金花御酒在金蘭」[6]等詩句。而秋瑾早在少年時代就對文史著作中的豪傑就十分景仰,尤其羨慕西漢初年著名遊俠「朱家、郭解之為人」[7]。在她《寶刀歌》中歌頌刺秦王的義俠荊柯:「殿前一擊雖不中,已奪專制魔王魂。」[8]自 1903 年暮春起,她開始稱「鑒湖女俠」。在《贈蔣鹿珊言志》中秋瑾寫道:「畫工須畫雲中龍,為人須為人中雄,豪傑羞伍草木腐,懷抱豈與常人同?」[9]詩句中充滿了英雄主義的自信和自豪。

她和會黨的共同政治語言是狹隘的種族主義意識。天地會「招軍榜」稱:「揚揚『洋洋』中國,蕩蕩天朝,千邦進貢,萬國來朝。夷人占奪,此恨難消。招兵買馬,高搭花橋。木揚起義,奪回清朝。」[10]。秋瑾則在與日本婦人服部繁子談話時說:「髮辮是夷族風俗,不是中國人必須的。」[11]「在我們中國,擁夷族為天子,我認為這是一種卑屈。」[12]「中國是中國人民的中國,不是滿族這種異種人的中國」[13]。她在《中國白話報》上發表十分露骨的排滿言論,甚至認為「雖滅滿奴之族,亦不足一蔽其辜矣!」[14]在《贈蔣鹿珊言志》詩中也有多處提及反滿興漢:「協力同心驅滿奴,宗旨同時意氣洽」;「可憐大好神明冑,忍把江山付別人」;「好將十萬頭顱血,一洗腥膻祖國塵」;「霹靂一聲陰霾開,光復祖業休徘徊」[15]。就是光復會職員分級藏頭詩中也有「不使滿胡留片甲,軒轅神冑是天驕」的詞句[16]。

1904 年冬浙人陶成章以事赴日,秋瑾「由其戚之介,識之於旅次,知成章與敖嘉熊、龔寶銓等運動浙省黨會有年,因叩以所運動事,

6　蕭一山:《近代秘密社會史料》第 301 頁,嶽麓書社 1986 年版。
7　陳去病:《鑒湖女俠秋瑾傳》。
8　《秋瑾集》第 82 頁,上海古籍出版社 1979 年版。
9　《浙江辛亥革命回憶錄續輯》第 96 頁,浙江人民出版社 1984 年版。
10　蕭一山:《近代秘密社會史料》第 383 頁,嶽麓書社 1986 年版。
11　《浙江辛亥革命回憶錄》第 3 輯,第 5 頁,浙江人民出版社 1981 年版。
12　《浙江辛亥革命回憶錄》第 3 輯,第 6 頁,浙江人民出版社 1981 年版。
13　《浙江辛亥革命回憶錄》第 3 輯,第 17 頁,浙江人民出版社 1981 年版。
14　轉引自鄭雲山:《秋瑾》第 84 頁,上海人民出版社 1980 年版。
15　《浙江辛亥革命回憶錄續輯》第 96 頁,浙江人民出版社 1984 年版。
16　《辛亥革命回憶錄》第四集,第 214 頁,文史資料出版社 1963 年版。

成章盡以其所歷告之，並為介紹光復會同志機關二處」[17]。1905 年秋，秋瑾回國省親在上海見蔡元培後，去紹興見徐錫麟於熱誠小學堂，在那裏由徐介紹加入光復會。回上海後由陶成章介紹結識了龍華會處州首領呂熊祥（號逢樵）等人。

　　秋瑾是革命派從事國內會黨工作的一個十分合適的人選。除了具有英雄主義的個人氣質外，對於洪門會黨內部的儀式規章也已瞭解。據與她同時加入橫濱三合會的王時澤回憶：「首先由馮自由向我們交代宣誓的問答語，叫我們在宣誓時依樣回答。交代完畢，即由梁慕光主持宣誓儀式。他手執鋼刀一把，架在宣誓人頸上，由各人依次宣誓。……輪到我宣誓時，梁問：『你來做什麼？』我照馮自由囑咐的話回答：『我來當兵吃糧。』問：『你忠心不忠心？』，答：『忠心。』問：『如果不忠心，怎麼辦？』答：『上山逢虎咬，出外遇強人。』全體宣誓畢，梁與馮自由橫牽一幅六七尺長的白布，上書鬥大的『翻清復明』四字，命各人俯身魚貫從布下穿過，以示忠於主義。又在室內燒一堆火，命各人從火上跳過去，表示赴湯蹈火，在所不辭。然後分別刺血，殺了一隻大雄雞，共飲雄雞血酒。馮、梁兩人當場宣佈這個團體叫做『三合會』（取合天、合地、合人之意），向我們交代了一些規矩，如見面手勢如何擺，如何問話答語，進門要用右腳向前跨，握手時要捏緊對方的無名指，等等，並交了一本書給劉道一，叫我們互相傳抄。我粗略地翻了一下，裏面寫了一些會規，還畫了許多旗幟的樣式。最後，每人交納入會費十元日金，就算了事。這次入會，劉復權被封為『洪棍』；秋瑾被封為『白扇』（俗稱軍師）；劉道一被封為『草鞋』（俗稱將軍），是謂『洪門三及第』」。[18]由此可見，已經具有軍師身份的秋瑾對於洪門會黨內部的儀式、暗號、暗語、宗旨、會簿、會規、會費、旗幟式樣以及領導機構都是十分瞭解的。這些是她開展浙江會黨工作的有利條件。

---

[17]　馮自由：《革命逸史》第二集，第 164 頁，中華書局 1981 年版。
[18]　《辛亥革命回憶錄》第四集，第 225 頁，文史資料出版社 1963 年版。

二

1904 年 10 月光復會在上海正式成立後，陶成章、龔寶銓從嘉興
到紹興，協助徐錫麟籌辦大通學堂。「於是，紹興不僅成為光復會本
部的活動中心，並且也成為浙東會黨的聯絡中心。」[19]。1905 年 9 月
光復會骨幹徐錫麟在陶成章等人的協助下創辦了紹興大通學堂，成為
光復會以兵式體操訓練浙東幫會的機關。針對浙江的會黨總體上規模
較小，山堂林立，名目繁多，各據一隅，互不相屬，各行其是的情況，
大通學堂規約規定：「凡本學堂卒業者，即受本學校辦事人之節制，
本學校學生，咸為光復會友。於是，大通學校遂為草澤英雄聚會之
淵藪矣」。[20]按照這一規定，先後進校學習的幫會骨幹和其他有志青
年 600 餘人全部成了光復會會員。現在名單中有確切姓名可查的就有
63 名，[21]大通學堂是「國內第一所訓練會黨頭目、培養革命幹部的學
校。」[22]《光復會黨人錄》中明確列入了龍華會首領張恭等 8 人、平
陽黨（本名平洋黨，本部在嵊縣）首領竺紹康、烏帶黨首領王金發等
25 人。

陶成章、徐錫麟等人是最早實際啟動聯繫本地會黨工作的浙江籍
革命派人士。秋瑾的會黨工作是在他們的基礎上進行的。在上海期間
她以「銳進學社」為名，聯繫敖嘉雄、呂熊祥等運動長江一帶會黨，
同時也與龍華會兩位副會長張恭、周華昌等運動浙江會黨。

1906 年冬，徐錫麟去安徽從事地下革命工作之前，派王金發到
上海邀請秋瑾回紹興主持大通學堂。秋瑾「銳然以浙事自任，乃還紹
興」，於 1907 年初接任大通學堂督辦。「是校為金華、處州、紹興

---

[19]　金沖及、胡繩武：《辛亥革命史稿》第一卷，第 356 頁，上海人民出版社 1980
　　　年版。

[20]　陶成章：《浙案紀略》，資料叢刊：《辛亥革命》（三），第 28 頁。

[21]　參見《光復會黨人錄》，《浙江辛亥革命回憶錄續輯》浙江人民出版社 1984
　　　年版。

[22]　徐和雍等：《浙江近代史》第 237 頁。

三府會黨薈萃之所」。秋瑾與呂熊祥、王金發和竺紹康等人相約，「俟湘省舉兵後，即出為應援，」旋偕王文慶赴諸暨、義烏、金華、蘭溪各地部署一切。2 月 1 日至金華，訪龍華會蘭溪首領蔣樂山（號鹿珊），有所計畫，回紹興後聞回應萍瀏醴陵起義軍的各路同志先後失敗的消息，「遂益憤恨，決計不假外力，獨行舉事，而運動益力。」[23] 她不願失信於會黨，於是「大力與浙東各會黨聯絡，企圖在短期中以暴動暗殺之形式推翻滿清政府」，與主張「革命非宣傳至一定時間、使各界人士均有所痛憤滿清虐政之統治，才能用武力行使威力」的陶成章發生了意見分歧，主張急進的秋瑾曾譏諷陶成章所為是「書生造反」。[24]

秋瑾在大通學堂主持工作期間主要做了兩件事：

（一）加設體育學堂，對會黨人士實施軍體訓練

秋瑾到校視事後，首先平息了師生之間因不瞭解會黨秘密而引發的風潮，扭轉了學堂事實上無人負責的混亂狀態。秋瑾本人有事外出時，明確校務由呂逢樵負責。1907 年夏，秋瑾派人在嵊縣、新昌、縉雲等縣等地招學生百餘名，進入大通學堂附設的體育專修科。[25] 有學生回憶說，「果然到了八九十人，住在諸暨冊局裏，由校方指定同學四人教授體育課的初步動作。到我們大考完畢出校，他們都攜帶被鋪書籍用具遷進校裏來了。他們之中確有善於拳術的，能以極粗大的門閂開四門而呼呼有聲。」[26] 體育課的內容包括兵式體操、器械體操，科目有隊列訓練、射擊、跑步、行軍、游泳、過天橋等。「秋瑾常常穿了男子服裝，騎著馬，帶領學生到野外打靶，聯繫射擊技術」，「借此培養軍事人才」。[27]

---

[23]　《辛亥革命回憶錄》第二集，第 166 頁，文史資料出版社 1963 年版。

[24]　《再續六六私乘》，《辛亥革命浙江史料選輯》第 414 頁，浙江人民出版社 1981 年版。

[25]　《辛亥革命浙江史料選輯》第 414 頁，浙江人民出版社 1981 年版。

[26]　《辛亥革命回憶錄》第四集，第 147 頁，文史資料出版社 1963 年版。

[27]　《辛亥革命回憶錄》第四集，第 230 頁，文史資料出版社 1963 年版。

（二）兩次整合會黨的力量

陶成章認為浙江人行事「喜獨不喜群」，而「秋瑾反是，喜群不喜獨，且遍為張揚其事。」[28]她在「本學校學生，咸為光復會會友」的基礎上，首次將光復會職員分為十六級，第二次是組建光復八軍。從文到武，由內而外，步步推進。

1907 年 4 月，秋瑾在往來杭滬運動軍學兩界後回大通，復函召各屬會黨入紹興計事。在深受秋瑾信任的會首義烏吳琳謙[29]、金華徐買兒[30]和武義周華昌[31]的大力協調下「各屬會黨翕然就範。及籌備略竣，乃分光復會職員為十六級，以所撰七絕詩一首為表記」[32]。詩曰：「黃河源溯浙江潮，為我中華漢族豪。不使滿胡留片甲，軒轅神胄是天驕。」[33]其中黃字為首領，推徐錫麟擔任；河字為協領，秋瑾自任；源字為分統，由竺紹康、張恭、王金發、呂逢樵等洪門各會黨首領任之。浙字以下為部長、副部長等職。各職員均以金指環為記，指環文字即以己職銜之代名詞嵌入之，分統以下輔以 ABC 等英文字母，「其勢力遍及金、處、紹各府縣，即其他府縣會黨亦多受其部勒。」[34]

為了與在安慶的徐錫麟共謀大舉，分途起事。秋瑾又於 5 月初以龍華會與平陽黨為主力組建光復軍，用「光復漢族大振國權」八字為八個軍的番號。秋瑾與竺紹康、王金發、呂逢樵「定議先由金華起事，處州應之，俟清兵自杭州出攻金、處，即以紹興黨軍渡江，乘虛以襲省城，軍學界為內應。若攻杭城不拔，則回師紹興，入金華、處州，

---

[28]　陶成章：《浙案紀略》，資料叢刊：《辛亥革命》（三），第 17 頁。

[29]　收錄《光復會黨人錄》，《浙江辛亥革命回憶錄續輯》第 173 頁，浙江人民出版社 1984 年版。

[30]　根據《光復會黨人錄》記載，徐買兒是徐順達的小字，徐順達字猛伍，《浙江辛亥革命回憶錄續輯》第 167 頁，浙江人民出版社 1984 年版。

[31]　根據《光復會黨人錄》記載，周華昌，字安甫，武義人。《浙江辛亥革命回憶錄續輯》第 166 頁，浙江人民出版社 1984 年版。馮自由：《革命逸史》第二集，第 166 頁稱周華昌武昌人，誤。

[32]　馮自由：《革命逸史》第二集，第 166 頁，中華書局 1981 年版。

[33]　《辛亥革命回憶錄》第四集，第 214 頁，文史資料出版社 1963 年版。

[34]　馮自由：《革命逸史》第二集，第 167 頁，中華書局 1981 年版。

出江西以通安慶。」竺紹康受命後即與同在嵊縣「結黨千人，雄居西鄉山間」的裘文高著手進行。[35]

三

秋瑾聯絡會黨時遷就了傳統的「反清復明」的政治理念。她在《光復軍起義稿》中說；「漢族沉淪二百有餘年」，籌備立憲以來「漢人失勢，滿族梟張……今時勢阽危，實確見其有不容已者，為是大舉報復，先以雪我二百餘年漢族奴隸之恥，後以啟我二兆方里天府之新帝國。」[36]她沒有堅持前此在《精衛石》中提出的「同心革弊政大建共和」[37]的奮鬥目標。也就是說秋瑾本人對於「大振國權」的「國權」究竟是什麼式樣並沒有定見。在這裏突顯了光復會與同盟會在政治方面的明顯差距。

作為最早參加同盟會的同志之一，時任同盟會浙江主盟人的秋瑾不顧同盟會「建立民國」的綱領，遷就會黨的一些消極因素，絕不是偶然的。第一，這與光復會本身的政治綱領不夠明確有關。1904 年 10 月光復會在上海誕生。其誓詞是：「光復漢族，還我山河，以身許國，功成身退」，並沒有規定推翻清朝統治後究竟採取何種政體，反映了它在政治上的保守性。

其次，在一些革命黨人看來，鼓吹漢「排滿」的民族主義，是迅速爭取「反清復明」的會黨認同，引為同調的最佳方法，不僅僅在國內浙江，而且在境外也是如此。1908 年 8 月在日本東京部分具有會黨身份的長江流域的同盟會員照哥老會開山立堂辦法成立共進會就是明證。共進會成立時發表的兩個宣言雖然大體上沒有離開同盟會的宗旨，但更著重於反滿的宣傳。文言的宣言中說：「嗚呼！吾同胞苦於祖國淪亡，呻吟於異族專制之下，垂三百年矣。以四萬萬黃帝子孫神明華胄之多，而屈辱於區區五百萬腥膻之韃虜，其可恥可哀為古今

---

[35] 陶成章：《浙案紀略》，資料叢刊：《辛亥革命》（三），第 74～75 頁。
[36] 《秋瑾集》第 21～22 頁，上海古籍出版社 1979 年版。
[37] 《秋瑾集》第 124 頁，上海古籍出版社 1979 年版。

天下笑，孰有過於此者，凡有血氣皆為奮起，以雪此累世之深仇。此共進會今日成立之原因及其宗旨意義之所在也。共進者，合各黨派共進於革命之途，以推翻滿清政權光復舊物為目的，其事甚光榮，其功甚偉大，其責任亦甚艱巨也。」[38]共進會白話宣言也是首先強調：中國自從盤古以來就是漢種人居住，漢種人做皇帝，後來才被滿人進來，做了中國的皇帝。「所以我們才要這共進二字，增進我們哥弟知識，共拚死力，有進無退的去殺滿人韃子，取回中國，仍舊漢人作主，才算是英雄。」它又進一步宣稱：到了今天，那滿人只顧請洋人來保，護它做皇帝，那管得漢人的死活，把中國的各種權益都送給洋人。「我們若不早點把這滿人打開，再過幾年，就會把我們的中國和盤送給洋人」，到了那時，「難道不把漢人斬盡殺絕嗎？」「所以我們革命，一來是要替祖宗報仇，二來是要早點預備，免得子孫絕種，這豈不是光明正大的道理嗎？」[39]

所以我們今天在這一方面要體察秋瑾當年的苦心，不必過於苛責。

四

秋瑾進行會黨工作的實際時間並不長，會黨的某些缺點還來不及改造，人們從皖浙起義的失敗可以看到這一點。因此過高地估計秋瑾的會黨工作是不妥的。

皖浙起義的失敗固然原因很多，但會黨不守紀律是一個無可否認的原因。秋瑾原定 1907 年 7 月 6 日大舉，旋易為 7 月 19 日。6 月中旬紹興黨人裘文高已集眾在台州樹革命軍旗幟。在武義縣，起義計畫被龍華會巡風壘李唐無意洩漏，壘被捕後會黨名冊被搜出，又供出了包括統領劉耀勳在內的不少光復軍幹部，7 月 2 日劉耀勳被捕殺。在金華，秋瑾委派的光復軍統領、當地龍華會首領徐順達的好友倪金不

---

[38] 《共進會的原起及其若干制度》，《近代史資料》一九五六年第三期，第 13 頁。

[39] 李白貞：《共進會從成立到武昌起義前的活動》，《辛亥革命回憶錄》第一集，第 449～501 頁。

慎洩露起義計畫，導致徐、倪二人 4 日一道被害。蘭溪、湯溪、浦江等地光復軍也因內奸出賣遭到重大破壞。[40]在安慶的徐錫麟只好提前在 7 月 6 日發動起義。起義失敗後，秋瑾於 7 月 9 日閱上海各報始知其事，「是時所規畫之浙省軍事，金華之黨軍已盡破壞，處州府之一部尚無發動消息，嵊縣黨人則又別成一旅」。[41]12 日嵊縣烏帶黨首領王金發來校面見秋瑾，明確表示發動起義已不可能，勸其離校別走。但秋瑾堅持不走，依然鎮定地處理善後時事宜，疏散學生。7 月 13 日清兵沖進學堂，抓捕秋瑾。7 月 15 日秋瑾英勇就義，實現了生前的意願：「男子之死於謀光復者，則自唐才常以後，若沈藎、史堅如、吳樾諸君子，不乏其人，而女子則無聞焉，亦吾女界之羞也。」「吾自庚子以來，已置吾生命於不顧，即不獲成功而死，亦吾所不悔也。」[42]秋瑾的自我犧牲一方面使浙江的革命運動遭到嚴重的挫折，另一方面也激起了包括會黨在內的廣大百姓對清政府的更大不滿與反抗。四年以後浙江光復，實現了秋瑾的預言：「如滿奴能將我綁赴斷頭臺，革命成功至少可以提早五年。犧牲我一人，可以減少後來千百人的犧牲，不是我革命失敗，而是我革命成功。」[43]

　　秋瑾是中國第一個為民主革命流血的女革命家，同時也是首位具有革命黨身份的女性會黨首領。當然在中國近代會黨史上，在秋瑾之前女性會黨首領有太平天國時期的邱二娘、蘇三娘，後者還參加了太平軍。不過她們的地位是其丈夫死後繼承的，所指揮的也僅是一小股單一的武裝。這與秋瑾作為革命小團體高級幹部充任一個行省的會黨總指揮是不能同日而語的。

---

[40]　陶成章：《浙案紀略》，資料叢刊：《辛亥革命》（三）第 34〜36 頁、第 43 頁。

[41]　馮自由：《革命逸史》第二集，第 164〜167 頁，中華書局 1981 年版。

[42]　《秋瑾集》第 47 頁，上海古籍出版社 1979 年版。

[43]　王燦華：《秋瑾成仁經過》，《近代史資料》1957 年第 2 期，第 98 頁。

張謇論會黨

　　張謇是中國民族資本家的傑出代表，也是江蘇地方知名人士。他在甲午戰爭、義和團、辛亥革命和北洋軍閥時期均對會黨及會黨人物發表了自己的看法。這些看法實際上也是張謇本人對當時時政的判讀，反映了他的基本政治傾向。

　　會黨是一種秘密社會的組織，源遠流長，至晚清已經發展到全國各地，江蘇自然也不例外。當時全省以揚州七濠口為據點的青紅幫組織「春寶山」山主徐寶山（外號徐老虎）最為聞名。1900 年 6 月 18 日張謇獲悉八國聯軍已於昨日攻陷大沽口，津京危急，於是面見兩江總督劉坤一，「陳招撫徐老虎策。」[1]其實張謇在對外關係緊張時利用會黨攘外安內的想法並非始於八國聯軍之役，早在 1894 年 7 月 9 日中日關係緊張，甲午戰爭一觸即發的緊急關頭他就寫密信給翁同龢提出，「用哥老會人須以義氣激厲之，亦消內地無窮之隱患。」[2]從現有資料中還找不到朝廷接受他建議的文件。此一時彼一時，這次兩江總督劉坤一在第二天便採納了張謇的建議，「招撫徐老虎。」6 月 20 日張謇上書劉坤一，「一論招撫宜開誠佈公，昭示威信，不可使疑，不可使玩。」上書說：

　　「撫徐之說，荷賜施行，內患苟弭，可專意外應矣。此輩如亂柴，徐則約柴之繩也。引繩太緊，繩將不堪，太松且枝梧。宜得有大度而小心之統將處之。俾不猜而生嫌，不輕而生玩。若予編伍，餉額宜檄統將發原封，令徐自給，但給銜不可逾守備以上，不可使單扎，且令一善言語、有計略之道員前往宣示誠信，以開諭之。令專鎮緝沿江諸

1　《張謇全集》第六卷，第 436 頁，江蘇古籍出版社 1994 年版。
2　中國近代史資料叢刊續編《中日戰爭》第六冊，第 446 頁，中華書局 1993 年版。

匪。若請來謁，宜即聽許；不請勿邊強。此人聞頗以膽決重於其黨。控馭得宜，安知不有異日之效？宮保歷軍事久，必有勝算。惟須有識時局、心公心者，神明節度，念此為難耳。」[3]

對劉坤一採納自己的建議，招撫徐寶山之舉，張謇一直頗為得意。1902 年秋，劉坤一晉升宮太保時張謇作詩一首，以資慶賀：

> 呂端大事不糊塗，東南半壁，五年之間，太保幸在；
> 諸葛一生惟謹慎，咸同兩朝，眾賢而後，新寧有光。[4]

很明顯，在張謇看來，招撫徐寶山是劉坤一等人在義和團運動期間「大事不糊塗」，得以另搞「東南互保」的重要前提。

當然江蘇地區絕不是只有徐寶山一股幫會勢力，其他的幫會還有不少，其中較著名的是曾國璋。1904 年張謇寫了《記吳梟》一文，記述了曾國璋的事蹟，也反映了張本人對青紅幫會的高度關注。全文如下：

> 梟有二派，皆紅幫也，一占長江，一占太湖。長江之梟，近數年以曾、李最著。李名蘭濱；曾名國璋，張國珍之化名也。張國珍自某縣獄逸出，變姓名為曾國璋。黨魁楊瞎子、鄧拐子、張四、張七、羅少成皆有封號。始以石二之導，占通州之劉海沙為窟穴。其渠張啟祥與糧幫相持。自光緒二十一年，啟祥率眾與糧幫之渠吳寶林，戰於常熟之東興沙，獲勝而霸，其勢漸盛，販運私鹽，以兵法部勒，揚旗橹杪，前後列槍炮船各數艘，鹽船居中，江行者常常見之，不以為怪。光緒二十七年，崇明鎮陳旭以兵船擊張四、張七於如臯之張王港，鏖戰良久，張敗。其黨百餘人，潰逃至通州西鄉平潮鎮南某廟。地保驚械報州，州牧遣幹役齎銀星夜往，以好言資遣他去。會陳鎮率兵船回，黨得複聚。張名以減而李興。李旋去，留曾領長江梟，曾引而東至通州老山港。港汛某把總以官小不勝重譴哀之，曾乃至海

3　《張謇全集》第一卷，第 46 頁，江蘇古籍出版社 1994 年版。
4　《張謇全集》第五卷（下），第 567 頁，江蘇古籍出版社 1994 年版。

門之長圈港，勢未甚盛。廳丞令城守往諭，曾言官尚好，留其近治三十里無擾，此外則吾勢力所及，請各事所事。廳以聞於大吏，大吏飭防範而已。既移益東占崇明之小黑沙，聲勢乃張，自命為大元帥。陳鎮緝之嚴，曾遣其黨百餘，白晝列隊吹角實槍，十餘日內連劫崇明城鄉典肆富家，臨去輒告事主，欲破案，問陳鎮。鎮縣以聞，江督魏乃益陳兵船，邀擊、於江中，曾敗無竄路，大窘。太湖梟首施老窩子者，預遣舟艦南岸觀戰，乘曾敗，救之去，聲稱曾逃山東膠州云。其黨副元帥羅少成等，以與城守守備何德輝有故，其黨散往通州城廂，置宅娶妻，結識州鎮兵役，至有諸生入黨者。光緒二十五六年間，羅鄧諸人及其黨，白晝持手槍短刀，橫行街市；其黨有事爭訟，就茶坊酒肆煙館伎寮訴之羅鄧，答撻斷決。識者告州牧大患且至，牧言不擾之，患庶緩。已故之某鎮語人，前年江寧回泊舉王港，是夜梟船數十艘環之，某鎮遣材官語其渠，尒未相苦，何至見迫？渠諾。及曉不見一艘。某鎮以此自多，時舉以告人。今曾之黨，猶時時出為患於通州，海門濱江村鎮。糧幫不甚為盜，以先後為師弟，紅幫則先入為兄，後入為弟。此其不同也。[5]

《記吳梟》一文真實地敘述了以曾國璋為代表的江蘇紅幫販私鹽集團在通州、常熟、如皋、海門等地的活動，記錄了他們的氣焰熏天的聲勢。曾國璋等人公開向官府示威，官方無奈，只好私下同意與他們劃分地盤，以求得一時的相安。《記吳梟》還揭示了曾國璋部的組織系統以及與另一紅幫販私鹽集團李蘭濱部、與太湖梟首施老窩子以及與糧幫[6]的關係。值得注意的是張謇在文中還對通州城守守備何德輝表示了他的不滿，也許這正是曾國璋部苟延殘喘、死灰復燃的一個重要因素。應該說《記吳梟》是一篇極具史料價值的記實文章，為後人研究會黨提供了寶貴的線索。1903 年夏清軍徐寶山部在通州擊潰了曾國璋部，曾國璋負傷，與之合夥的哥老會天目山頭領熊滿堂等被

---

[5]　《張謇全集》第五卷（上），第 149～150 頁，江蘇古籍出版社 1994 年版。
[6]　從張謇簡要的介紹，基本可以認為糧幫就是原先以運漕糧為主的青幫。

俘。熊滿堂在受審時供認「與曾國璋合股，曾在崇明縣屬強劫沈恒豐典鋪得贓」[7]。曾國璋逃往上海，後在湖北被捕遇害。

由於招安以後的徐寶山站在清政府一邊不遺餘力地鎮壓曾國璋等幫會勢力，辛亥革命前夕又投機革命，在革命黨人的策動下舉旗反正，歷任揚州軍政分府都督、南京臨時政府第二軍軍長等職，對民間的騷擾不多，因此張謇對他沒有什麼大的意見。1913 年夏，與革命黨人同床異夢的徐寶山被暗殺後，張謇作輓聯一首，以為紀念：

> 周孝侯除三患而彰名，效節不辭親已老；
> 來君叔明兩義而遇害，復仇猶望弟能軍。[8]

其中引用了西晉少時橫行鄉里的建威將軍周處發憤改過後除三患以及東漢來歙（字君叔）說服隗囂歸漢，囂叛亂後以精兵大破之的典故。輓聯的後半句明顯是以袁世凱為正統，影射革命黨，發洩對革命黨的不滿。因此當袁世凱命徐寶山弟弟徐寶珍繼續統領徐寶山部時，張謇自然也把維持當地治安的希望寄託在徐寶山弟弟的身上。

1913 年袁世凱通過洪述祖、應桂馨刺殺宋教仁案發後，引起了國民黨人士的強烈憤怒，他們強烈要求追查主謀元兇。一些激進人士不顧黃興等人的反對，發動對上海製造局的進攻。而袁世凱則死不認帳，反而誣陷此事為國民黨內訌。為此張謇提出他的解決方案：

> 「將來罪名，至洪述祖而止，轉瞬雲過天空矣，今不予根本為解決而反生出票傳黃克強及製造局案，不惟無效，益推波助瀾，唯恐其不潰裂而已，蓋此等案件同決於法律，則真者自真，偽者自偽，無可假借。以製造局案而論，事未發以前，克強、英士皆有所聞，恐擾亂大局，克強、英士即派人預告程都督，並預告領事團，飭租界防範。起事之夕，為英士探悉，又以電話告製造局長陳幌。據此諸端，此事實為國民黨所反對，人所

---

[7] 《辛亥革命前十年間民變檔案史料》上冊，第 266～267 頁，中華書局 1985 年版。

[8] 《張謇全集》第五卷（下），第 580 頁，江蘇古籍出版社 1994 年版。

共知；近日報載柳人寰等在江西為李都督捕獲，更足證明。而外間自徐企文解京後，喧傳此舉，實欲嫁禍於國民黨，似此徒失中央之誠信，增國民之憤懣而已。至票傳克強之舉動，更為人所不料。吾人深知周予覺、周予儆之誣扳與物證之虛造，於審訊之時，必昭然大白於天下。故一般同志皆專心致意，期於審訊之時，大發現勳良受誣之實狀。然吾人更有所慮者，開庭之際，克強對簿，已令同情者受無量之難堪，而原告律師之撥弄，自首者之扳誣，必有窘辱陵籍之詞氣。此時受者無論矣，旁觀者雖最和平之人，亦必切齒眥裂，是猶以宋案為未甚而加甚之也。國民數千年之特性，對於冤案，無不感奮激昂，有同身受，於負人望者，橫被冤抑為尤然。傳諸稗謠，被於閭巷，已成一般社會之心理，何苦故犯眾怒，至於如此？」[9]

在這裏，張謇成分肯定了黃興、陳其美為了法律解決宋案而出賣會黨激進人士的做法，提出袁世凱也不要欺人太甚，把事做絕。他認為如果定要票傳黃興，就是縱容誣陷，結果是「徒失中央之誠信，增國民之憤懣」，只能是對袁世凱不利。因此他主張適可而止，追究到洪述祖而止。

1913 年 6 月 15 日張謇懷著平息南北政爭的良好願望致電袁世凱，稱：

「現在南北謠傳，尚未全息。謇在寧時，聞雪老言，製造局案，克強於事前預行警告，雪亦據電中央。南昌亦於五號電報柳人寰蹤跡，隨時緝解江寧。即此類推，外間所傳種種亂謠，悉由假託。猶洪、應（桂馨）之假託政府，不足憑信。長江上下，會匪遍地，乘隙思逞，實繁有徒。非將此層揭破，一有爆發，彼此相疑，非大局之福。根本解決，擬請發誠懇剴切之命令，禁止謠傳。並為孫、黃聲明，決不為此破壞民國大局之事。如

9　《辛亥革命在上海史料選輯》第 1100～1102 頁。

有假託，即是匪類。謇亦當忠告孫、黃，自行聲明，並屬其對
於正式選舉，及其他要政為正當之宣告。」[10]

在這裏，張謇將一貫善於玩弄政治權術的袁世凱看得太簡單了。
事實上刺宋案是袁通過國務總理趙秉鈞一手策劃的，江蘇都督程德全
的電報他也不是沒有收到。可以說袁世凱當時比誰都更清楚事實的真
相。他就是要借此事端，在列強的支持下用武力徹底解決南方的國民
黨，即使「破壞民國大局」也在所不惜。因此袁世凱根本不把張謇的
勸告放在心上，有意步步激化矛盾，終於導致當年 8 月二次革命的
爆發。

在討袁的二次革命中任江北總指揮的是江蘇泗陽人、青幫大字輩
韓恢。韓恢，字複炎，原同盟會會員，曾參加鎮南關起義與黃花崗之
役。二次革命失敗後韓恢和其他國民黨人一樣，繼續進行反袁鬥爭，
1914 年曾與程壯率革命黨人攻打南通城，由於實力懸殊而失敗。1917
年 1 月底韓恢致信張謇，請求量予接濟。這一請求很快被張謇拒絕。
同年 2 月張謇覆函韓恢，表明了自己的政治態度。信中稱：

「僕耳大名久矣。去歲閱報，屢見足下啟事。一則聲明並無署
名具函在外募款之事；一則聲明支配政府善後款項情形；一則
聲明善後告竣，以後凡關於黨務，完全脫離關係，即日他往等
語。竊佩行事之正，與傳聞不同。甚盛甚盛！」[11]

從信中可以看出，張謇當時是站在北洋政府一邊，明確反對「亂
黨」的。如果韓恢果真與革命黨「完全脫離關係」，張謇是歡迎的。
如果與此「絕對相反」，張謇即使再有錢也決不會拿出來資助亂黨
的。他的義務範圍、取予界限是建立在擁護政府當局這一「事理」之
上的。

作為一個民族資本家，張謇在國內政治鬥爭中以安定地方確保治
安為準繩，符合這一標準的就肯定，不符合這一標準的就否定，而不

---

[10] 《張謇全集》第一卷，第 259 頁，江蘇古籍出版社 1994 年版。
[11] 《申報》1917 年 2 月 6 日。

管當事人是否具有會黨身份或經歷。這一基本態度反映了張謇的階級屬性。徐寶山死後，真正在江蘇地方起作用的並不是他的袍弟徐寶珍，而是他的兩個舊部張鏡湖和馬玉仁。由於前者維護地方治安有功，張謇給了正面的評價。

1920 年 5 月 17 日張謇致軍閥李純函中強調時任七十六旅旅長兼通海鎮守使張鏡湖「誠實和平，為地方所信」，並以通、如、崇、海人士的名義，強烈要求暫緩裁併該部，確保地方平安。信中說：

> 「近日報載七十四、七十六旅因有裁併之說，一百四十八團兵隊已有潰逃兩連之事。南通人鑒於往歲伏龍之亂，管前鎮使無親自簡煉之兵，幾釀巨變，……鄙意兵非不可裁，但裁兵必須全國一致。有整齊劃一之成數，且須預籌安置方法，方無危險。若事無籌備，此裁彼招，徒使地方增多數遊惰，匪盜愈無忌憚。以公之明，必見及此。但通、如、崇、海人士之杞憂，亦有見而然。不獨目前盜案之迭見，七十六旅之兵尚須鎮緝也。該旅可否暫緩裁併？俟本省各屬悉數裁減後，七十六旅至必須縮小範圍之時，亦似可援蘇州朱師長汰官長不汰兵之先例。張鎮使誠實和平，為地方所信，則前已陳之矣。諸希亮察審慎，無任盼幸。」[12]

三年後，在張鏡湖六十大壽（實足年齡為五十九歲）的前一天，張謇促成當地各法團在候亭之東為張立了一塊紀壽碑。1 月 25 日張鏡湖生日那天，張謇親往致賀。[13] 並作「張鏡湖六十」詩一首，稱張「江淮知名，濠州舊望（張萬福傳）；」「閭井刻石，長孫生平（長孫儉碑）。」[14]

張萬福係唐朝人，其事蹟見《資治通鑒》二二七卷。西元 781 年，當時運輸通道全部被切斷，江淮進奉船千艘，泊渦口不敢進，和州刺

12　《張謇全集》第一卷，第 414 頁，江蘇古籍出版社 1994 年版。
13　《張謇全集》第六卷，第 799 頁，江蘇古籍出版社 1994 年版。
14　《張謇全集》第五卷（下），第 533 頁，江蘇古籍出版社 1994 年版。

史張萬福此時調任濠州刺史。他到任後命令千艘進奉船竟相出發，懾於他的聲威，附近敵對勢力不敢輕舉妄動。長孫儉係南北朝後周人，其事蹟見《周書》列傳十八，曾經任州刺史，因治理有方，百姓自發為其刻石紀念。前一典故尚與張鏡湖的出身、資歷相近，而後一典故則有溢美之嫌，意在比附張鏡湖駐防期間與鄉紳關係的融洽以及當地各法團為張立紀壽碑是效法古人，於史有據的。

1924 年 9 月張謇又起草了一封電報（後因故未發）說：

「南通地方聞張旅留駐通防之二百餘人有續調之說。適又有浙軍勾串滬上匪徒竄擾崇、海之風說。頗形皇怯。頃各法團電懇鈞處飭張旅另招補充隊二三百人，備應徵調。蓋援馬師前例，以通、崇、海沿江防線之綿長，港汊之紛歧，以少數軍防，實亦單薄。江北防務在戰時，尤在戰後，固慮浙軍之詭謀，尤慮浙之潰卒。留防隊固沿江之守，增補隊應前線之調。事亦兩得」[15]。

在張謇等南通地方名流的堅持下，七十六旅調防事宜被拖了六年。1926 年駐南通的七十六旅終於奉調他駐，7 月 23 日他致函江蘇省長陳陶遺，表示了他的極度不安：

「現駐通七十六旅奉調他駐，被淘汰者尚退留通地，軍虛地僻，益啟匪徒覬覦之心。故鄉市盜案，層見疊出，且均有械傷人。現方組織鄉團，地方長官責守收關，值此時機，不宜輕動。」[16]

站在維護地方治安，確保地方安寧的立場上，張謇與徐寶山另一舊部馬玉仁也有往來。1920 年 4 月 14 日他致函淮揚鎮守使馬玉仁，稱：

「日內巡視各地，聞漸安謐，知軍威所至多足懾群小之膽。欽佩，欽佩。惟聞去歲貴軍與警備隊道經廢黃河左近蘭家圩，被該處棍徒蘭七奪槍戕兵一案，係由誤會公司請兵剿蘭而起。案

15 《張謇全集》第一卷，第 587 頁，江蘇古籍出版社 1994 年版。
16 《張謇全集》第一卷，第 635 頁，江蘇古籍出版社 1994 年版。

經分廳審理未決，在貴軍之曠度寬容，自亦是可佩。但縱一人而長眾囂，似亦未便。且新通公司進行亦因此延閣，尤妨實業。衡情酌理，應請尊處據案交涉，此根據前案之理由也。又藺七現係移營通緝之犯，或惡貫滿盈之時已至，倘縣緝捕，並乞為助。此則非私隙報復可比，幸加注察。再，此次抵阜，荷貴軍沿途保護，實所心感。新南公司去歲為留股份萬元，現值加股，不識尊處尚有意否？」[17]

從中可見，張謇為了地方和自己公司的利益，與馬玉仁積極聯絡。為了達到追索要犯的目的，他感謝在先，股份引誘在後，真是煞費了苦心。

對於馬玉仁積極剿匪，張謇是衷心擁護的。1921 年 9 月淮揚鎮守使馬玉仁部剿除泗陽土匪的消息傳出後，張謇即在 19 日致函馬玉仁表示祝賀和慰問，信中說：

「前得各法團電，知剿除泗匪，漸可肅清，甚用佩頌。昨奉大函，詳悉追剿情形。具見將士用命，丑類殲除。該處頃亦同被水災，匪難平，禍去一。賢者所賜甚大。」[18]

處於同一立場，張謇對於馬玉仁收編土匪十分不滿，1926 年 7 月 16 日他在致浙閩蘇皖贛五省聯軍總司令孫傳芳的函中對此進行了婉轉的批評：

「蘇之匪患沿江海者，根於海、淮，而支衍於太倉之瀏河，常熟之滸浦。鎮、揚而下，江南北各縣皆其殺人越貨之區也。平時以私鹽、私土為事，夥多用乏，則隨處劫掠，而渠酋坐以支配，土著之地痞光棍復為之導倀。故滸浦與海州匪息相通，為患者已數十百年，具有歷史之關係。其徒約二百餘人，槍械具足。又往往以投效就撫餌官軍而售其詐，以肆其惡。前年馬伯

17　《張謇全集》第一卷，第 410～411 頁，江蘇古籍出版社 1994 年版。
18　《張謇全集》第一卷，第 467 頁，江蘇古籍出版社 1994 年版。

良即曾受其欺受編入營，紛出劫掠，比馬覺而已遠颺，即此輩也。近數日中海門青龍港盜案，贓盈二千；通境張芝山鎮盜案，且斃事主。滸浦與通海，隔江趁潮，瞬息可達。若以為江蘇已治已安，則不容縱此殃民之劇匪；若以為江蘇猶未治未安也，亦豈可留此反側之群凶。應請密查嚴勦，務絕根株。不密則匪必紛散，不嚴則禍必仍伏。為蘇、為大局均可憂也。」[19]

　　張謇的上述觀點不無道理，更不能說張謇的憂慮是多餘的。實際上 1926 年春天淮揚護軍使兼江蘇陸軍第三師師長馬玉仁被孫傳芳解職後，其原先一班青幫鹽梟出身的部下本身就不太平，他們被遣散後，在江北海門和崇明附近的沿海各處劫掠商船，官府因他們出沒無定，不敢動輒遠捕，給地方上造成很大的禍患。[20]張謇的預言不幸而言中，蘇北的局勢日趨動盪，在這種大背景下，張謇要大力發展民族資本主義就更加勉為其難了。歷史表明，想要依靠軍閥的力量來徹底解決會黨土匪問題是辦不到的。

19　《張謇全集》第一卷，第 634～635 頁，江蘇古籍出版社 1994 年版。
20　邵雍：《民國綠林史》第 143 頁，福建人民出版社 2001 年版。

陳亞貴

　　陳亞貴是清朝道光末年廣西天地會起義的重要首領之一。廣西是天地會傳播較早的地區，早在乾隆五十六年即有浙江盲人范七向廣西武緣人林崇三傳授天地會。嘉慶十二年四月廣西容縣人謝國典等在該縣順裏大石沖結拜添弟會。[1]到了道光年間廣西天地會的分佈地區已從外幫人為主發展到本省人為主。鴉片戰爭後廣西當局大量裁撤壯勇，加緊搜刮人民，使越來越多的人鋌而走險，拜台結黨。1845 年廣西天地會首領鄧立奇、鍾敏和在藤縣豎旗起義，在這以後廣西會黨起義接連不斷，「有自行旋起旋滅者，有兵勇擊敗而散，兵勇撤而復起者，有此股甫經撲滅，彼股又另起事者，幾乎無地無之，無時無之。」[2]其中較主要的山堂有：廣義、義勝、永義、怡義、連義等，數陳亞貴的聯義堂實力最強。[3]陳亞貴部的武裝活動自始至終在客觀上掩護、支持了太平天國拜上帝會，加速了太平天國運動的到來。

　　陳亞貴，廣西潯州府武宣縣東鄉平嶺人，其父陳勝，即矮古二，又作隘古二。[4]陳亞貴從小居住在潯江支流黔江江畔，稍長即在江面上駕船謀生。鴉片戰爭後在廣東被遣散的部分壯勇迫於生計，駕舟溯西江而上，進入廣西梧州、潯州地區，在江面行劫。1846 年 7 月，熟暗水路陳亞貴與桂平的李觀保聯合廣東波山水手羅亞丙、任文丙

---

[1]　參見《廣西會黨資料彙編》第 96～97 頁，廣西人民出版社 1989 年版。

[2]　嚴正基：《論粵西賊情兵事始末》，《太平天國史料叢編簡輯》第二輯，第 3～4 頁。

[3]　參見《廣西會黨資料彙編》第 196 頁，廣西人民出版社 1989 年版。

[4]　中國第一歷史檔案館藏（以下簡稱一史館藏）：《剿捕檔》道光三十年十二月十四日上諭。

等，開始在潯江水面攔截船隻，劫掠過往商賈豪富。波山船「船身堅大，艙面平敞，兩旁多槳，駕駛輕便，操舟者類多強悍敢死之徒，炮火器械俱全」[5]，即連清軍水師亦不敢輕易與之作戰，因此陳亞貴等人得以橫行江西，成為清政府所謂「外匪籍內匪為眼線，內匪賴外匪為聲援」的「艇匪」[6]。陳亞貴這一時期在潯江水面、大湟江口等沿江渡口、圩鎮頻繁活動，與拜上帝會領導人物有過接觸。陳亞貴等「艇軍」的活動掩護了拜上帝會在紫荊山區的發展。

1849 年 9 月陳亞貴離開「艇軍」，在武宣東鄉表裏李勉村豎旗起義，以「順天行道」、劫富濟貧為宗旨。起義得到了劉山豬箭、黃糯米四的回應。陳旋聯合他們共同攻打象州大樂韋泰山，在豐元界奪得大批錢糧布匹，分給起義群眾。官兵聞訊趕來鎮壓時，陳亞貴率眾轉入桂平十八山隱蔽，伺機而動。這時原為陳亞貴米飯主的劉觀先利令智昏，竟率東鄉團練向陳部殺來。米飯主是廣西地區專門收羅供養貧苦群眾實行武裝劫掠並與之分享所得的某些天地會堂會首領，其中一部分是地主富豪，他們充任米飯主的目的是在社會動盪不安的情況下保住自己的身家財產，本來就不是為了反清造反。因此一有機會便會出賣徒眾，接受招安。劉觀先原想借助官軍的聲威，搶個頭功，但趕到鵬隘界時終因心虛膽寒，貪生怕死，不敢深入。陳亞貴對劉觀先的這種叛賣行徑極為憤慨，旋糾集山豬箭、糯米四等部前往討伐，「觀先自以其酋也，往會焉，被執，殺啖之。」[7]

陳亞貴的起義隊伍在同官兵、團練展開反追捕的鬥爭中發展壯大。至 1850 年初，陳已擁眾千余，自稱大王。是年 1 月 24 日起義軍高舉「順天行道」大旗，「頭包紅巾，……大炮、鳥槍、弓箭、藤牌，軍器齊備」，自桂平大湟江會合武宣、象州、大灣等處起義武裝，突至遷江縣之良塘墟。28 日「至慶遠忻城土縣，劫思裏堡及思練墟典鋪，連劫大塘墟」，次日「劫理苗分縣之襖峒墟，劫燒恒興當」，兩

5　向榮：《籌畫上游師船片》（咸豐三年七月二十七日），《向榮奏稿》卷六。

6　徐廣縉奏摺（道光三十年七月二十四日），《太平天國文獻史料集》第 52 頁，中國社會科學出版社 1982 年版。

7　《潯州府志》卷五十六，第 16 至 17 頁。

天後「復劫五美當」[8]，集中打擊民眾最痛恨的是坑害窮人的典當鋪，將劫得財物沿途分送，得到了人民的擁護，起義隊伍擴大至數千人。

陳亞貴部的行動沉重打擊了地主與高利貸者，破壞封建統治秩序，引起了清朝統治者的恐懼。陳亞貴起義軍頻頻與清軍和地主團練交戰，把鬥爭矛頭指向封建官府，在忻城土縣即痛擊前來追捕的團練，「拿去把截團練多人」[9]。1850 年 6 月陳亞貴率部四路出擊，廣西提督閔正鳳龜縮在柳州城內不敢出戰。候補四品京堂李純等人上奏道光帝，將陳亞貴列為廣西天地會的主要首領之一。6 月 28 日道光帝在上諭中驚呼「陳亞潰一股為尤甚」[10]。這從反面證實陳亞貴起義軍的活動已開始危及清政府在廣西的統治。

8 月 26 日，陳亞貴率眾二千由象州突襲修仁，除在石牆正面展開攻勢外，並派人抄至敵軍後路，實施前後夾攻，迫使敵人退至縣城。陳亞貴復指揮起義軍四面圍攻，向城內拋擲火罐，使敵疲於奔命，應接不暇。起義軍乘勢從東南城角陷塌處擁入城內，搜劫學宮衙署，知縣劉益謨等官員狼狽逃走，起義軍攻佔修仁縣城。次日起義軍撤出修仁，「撲向荔浦縣境」。8 月 29 日「由小路翻山潛至城外」，在城內清軍勇目、天地會員張高友的暗中接應下，一舉攻佔荔浦縣城。[11]陳亞貴在荔浦搬取了一些錢糧軍需後率部撤至青山、四排一帶。在此期間陳亞貴為了補充糧餉，複派部分起義軍去荔浦縣城「向各鉅賈及當商、鹽埠索資斧」，不料遭到居該縣馬嶺街福建商人的武裝反抗，起義軍 3 人被福清團擒殺。陳亞貴聞後大怒，二天後派出大隊人馬復攻荔浦，首先在黃泥坡擊潰福清團的攔截，繼而乘勝「追至馬嶺街，毀福建會館」[12]，給了福建反動富商以應有的懲罰。

修仁、荔浦二縣四通八達，距廣西省城桂林僅二百餘里，陳亞貴連克兩城後，直接威脅桂林。廣西巡撫鄭祖琛大為恐慌，一面向清廷

8　《莫子升等呈》，《太平天國文獻史料集》第 58 頁。
9　《莫子升等呈》，《太平天國文獻史料集》第 58 頁。
10　《太平天國文獻史料集》第 50 頁。
11　《軍錄》：廣西巡撫鄒鳴鶴奏（咸豐元年閏八月初十日）。
12　民國《荔浦縣誌》卷三，第 77 頁。

告急求援，一面趕往平樂府城駐紮，以防陳亞貴部繼續東進。道光帝聞報後坐立不安，哀歎「賊匪於數日之內竄擾修仁、荔浦兩城，實堪憤恨」，急忙下令兩廣總督徐廣縉「帶兵弛赴廣西，迅籌剿辦」[13]，並起用前雲貴總督林則徐為欽差大臣「迅赴廣西，……悉心撫剿」[14]。1850 年 11 月林則徐在普寧縣途次重病身故後，道光帝又命前兩江總督李星沅接任欽差大臣，兼程入桂剿辦。清政府調兵遣將，分路進剿。至同年 10 月上旬為止，「貴州、湖南、雲南各省，調兵赴粵，已有六千餘名」[15]，企圖將「青山賊巢掃穴擒渠」，把陳亞貴起義軍「聚而殲旃」[16]。

　　陳亞貴在得悉東線有敵重兵堵截後，決定避開敵人主力，折向西線，由修仁縣四排轉移到榴江縣寨沙及鹿寨等處，又西進至雒容縣道江、運江一帶。此時敵軍大兵雲集，敵我力量旋殊，陳亞貴在然望和老運江兩處遭到貴州巡撫喬用遷部清軍的阻擊，寡不敵眾，損失慘重。為便於活動，陳亞貴將起義軍分為兩路：一路由覃香晚率領繼續西進至慶遠、忻城一帶，陳亞貴父親陳勝隨覃軍活動；另一路由陳亞貴自率向南折回潯州府。在南下武宣三裏墟渡河時，清軍副將李殿元「官兵分水陸兩路開炮轟擊」，陳軍不支敗退，又遭「潯州府知府顧元凱等率練勇追擊，……陳亞潰率黨翻山逃至灣龍、峒嶺一帶」[17]。陳亞貴在此次戰役中受挫甚重，其部下陣亡一千數百名，被俘亦有四百名，幾乎全軍覆沒。其殘部轉移至灣龍、峒嶺時復遭清軍伏擊，陳亞貴經力戰逃出虎口後，歷經艱辛於同年 10 月底進入賓州（今賓陽）縣境，與覃香晚部會合。不久又與清軍游擊成保部發生遭遇戰，在黃練附近交戰再次失利。[18]

---

[13] 《清文宗顯皇帝實錄》卷十五，第 17 頁。

[14] 《太平天國文獻史料集》第 66 頁。

[15] 《清文宗顯皇帝實錄》卷十八，第 34 頁。

[16] 《清文宗顯皇帝實錄》卷十六，第 9 頁、第 11 頁。

[17] 鄭祖琛奏（道光三十年九月二十六日），《剿平粵匪方略》卷二。

[18] 參見《太平天國文獻史料集》第 91 頁。

　　陳亞貴在遭遇慘敗後冷靜地分析當時的敵我態勢：清軍主力和地主團練在前後堵截，起義軍連續敗北，勢單力薄，然而東面紫荊山區的拜上帝會則逐漸強盛起來，當時各路會眾正在紛紛向金田集結，準備起義。陳亞貴對敵我友三方進行了認真考慮後決定與覃香晚再度分手，自帶「千餘人由勒馬渡江，攻陷灣龍、上馬來二村」[19]，其弟陳火交也隨兄行動，投奔金田拜上帝會。

　　11 月初陳亞貴到達紫荊山豬仔峽，隱蔽在桂平縣屬之羅淥洞中，不幸被清軍眼線發現，密報桂平縣知縣李孟群。李即命駐江中圩的大湟江巡檢黃基就近帶兵捉拿，陳亞貴和其弟陳火交一併被捕。李孟群將陳亞貴押送至潯州府，同月殺害。[20]隨同覃香晚部行動的陳勝亦於是年年底被清軍抓獲。陳亞貴的部下一部分在豬仔峽被清軍消滅；一部分投往其他天地會義軍中繼續進行反清鬥爭；[21]一部分則參加了太平天國金田起義。

　　陳亞貴自 1846 年夏起開始鬥爭，直到 1850 年失敗被殺，一共堅持了四年多時間，轉戰了廣西十餘個州縣，連克修仁、荔浦，是當時廣西天地會武裝鬥爭中令人矚目的一股。陳亞貴等天地會武裝起義，沉重打擊了清王朝的統治，吸引了清朝統治者的注意力，牽制了大量的清軍兵力，從而在客觀上掩護了洪秀全領導拜上帝會進行金田團營和起義，為太平天國運動的勝利開展作出了重要的貢獻。

19　民國《武宣縣誌》第五編，第 12 頁。
20　《清文宗顯皇帝實錄》卷二〇，第 21 至 22 頁，並參考民國《桂平縣誌》卷三十三，第 11 頁。
21　參見《軍錄》：喬用遷奏（道光三十年十一月初六日）。

黃德美

　　黃德美，閩南小刀會起義領袖。1853 年發動以廈門為中心的小刀會起義，沉重打擊了清政府在閩南地區的統治，並且很快引起了上海、寧波、廣東等通商口岸會黨群眾的連鎖起義，有力地支援和配合了席捲江南半壁的太平天國運動。因此黃德美作為鴉片戰爭後在通商口岸首倡起義的會黨首領，在近代史上自有他的重要地位。

　　黃德美，1815 年左右出生在福建省同安縣，原籍在龍溪縣（今龍海縣）石美社，祖籍遷居同安錦宅，後又移居同安石兜（今屬龍海縣）。父親黃光嚴出身貧苦，早年離家到南洋做工，後經商致富，並用餘資在家鄉購置大量的田產。黃德美排行第三，並非長子，但不知什麼原因，1839 年其父去世後，一切業產均由他繼承，擁有「田園萬頃，富冠全邑」[1]。黃德美待人以禮，喜好交遊，與同族人、牛皮販子黃位關係尤為密切。他好善樂施，對窮人有一定的同情心，對佃戶亦較開明。鴉片戰爭後，隨著廈門開埠後外國商品的傾銷，閩南地區自給自足的自然經濟開始遭到破壞，封建官僚機構進一步腐化，貪官污吏派費索財，苛斂無度，全然不顧廣大民眾的死活，把他們逼到頻臨破產的境地。黃德美有田在龍溪滸茂州，1853 年因受海潮侵蝕，受災嚴重，糧食無收。黃德美為賑災救貧，決定對佃戶免收田租，並撥糧賑濟災民，然而如狼似虎的稅官定要黃按向例交納錢糧。黃向稅官再三如實說明遇災年沒法交糧的實際情況，對方仍置之不理。在此之前，由於鴉片戰爭爆發，中外關係趨於緊張，有海外關係的黃德美早已成了封建官吏敲詐勒索的重點對象。他被地方政府強派作「漳泉鹽商」。由於閩南沿海民眾普遍制、食私鹽，官鹽靠正常手段銷售十

---

[1]　《小刀會始末記》。

分困難，黃德美一任下來虧損達 80 萬元。當他任滿以為可以甩手不幹時，包藏禍心的地方當局卻執意要他繼續幹這份苦差。[2]加上稅官逼交錢糧，使黃德美看到了「貪官污吏，政皆流為虎狼之苛；竭髓竣脂，民皆收夫鼠之碩」[3]，對清政府產生了強烈的不滿情緒。事為黃位得知後，即介紹他加入反清的秘密結社──小刀會，走上了反抗清政府的道路。

小刀會具有悠久的歷史，早在乾隆七年（1742 年）福建漳浦縣就發現了它的活動。是年閩浙總督那蘇圖報告說：「漳浦縣雲霄地方有小刀會，因本年三、四月間雨澤愆期，傳播訛言，驚擾愚民。經該縣朱以誠查有雲霄張姓一人，並平和縣張姓一人，小刀亦經查出，兩面有鋒。」[4]漳浦小刀會是否屬於天地會系統目前尚難判定。屬於天地會系統的小刀會則是在乾隆五十九年（1794 年）由鄭光彩在臺灣鳳山改立的，閩南小刀會正是這股源流的一個支脈。1850 年夏陳慶真在廈門旗杆腳地方正式設立小刀會，至 1851 年初小刀會在同安、龍溪、海澄三縣開展迅速，僅在三縣交界地區的會眾即達千餘人。小刀會在農村公開活動，「強派各處殷戶」，並敢於「張貼狂悖字樣」，「貼蓋」官方告示，[5]引起了地方政府的注視。1851 年 1 月 3 日陳慶真被新任福建興泉永道張熙宇捕獲，當天被折磨致死。陳慶真死後，官方繼續進行迫害，至同年 5 月 16 日止，已有小刀會重要成員 47 人被捕。

然而由於天地會向無統一的組織，山堂林立，陳慶正部小刀會遭到破壞並沒有使閩南小刀會完全暴露。黃德美所參加的小刀會是由江源領導的另一部。

江源，福建海澄縣（今龍海縣）珠浦村人，父母早喪，家境貧寒，但為人慷慨豪爽。自娶妻後，雙雙奔走龍溪、海澄等地，設立武館收

2　休士：《小刀會叛亂》。

3　漢大明統兵大元帥黃曉諭，中國近代史資料叢刊《太平天國》（二）上海人民出版社 1957 年版，第 897 頁。

4　中國第一歷史檔案館藏朱批奏摺：那蘇圖奏摺，（乾隆七年六月二十二日）。

5　陳慶鏞：《請辦閩省會匪疏》，《籀經堂類稿》卷二，第 2 頁。

徒傳藝。幾乎在陳慶真於廈門組織小刀會的同時，江源也決定以他數千名徒弟為基礎組織小刀會。為此江源親往南洋向僑胞募集資金，購買小刀數百把，回國後遍贈同黨，結為小刀會。旋因事不機密被海澄知縣汪世清察覺，於 1853 年 3 月將江源及其弟弟江發逮捕，不久殺害。5 月汪又貼出告示「欲訪諸會首」[6]，企圖將小刀會消滅淨盡。

在小刀會組織生死存亡的緊急關頭，黃德美果斷地下決心發動武裝起義，為師傅報仇雪恨。1853 年 5 月 11 日起義軍在龍溪縣石美社南門兜正式樹起「官逼民反」、「反清復明」的大旗。該處近鄰同安錦宅、石兜，水陸交通方便，黃德美選擇此處發難是為了便於起義軍水陸操練，乘船出擊，三日內民眾前來投軍者達數千人。

5 月 13 日起義軍在黃德美率領下高舉「誓殺贓官」、「救民除暴」等大旗誓師出發，由石美下船橫渡殺向海澄，連夜攻進縣城，活捉游擊崇安在江源靈前祭吊。次日起義軍乘勝攻佔石碼，在官辦石碼福河船廠繳獲了不少船隻，為小刀會渡海攻打廈門創造了有利條件。起義軍在黃德美的指揮下披堅執銳，勢如破竹：17 日攻佔漳州府、龍溪縣和長泰縣，並連夜進攻廈門。5 月 18 日下午攻克廈門全島，斃敵 200 餘名，軍威大振。在起義軍的強大攻勢面前，留守廈門清軍水師的大部分船隻都逃之夭夭。小刀會在廈門「除暴安良，去邪歸正」[7]，得到島上民眾的普遍擁護，「廈民會盟結義，源源而來」[8]。5 月 19 日起義軍拿下同安縣和安溪縣，5 月 20 日取漳浦縣，5 月 21 日下雲霄廳，「所到之處，戰無不勝，攻無不克，敵人聞聲披靡，百姓簞食壺漿」[9]。

隨著起義的節節勝利，黃德美不斷地提出新的戰鬥任務，最初是拿下海澄，為江源報仇，繼而為佔據海島廈門與官府抗衡，最後又決心「平閩」，即征服福建全省。這雖然不能與太平天國建立新天朝同

---

[6]　《太平天國史料叢編簡輯》（以下簡稱《簡輯》）第五冊，中華書局 1962 年版，第 99 頁。

[7]　廈門小刀會告示六紙（三），佐佐木正哉編：《清末的秘密結社》第 246 頁。

[8]　廈門小刀會告示六紙（四），佐佐木正哉編：《清末的秘密結社》第 247 頁。

[9]　廈門小刀會告示六紙（四），佐佐木正哉編：《清末的秘密結社》第 247 頁。

日而語，但在當時福建各支起義隊伍中已經是十分突出的了。為了完成上述任務，黃德美首先想到設法爭取太平天國的支援。起義不久，他就與太平軍聯繫，「將其起事成功的消息通知北地的太平軍，呼請贊助合作」[10]。攻佔廈門後，黃德美在著手組織起義軍政權時，正「等待著來自北面的統帥的命令」[11]。起義軍還向外國人發出了有「天德和太平簽名蓋章的私人聯名信件」，「大意是對兩者均可信任」[12]，借助太平天國的聲勢為自己助威，從而擴大起義軍的政治影響。

黃德美還及時考慮到閩南和海峽對岸寶島臺灣的相互關係，十分注意對台工作，「多次派人赴台策動起義，以便鞏固和發展閩南小刀會起義的勝利成果。小刀會打下廈門後第二天就「分遣數千人前赴泉州及臺灣地方，預期與各處屬於小刀會的居民會合行動。」[13]小刀會成員吳阿班抵台後，立即與鳳山會黨首領接上關係，一道策動了林恭起義，同時小刀會還與常在臺灣海峽活動的紀貓生約定，於是年8、9月間襲擊臺灣。在黃德美的主持下，據守廈門的起義軍克服了自身面臨的重大困難，在7、8月間分批派出近百人前往臺灣。1853年6月和9月在閩南小刀會的直接影響和策動下，臺灣先後爆發了由林恭、楊汶愛、張估領導的西海岸天地會起義和由吳嗟領導的噶瑪蘭廳天地會大起義，猛烈衝擊了清政府在臺灣的統治，有力地配合了閩南小刀會的廈門保衛戰。

黃德美領導的廈門小刀會起義引起了清朝統治者的震驚，在經過最初一陣慌亂之後，隨即調兵遣將殺氣騰騰地向起義軍撲來。清政府除了從鎮壓太平軍的前線調回部分福建清軍外，還接連在廣東調集水陸兵勇入閩。咸豐帝還下令葉名琛等雇募紅單船由海入江，道經福建時「如廈門海面有賊船遊駛，即著協同該省水師並力攻剿，仍行前赴江

---

[10]　麥華佗：《特別注意廈門起義》，轉引自臺灣「近代史研究所集刊」（以下簡稱「集刊」）第七期，第330～331頁。

[11]　小布蘭得利致馬沙利函（1853年5月21日），《美國外交檔：美國與中國，第一輯，1842－1860》第四卷。

[12]　伯駕致馬沙利函，（1853年6月25日），《美國外交檔：美國與中國，第一輯，1842－1860》第四卷。

[13]　轉引自《集刊》七，第331頁。

省。」[14]在財力方面，截止 1853 年 9 月清政府已專門「前後籌撥餉銀 18 萬餘兩」[15]，用於鎮壓閩南小刀會起義。9 月 15 日福建巡撫王懿德從省城趕到泉州，就近指揮圍剿小刀會等起義軍。小刀會方面由於兵力過於分散，致使安溪、漳州、同安、漳浦、雲霄等府、縣、廳城很快重新淪於敵手，起義軍實際控制區局限於廈門、石碼、海澄、長泰等地。

黃德美面臨敵軍壓境並不驚慌，而是沉著機智地領兵應敵。5 月 29 日福建水師提督施得高從外洋趕回，調集 19 只兵船反撲廈門。小刀會守軍在黃德美等人的指揮下，運用誘敵深入的戰術，在敵登陸分八路進攻時不加阻擊，待他們接近廈門城堡時突然發起猛烈反擊，將其攔腰截斷，擊斃清軍護提標右營游擊、銅山營守備鄭振纓，清軍驚潰。施得高不甘失敗，組織反撲，被起義軍再次擊退，至此不得不退兵回船，向金門逃去。6 月 2 日漢大明統兵大元帥黃發佈曉諭，指斥「爾提督等……膽敢妄聽奸謀，收拾餘燼，僥倖萬一，豈知清朝無心厭絕，莫可挽回，所以棄甲曳兵，舟中之指可掬也。」[16]，抒發了起義軍的勝利豪情。

但是黃德美在攻打金門的問題上犯了嚴重的錯誤。金門位於廈門以東，兩島相距不遠。小刀會打下廈門後，金門馬上即有人做好了接應起義軍的準備，小刀會若能一鼓作氣，力克金門，即可獲得較大的海上活動餘地，兩地可互為犄角，與清軍抗衡。然而黃德美計不出此，輕易聽信了金門當局派來的說客。那人在與黃德美交談時全力渲染金門的所謂貧苦，口口聲聲強調：「金門瘠苦區……不足以供資斧」等等，誘使黃德美只從經濟方面考慮問題，暫時打消了攻打金門的念頭。金門當局奸計得售後等候援兵的同時抓緊籌措軍需，監控會黨，調整佈防，並，[17]躲過了滅頂之災。7 月 17 日黃德美鑒於廈門處境困難，糧餉俱缺，這才下決心進佔金門，以便與臺灣天地會起義軍取得直接聯繫。起義軍集中戰船 40 餘隻，龍漕 10 餘隻，順流直抵金門後

---

[14] 《福建通志》通紀，清七，第 7～8 頁。
[15] 沈儲：《舌擊編》卷一，第 23 頁。
[16] 《太平天國》二，第 898 頁。
[17] 《馬巷廳志》附錄下，第 92 至 93 頁。

浦，在中港、後豐港、金龜尾等處試圖登陸，均因潮水猛漲和敵軍阻擊，未能成功。小刀會被迫撤退時又遭到敵人的前後夾攻，在極為不利的情況下與敵激戰 8 小時之久，最後船隊首領林沙等 79 人被俘遇難，300 余名戰士陣亡，戰船大都被毀。[18]小刀會進攻金門失利主要是由於黃德美坐失寶貴戰機所致。

　　小刀會攻佔廈門後對島上的外國人採取十分嚴密的保護措施。黃德美等起義軍首領派出衛隊晝夜保衛外國商行及英國領事館，「盡一切可能，保護及結好外人」[19]。但所有這些努力，沒有也不可能改變外國侵略者的侵略本性和對起義軍的仇視心理，因為他們「並不預期從政府的更迭中會有很多的利益」[20]。1853 年 8 月圍繞著廈門海關提高關稅一事，外國侵略者和黃德美發生了正面衝突。是月 1 日小刀會發出告示，內稱：

> 「漢大明皇帝敕授平閩統兵大元帥黃，諭爾商船知悉。照得本帥奉旨征廈，安民非以賤民，禦暴非以為暴。清逆依勢作威，荼毒生靈，故並告無辜於上下神祇，爾商民罹其凶害者久矣。茲因軍中急務倉卒之際，未暇詳議條目，姑就向來舊例，定其大略。較清賊出入關口，倍覺省約，務要因民之所利而利之。合行出示曉諭為此示，仰廈島商船，凡有通商出入關口，任爾來往，准給牌票，毋得攔阻……」。

　　告示中羅列了廈門進出口船隻貨物具體交稅條規，[21]均比清政府統治廈門時的關稅要低。「廈地四面環海，五路商艘，往來經商，絡繹不絕」[22]，收取關稅，應是題中應有之義。早在 1853 年 5 月底小刀

---

[18]　《軍錄》：王懿德奏摺，（咸豐三年七月初一日）。

[19]　美國眾院檔案第 123 號，轉引自卿汝輯：《美國侵華史》第一卷，三聯書店 1952 年版，第 108 頁。

[20]　某某致馬沙利函（1853 年 5 月 19 日），《美國外交檔：美國與中國，第一輯，1842～1860》第四卷。

[21]　佐佐木正哉：《咸豐三年的廈門小刀會叛亂》，《清代西人見聞錄》中國人民大學出版社 1985 年版，第 213～214 頁。

[22]　廈門小刀會告示六紙（三），佐佐木正哉編：《清末的秘密結社》第 246 頁。

會首領已開始考慮改訂關稅，經過二個多月的醞釀，新的關稅方案終於公佈。外國侵略者對於這樣一個合情合理的規定就是拒不執行，並氣勢洶洶地找黃德美興師問罪，蠻橫地表示不予承認，聲稱「只要現存的中英條約繼續不變，英使只承認北京朝廷派任廈門的地方官員，決不能以任何行動承認其他的廈門當局」，因此決不允許英國商民向小刀會政權納稅，並威脅說「如有任何企圖侵擾英國民人身家財產的行動，將必立即受到堅強的抵抗。」黃德美在如此咄咄逼人的猖狂挑釁面前非但沒有據理駁斥，反而忍氣吞聲地表示，「深知英國和滿清政府訂有條約，不能承認當權官府以外的其他當局」，並說小刀會「無意干擾外國人」[23]。

由於黃德美的退讓，小刀會在廈門期間沒有從英方處收到過一點關稅。外國侵略者的氣焰十分囂張，勾結清政府對小刀會實行軍火封鎖，拒絕將廈門德記、合記洋行中庫存的火藥賣給起義軍，而且還為清軍匯寄餉銀。

10月初，清軍進佔星嶼、圭嶼等島嶼，對起義軍實行全面封鎖，自11月3日開始出動水陸大軍猛攻廈門。黃德美率小刀會守軍堅決抗擊，與敵血戰8天之久。11月11日黎明時分，小刀會在補給完全斷絕的情況下棄島轉移，黃德美之子黃魯跟隨黃位在撤退時放火焚燒了城中央的提督衙門，在一片滾滾濃煙的掩護下奪路出海。[24]黃德美轉移到龍溪縣烏嶼橋「備船欲遁」[25]。

清軍攻陷廈門後展開了滅絕人性的大屠殺，同時把恐怖的魔爪伸向廈門對岸。清朝官方偵悉黃德美等人「尚在石兜本鄉，派撥師船飛往掩捕，……甫至烏嶼海口，」即經附近紳士貢生柯秉珪、生員黃初亨等人將黃德美及其胞叔黃光箸、部眾黃光揚出賣，捆送到船，送到廈門「凌遲斬梟」[26]。黃德美犧牲時享年38歲，其子黃魯跟隨黃位轉入海上鬥爭，於1854、1858年兩次進攻臺灣，後不知所終。

---

[23]　《集刊》七，第335頁。

[24]　參見《軍錄》：王懿德奏摺，（咸豐三年十一月初三日）。

[25]　《舌擊編》卷一，第31頁、《馬巷廳志》附錄下，第95～96頁。

[26]　《軍錄》：王懿德奏摺，（咸豐三年十一月初三日）。

林俊

　　林俊是 19 世紀 50 年代閩中會黨起義的領袖。自 1853 年發動起義後，林俊率部轉閩省腹地，先後攻克永春、德化、永安、尤溪、大田、仙遊、永福等州縣城邑，大量殺傷清軍與地主團練，沉重打擊了清政府在福建的反動統治。

　　林俊，又名林萬青，字士孝，福建永春州霞陵村人，1829 年生。父親林捷雲，道光元年辛巳（1821 年）恩科武舉。[1]林俊兒童時代在私塾讀書時喜歡與牧童作軍事遊戲，「常騎牛背，手執蕈刀，獨自奔走，如臨戰狀。群童從其後，如兵士狀，稍有忤，必鞭撻無遺。」這引起了塾師的不滿，於是「限其出塾必以時，必告之以故」，林俊對此規定置之不理，照舊我行我素，「塾師竟無法以繩之」[2]。

　　林俊長到十五、六歲時，身材魁梧，「虎頭燕頷」，目光炯炯，聲如洪鐘，「尤好走馬，樂習射」。每當夕陽西下時，他必騎馬來到霞陵遐齡埔，認真練習射箭，「如是習以為常，故武力冠絕一時，聞之數縣。」[3]他的這番騎射武藝曾在鄉試中大顯身手，「馬步巧力悉合格」，然因主考官腐敗，成績優秀反倒未被錄取。[4]這次鄉試對林俊刺激很大，開始對清朝官場產生不滿情緒。林俊後到德化縣塔岸街開店做煙土生意，結識了不少下層群眾，與反清秘密結社紅錢會也有了接觸。

　　紅錢會始於 1824 年，是年福建建陽就有紅錢會的活動。1847 年 8 月，向在福建建陽種山度日的李先迓在主持拜三點會儀式時，「因

1　《永春縣誌》卷十四，《選舉志下》。
2　錦旋編：《福建紅線軍領袖林萬青傳記》（以下簡稱《傳記》），《近代史資料》總 17 號，第 3～4 頁。
3　《傳記》，《近代史資料》總 17 號，第 4 頁、第 12 頁。
4　《永春縣誌》卷三，大事志第 15 頁。

三點會拿禁甚嚴，人所畏懼，所以改名紅錢會，一方面冀圖易於糾結，另一方面可免查拿破案。會中將銅錢用銀朱塗紅，每人各給一枚，作為入會憑據」[5]。

1853 年 5 月，太平天國西征軍進軍江西，攻佔了江西絕大多數縣治，南下進逼福建延平、建寧一帶。在太平軍的鼓舞下，邵武、建陽、順昌、沙縣一帶的紅錢會組織也漸趨活躍。林俊見時機已到，遂積極聯絡紅錢會等會黨籌畫發動武裝起義，多次在南山魁星岩、山門岩聚會密商。「時永春近治方以大小姓分曹械鬥，日治兵相攻，官吏熟視無如何」。林俊因勢利導，邀請各鄉有關人士，陽為替他們排難解紛，實則「勸永民釋小忿，舉大事」[6]。事為其父所聞，封建意識極強的林捷雲對兒子竟敢勾結逆黨，犯上作亂深感不安，為日後避免株連計，竟多次將林俊捆縛送官。然而因當時永春社會已經動亂，在州城潛伏的會黨勢力已相當強大，永春知州崔州懾於會黨的聲勢，不敢冒然拘捕。

1853 年 5 月，林俊聯合其好友，烏錢會首領陳湖各率紅錢會、烏錢會會眾數千人在永春州金峰揭竿而起，回應太平天國。起義軍在林俊的指揮下，進攻德化，一舉拿下縣城，「四出攻陷旁近各縣」[7]。

林俊率先起義後，閩中各地紛紛響應。漳平縣人黃友亦「以紅線為號」，聚眾先據桃源，5 月 28 日開進大田縣城；[8]龍岩州人黃有使在鵝公寨起義，「以紅巾為號，先踞永安」[9]；江水等人則率部於 5 月 27 日攻下沙縣，不久與黃有使部會合；6 月初圍攻延平府城數十天；惠安邱娘娘、胡熊等人也在三髻山舉事造反，一時間烽火四起，造成了較大的聲勢。林俊聞訊後即派人分別與之聯絡。

林俊起義後，其父林捷雲仍天真地認為只要與兒子斷絕來往，即可置身事外，因此走匿地絕險遠的僧寺中打發日子，但清朝官府並未

[5]　徐繼畬奏摺（道光二十八年三月二十八日），轉引自莊吉發：《太平天國起事前的天地會》，臺灣《食貨》月刊副刊第 8 卷，第 12 期。
[6]　《永春縣誌》卷三，大事志第 16 頁。
[7]　《永春縣誌》卷三，大事志第 15～16 頁。
[8]　《大田縣誌》卷一，大事志第 27～28 頁。
[9]　《沙縣誌》卷三，大事第 21 頁。

就此停止迫害，派出東區團練局長邱公立帶兵進山追捕，將林捷雲拿獲送官殺害。噩耗傳來，林俊悲憤萬分，他為其父不明事理而感到可悲，更為官府野蠻兇殘而生憤恨。1853 年 6 月林俊義軍突襲永春州城，為林捷雲報仇，遭到守敵拼命抵抗。突襲不但沒有奏效，林俊之兄林倫等 16 人反而在激戰中被俘遇害。在各路反動武裝的圍攻下，林俊率部從永春州城北門突圍，父兄的慘死使林俊更堅定了反清到底的決心。

永春之戰後，敵軍乘勢奪回了德化、大田、沙縣和永安，林俊曾在 6 月下旬猛攻沙縣，未果，繼而轉戰尤溪、永安一帶。7 月 13 日林俊義軍經過短暫休整後，恢復了銳氣，一舉攻入尤溪縣城，打死知縣金琳。林俊在尤溪曾用太平天國天王洪秀全的名義佈告四方，產生了較大的影響。清軍顧飛熊部聞訊趕來鎮壓，林俊率義軍在山頭窯阻擊失利，不幸負傷，撤至縣屬二十四都。尤溪縣城重陷敵手。9 月初，林俊在擊退了敵軍的四面圍攻後，向西南方向發起反攻，再克德化，殺知縣蕭懋烈。

幾乎在林俊起義的同時，閩南小刀會也在 1853 年 5 月間起義，迅速攻佔了海澄、石碼、漳州、尤溪、長泰、廈門、同安、安溪等地，9 月間正在廈門與清軍激戰。因此林俊義軍攻佔永春州屬的德化後，福建巡撫王懿德不得不向咸豐帝報告：「永春界上下兩游之間」，林俊所部既從上游竄入，則下游興化、泉州兩府勢甚可危；倘被南結廈匪，橫梗要路，於全省大局殊有關係。」[10]於是王懿德匆忙自省城「統帶省標兵五百名兼程前進」[11]，試圖阻止林俊義軍的勝利發展。

王懿德剛至興化，林俊已東進至仙游附近。仙游系福建重鎮，興化與泉州間的驛路咽喉。王懿德接到林俊圖攻仙游的探報後，急命「參將瑞文由省續帶福寧鎮標兵二百名，益以興化協兵二百名，並派員管帶練勇一百名，從興化改道徑赴仙游相機防剿」[12]。9 月 15 日王懿德趕到泉州，就近指揮鎮壓林俊起義和閩南小刀會起義。

---

[10] 中國第一歷史檔案館館藏清代軍機處錄副奏摺：（以下簡稱軍錄）王懿德奏摺（咸豐三年八月十七日）。

[11] 中國第一歷史檔案館館藏清代軍機處錄副奏摺：（以下簡稱軍錄）王懿德奏摺（咸豐三年八月十七日）。

[12] 《軍錄》：王懿德奏摺（咸豐三年八月十七日）。

　　林俊偵知敵情後審時度勢，決定採取聲東擊西的戰術，於9月9日會合黃有使、黃友部乘虛蹈遁，於11日晨重占大田縣城。當天敵軍千餘反撲而來，起義軍力戰後撤出大田轉攻永春州城，在運動中捕捉戰機，不久由永春間道直趨仙遊，擊潰駐守在白鴿嶺的清軍瑞文部，於9月26日一舉攻克仙遊縣城，擊斃署知縣黃曾惠、修補縣丞李子馥等官員。林俊將仙遊改名為興明縣。10月10日林俊聯合烏白旗進攻興化，海壇鎮總兵鍾寶三帶領援兵和城中守軍登城死守，起義軍力攻不克退回仙遊。

　　烏白旗原是仙遊地方的民間械鬥組織，「自道光年間械鬥滋事，分樹黑白旗幟，各鄉蔓延，相連百餘裏，屢禁不止」[13]。其勢力「東抵蒲田，南至惠安，相去百餘裏之遙，上下一百數十鄉」[14]，是支不可忽視的力量。經林俊多方聯絡後，烏白旗給林俊以全力支持。烏白旗元帥朱三率部正式加入林俊義軍，出任「參理事務」，為林俊義軍在仙遊地區取得重大勝利創造了條件。

　　10月15日林俊之兄林廣自興化回師仙游，會合當地起義群眾七、八千人突襲紮營楓亭的清軍，清軍所雇鄉勇乘機內變放火，陣腳大亂，倉惶潰逃。

　　林俊義軍連克仙遊、楓亭要地後，引起福建地方當局的極大恐慌。敵人除調集清軍鄉勇近12000人在省城週邊加強把守外，同時由陸路提督炳文在延平率領精兵親自增援興化，「並飛調海壇、閩安、長福各營同在省之福寧鎮轄各兵丁馳往會剿」。如此安排後，閩浙總督有鳳仍感兵力不足，又請求清廷發浙江精兵1500名「星馳來閩協剿」[15]。

　　正當官方緊張地調兵遣將之時，林俊又於10月25日乘勝再攻興化。起義軍這次遭到城內守軍及城外鄉勇的前後合擊，損失頗巨：陣亡三百餘人，另有數百人被其他各鄉地主武裝捆送官府加以殺害。起

---

[13] 《軍錄》：王懿德奏摺（咸豐三年十二月初四日）。
[14] 《軍錄》：王懿德奏摺（咸豐四年七月十二日）。
[15] 《軍錄》：兼署閩浙總督、福州將軍有鳳奏摺（咸豐三年九月二十日）。

義軍興化受挫後，一部北上，於 11 月間佔領永福縣城，另一部則由興化府城西門退往仙遊。

11 月 24 日林俊在仙遊發佈告示，豪邁地宣稱：「天道不能無盛衰，世運不能無升降，帝王不能無鼎革。惟順天而動，應運而興，相時而起，斯救民除暴，為天下萬世之仁，即為天下萬世之元輔。」告示譴責清政府「鬻爵賣科，湮沒賢人之經濟，養旗畜滿，消耗黎庶之脂膏。英雄志士，莫不切齒痛恨，思洗亂華之恨」，清楚地表明此次起義的鋒芒直指清政府，意在武裝推翻清政府的腐朽統治。由於紅錢會等會黨屬於天地會系統，因此林俊在告示中也貫徹了反清復明的宗旨，緬懷了大明聖祖的功績，表示要輔佐其後裔「掃除滿奸，恢復王室」，並稱：「本帥欽承天子威命，義旗一舉，眾庶歸心，戎馬甫臨，群黎稽首。自永春起義而德化、大田、尤溪、仙遊、永福，一州五縣，不煩再舉之師。豈非天以我王克紹其德，用附於大明哉。」林俊從反清鬥爭的需要出發，採取任人唯賢的政策，在告示中明確宣佈，凡百姓庶民「有濟世之奇才者，誠投而奉令，本帥即隆以賓師之位，仁以良將之權。充入營伍者，有功畜賞，異日一體奏明酬功」。林俊聲明，義軍「所到州郡，貪官則除之，良吏則宥之，無非欲救生民於水火」，要求「農工商賈，各安本職」，安居樂業。[16]副署林萬青告示的有副元帥林元勳，統領三軍李增齡、調署興明縣潘宗達、參理軍務朱三等。當時起義軍處在極盛時期，擁有中、左、右、前、後五營和左、右、前、後四軍，軍容齊整紀律嚴明，所到之處「市厘交易如常」[17]，鎮壓貪官污吏，對富戶則勒銀派餉，贏得了民眾的支持和擁護。

12 月中旬，清軍大舉進攻仙游，林俊在烏白旗的全力掩護下率主力轉移。17 日仙遊淪陷後，陳尾等人仍領導烏白旗眾在仙遊附近各鄉的深山叢林中開展游擊戰，騷擾清軍，使其不能全力追剿林俊。

1854 年 1 月 2 日烏錢會首領陳湖在德化戰役中陣亡。陳湖自金峰起義以來，「每克敵陷陣多得其力」[18]。陳湖的犧牲使林俊失去了

16　《林萬青告示》，《文物》1977 年第 6 期。
17　劉存仁：《屺雲樓文鈔》卷四，《夏曉農五弟書》。
18　《永春縣誌》卷三，大事志第 17 頁。

左右手，林俊為之痛哭不已。當天傍晚德化失守，林俊在蒼芒暮色中乘間突圍而去，轉移到永春、安溪交界之帽頂山，「築寨屯糧、據險自守」。帽頂山山高路險，易守難攻，起義軍據此為根據地後多次出擊，襲擾北面的德化縣城。官軍強攻不下，便收買起義軍中的內奸，在 1 月 28 日（農曆除夕）夜將帽頂寨中儲藏的數萬石糧食「盡行燒毀」[19]，致使起義軍士氣大受影響。

1854 年 3 月監察御史陳慶鏞奉旨回籍辦理團練，於回老家後的第二天就急忙託人代作書信誘降林俊，要求林俊「將童森、蘇卓等著名逆匪或生擒或斬首，以明從前奪地戕官皆非足下本意。一面勒集部眾，束身歸罪……保足下不死」[20]。身處困境中的林俊大義凜然，堅決拒絕賣友求榮，粉碎敵人的卑鄙陰謀。

林俊拒降後，帽頂寨遭到了清軍的三路進攻。林俊預知抵敵不住，於 4 月 5 日率部 200 餘人出奇兵自山后峭壁退下，安全轉移到南安。次日凌晨當清軍戰戰兢兢爬上山頭時，等待他們的只有一座空空如也的山寨。

在南安，林俊得到烏白旗眾七、八十和黃有使部百餘人「前來附和」，聲勢複振。[21]南安人爐內人潘雙達運用他在潘鄉的影響，出面假意接受清軍招撫，具結保證「團練助官」[22]，這一緩兵之計為林俊起義軍在溪東、溪西、爐內等鄉贏得了隱蔽休整的時間。林俊在爐內潘姓家隱居時幾遭不測，有人「陰布硫硝之屬於寢室，然香線於其上，欲焚斃之」，然而鬼使神差，「火皆近寸餘而滅。」林俊大難不死，使潘姓族人大為震驚，以為其有天命在身，不得不從之。[23]進入 5 月後林俊率部向敵軍大營連連發起進攻，同時派人聯絡惠安義軍首領胡熊和「順天命邱娘娘」。胡、邱部當時轉戰晉江、惠安、仙遊交界處，並聯合仙遊烏日旗和惠北三點會長期切斷惠仙通路。他們受命後於 5

---

[19]　沈儲：《舌擊編》卷二，第 18 頁。

[20]　沈儲：《舌擊編》卷五，第 48 頁。

[21]　《舌擊編》卷二，第 36 頁。

[22]　《舌擊編》卷二，第 45 頁。

[23]　《永春縣誌》卷三，大事志第 17 頁。

月 20 日猛攻惠安縣城，策應林俊義軍，但被早已察覺的地主團練打敗。惠安戰後邱娘娘被叛徒出賣，送官殺害。[24]

6 月中旬林俊義軍在南安頂潘、內潘等鄉與敵周旋多時後，再次進入仙游，被烏日旗首領朱三等人遣黨接獲，藏匿蓋尾鄉堅持鬥爭。蓋尾鄉處於千岩萬壑中，途歧而險，距仙遊縣城僅二十餘里。當地的烏白旗又有與林俊義軍協同作戰的經歷，因此起義軍安如磐石，不僅擊敗前來鎮壓的敵軍，而且聯合仙遊二百數十鄉的烏白旗黨，「兩次復攻仙遊縣城」[25]。

為扭轉戰局，清朝福建當局於 6 月底 7 月初調廣東高州鎮總兵慶寅和已革總兵鍾寶三馳赴仙遊，對蓋尾鄉進行了持續三個多月的掃蕩。11 月初朱三被敵購買眼線誘捕殺害，起義軍營地遭敵夜襲，軍火被焚。不久黃有使也在永春州大鄉山被團勇追獲殺害。

11 月 7 日各路清軍在密集火力的掩護下向蓋尾鄉發動總攻，元帥朱三等二百餘人力戰陣亡，另有部眾百餘人隨陳尾突圍至塘邊鄉也先後被殺。林俊在激戰中乘亂轉移至仙遊慈孝外堡。失去追蹤目標的清軍於 11 月下旬喪心病狂的用炮火挨個焚洗岳帝廟等 17 個鄉，但仍毫無線索。1855 年 6 月閩浙總督王懿德等人根據被俘起義軍人員的假口供，正式上奏清廷稱林俊已在去年 11 月被燒死。

事實上林俊於 1854 年 11 月從仙遊慈孝外堡轉移到晉江、南安交界處之王峰山，以此為基地，往來活動於南安縣八都、爐內等鄉。次年 4 月林俊和童森、胡熊等首領仿效太平軍蓄髮，以示反清到底的堅強決心。8 月初林俊率部去南安討伐抗拒起義軍的八都鄉地主紳富，暴露了目標，敵人很快尾追而來企圖與林決戰。林俊當時僅有兩千餘人的兵力，不宜與強敵硬拼，因此很快重新轉入地下。敵方費盡心機，始終未能獲悉一星半點的蛛絲馬跡。

林俊再次公開活動是在 1857 年春。是年太平軍自江西突入閩北，在 3 月間連克光澤、邵武等地。4 月間又進圍建寧府城，來勢迅

---

[24] 《清史稿》第 38 冊，陳慶鏞列傳。
[25] 《軍錄》：王懿德奏摺（咸豐四年七月十二日）。

猛，福建省城為之震動。與此同時林俊伺機而動，將義軍擴充至萬餘人，先在沙縣大敗敵軍，繼而準備攻打泉州府城。為擴大政治影響，林俊自稱太平天國英烈王三千歲，在泉州附近張貼佈告，大造聲勢。實際上太平天國並未封過「英烈王」，林俊此舉的意圖在於向社會宣告起義軍願意接受太平天國的領導，並借此擴大太平軍的聲勢，震懾清軍。

　　5 月間林俊率起義軍在泉州、大田、尤溪、沙縣等地展開全面進攻，曾攻佔大田縣城，但在泉州城下也遭到重大損失。這次攻勢有力配合了入閩太平軍的行動，使敵人大為恐慌。福建巡撫慶端擔心，林俊義軍「分擾德化、尤溪，該處與上游壤地相連，誠恐勾結為患，剿辦益形棘手」。為此銅山清軍奉命取道尤溪，截擊起義軍。[26]5 月下旬太平軍圍攻建寧失敗，6、7 月間太平軍接連撤出光澤、邵武、泰寧等地，整個戰局急轉直下。7、8 月間失去友軍依託的林俊、潘余達等人南下轉戰永春。

　　太平軍入閩和起義軍進攻受阻，使林俊開始認真的考慮隊伍的去向問題。誠然起義軍在閩省腹地作戰有一定的群眾基礎，特別是有烏白旗的全力支持，熟悉山區地形，便於與清軍展開持久的山地游擊戰。但嚴重的地方局限性使林俊義軍不可能有多大的發展，長此下去，無法實現反清復明、改朝換代的理想。而太平軍是當時全國反清鬥爭的主力，要想大有作為，非投奔太平軍不可。1858 年 8 月林俊毅然決定離開戰鬥了多年的閩中地區，率部北上會合太平軍，在經沙縣東路村墟抵達順昌仁壽橋時隊伍遭到地主團練的截擊，林俊大怒「自介而騎直沖過橋，為伏槍所中死」[27]，享年 29 歲。林俊犧牲後，其大部分部下會同另一支起義軍郭達宗部繼續北上，終於在同年 9 月同太平軍石達開部會師，彙入太平軍的洪流之中，繼續堅持反清鬥爭。

26　《軍錄》：慶端奏摺（咸豐七年閏五月二十一日）。
27　《永春縣誌》卷三，大事志第 18 頁。

劉麗川

　　劉麗川，上海小刀會起義領袖，1853 年 9 月在上海發動起義，響應太平天國，在上海近代革命史上譜寫了光輝的篇章。

　　劉麗川，廣東香山縣人，1819 年出生。青少年時代因生活所迫，流入香港謀生，在華洋雜處之地結識了不少外國人。1845 年 11 月 19 日在香港經外人勞得澤介紹加入天地會。自此「暗招軍士」，開始從事有組織的反清活動。[1]1849 年劉麗川到上海謀生，當過廣東幫「糖商捐客」[2]，也做過「夷商通事」，後改從醫道，為人治病，「遇貧者不受饋」[3]。再加上他在上海「無宗室，輕施與，以故同鄉人咸悅服推重之。」[4]劉麗川在上海目睹「時世變遷，人民失業，夙興夜寐，再四思維，認定「大丈夫當立功名於亂世，不宜縮首以潛身。」[5]而 19 世紀 40 年代末 50 年代初從福建傳入上海的小刀會組織則為劉提供了大顯身手的用武之地。小刀會是天地會的一大分支，其宗旨是反清復明。1853 年夏，在太平天國運動和閩南小刀會起義的推動下，為適應新的鬥爭形勢，上海原有的各秘密會黨幫派、天地會、小刀會、塘橋幫、廟幫、百龍黨、羅漢黨等組成了一個統一的秘密團體，名稱仍叫上海小刀會，由劉麗川出任總首領，積極籌畫武裝起義。同年 8 月 17 日嘉定農民千餘人在徐耀領導下起事，一度佔據嘉定縣城。9 月 5 日青浦農民起義首領周立春聯合徐耀，發動第二次嘉定起義，再

1　中國第一歷史檔案館館藏：軍機處錄副奏摺（以下簡稱軍錄）《劉麗川上天王奏》。

2　《上海小刀會起義史料彙編》上海人民出版社 1980 年版，第 733 頁。

3　《上海小刀會起義史料彙編》上海人民出版社 1980 年版，第 973 頁。

4　《上海小刀會起義史料彙編》（以下簡稱彙編）上海人民出版社 1980 年版，第 973 頁。

5　中國第一歷史檔案館館藏：軍機處錄副奏摺《劉麗川上天王奏》。

度佔領嘉定縣城，劉麗川對上述事件十分關注，派人聯絡周立春、徐耀等人並在第二次嘉定起義時給予了實際的幫助。

1853 年秋，太平軍摧枯拉朽，連克鎮江、揚州，進逼上海。9 月 7 日劉麗川領導小刀會在上海縣城起義，在他的周密佈置和正確指揮下，起義軍攻入縣署，殺死上海知縣袁祖德，又殺進道署，活捉蘇松太道吳健彰。起義軍「各營兵要殺吳健彰」，但劉麗川念其同鄉，「特諭勿斬」，只是將其關押在城內看管。[6]

起義當日下午，劉麗川即在上海縣城小東門貼出告示，譴責「方今童君昏聵，貪官污吏、佈滿市朝，韃夷當滅，明複當興。故此本帥興仁義之師，為汝驅除。」[7]為貫徹反清復明的宗旨，劉麗川組織起「大明國」政權，自稱「大明國統理政教詔討大元帥」。為了爭取廣大群眾的支持，劉麗川還為小刀會起義軍制定了嚴格的軍紀，「嚴飭部下兵丁，不得取民間一物，不得奸民間一女，違者重究」[8]。小刀會在上海縣城的勝利引起附近地區的連鎖反應：自 9 月 7 日至 14 日青浦、寶山、川沙、南匯等縣相繼為起義軍所佔領。

9 月 18 日為了鞏固小刀會起義的勝利成果，劉麗川託英國船主溫那治去南京呈送致天王奏，以期與太平天國政權建立直接聯繫。溫那治曾在太平天國定都天京後「以火輪船二，攜帶洋槍火藥由海道駛入下關」，與太平軍「聯教通款，受重賂而歸」[9]。劉麗川托他轉呈上天王奏是合乎情理的，上天王奏全文如下：

> 未受職臣劉麗川，係廣東省廣州府香山縣人氏，今年三十四歲。誠惶誠恐，頓首稽首，謹奏我主上陛下：臣以一介庸愚，力耕鄉落，於願已足。不期時世變遷，人民失業，夙興夜寐，再四思維，大丈夫當立功名於亂世，不宜縮首以潛身。且仰主

6　劉麗川致法駐滬翻譯官賜密德函（咸豐三年九月十四日），《檔案與歷史》1987 年第 3 期。

7　《彙編》第 4 頁。

8　《彙編》第 4 頁。

9　夏燮：《粵氛紀事》卷十三。

上聖明英武，德彰華夏，自興仁義之師以來，不啻武王興周之易易也。即今定鼎金陵，民安國泰，國海歸心，應天順人，顯然可見。

茲臣拼駑馬之才，急欲建效，不憚冒昧，已於本年八月初五日寅刻，率數千義勇，立定上海。直至十二，連日不用只弓寸矢，分足嘉興（當為「青浦」之誤——引者）、嘉定、寶山、川沙、南會（彙）等府縣地方，保護居民鋪戶，安業如常。刻即星馳具奏，伏乞我主上早命差官蒞任，暨頒賜膝黃，以順天心，以慰民望。臣不勝懇切待命之至。臣劉麗川謹奏。[10]

　　隨奏還送上外國寶劍一口，作為見面禮。可惜溫那治此次受命後運氣不佳，信未送到天京即在鎮江附近滿面被清軍截獲。另一份由陸路送去的上天王奏亦杳無音信。

　　9 月 25 日劉麗川在上海文廟小刀會指揮部中會見了美國傳教士羅孝全，談了小刀會與太平天國的關係及對待外國人的態度。羅孝全描寫了當時的場景：「我見彼之時，彼正在吸鴉片煙如常，我入室後，彼放下煙槍而坐起來，我問導者室中諸人誰是劉氏？詎料在我眼前之身體瘦弱、容貌倉白的吸煙者，就是其人，不勝詫異！」但羅孝全很快又承認：劉麗川「氣態和藹可親，言語則嫻雅閩耳，殊足以補充其容貌身材之缺乏。」[11]在會見時，羅孝全提出願意象向洪秀全傳教一樣施教於劉麗川部下之廣東人，劉麗川立即表示要「等候南京派人到後再商量諸事。」[12]這表明了他主動靠攏太平天國的意向。事實上劉麗川在政治上、宗教倫理思想上與太平天國越來越接近了。自 9 月起劉麗川把他的頭銜改為「太平天國統理政教招討大元帥」，並在佈告中用「太平天國癸丑三年」代替原來的「大明元年」的年號。劉麗川後來

---

[10]　《軍錄》：《劉麗川致天王奏》。
[11]　中國近代史資料叢刊《太平天國》（六）上海人民出版社 1957 年版，第967 頁。
[12]　中國近代史資料叢刊《太平天國》（六）上海人民出版社 1957 年版，第967 頁。

還開鑄「太平通寶」，作為小刀會政權貨幣。1854 年 4 月劉麗川發佈了「昭告人類起源事」[13]，5 月 11 日又貼出了「正風俗、去邪教而知君親事」的佈告。[14]前一佈告頌揚天父上帝「無所不能，無所不知」，要求「凡爾兵丁士民人等應即洗心革面，明辨是非真邪，及早覺悟，崇拜天父上帝，切勿為邪僧妖道所迷惑。」後一佈告逐一指斥佛、道之荒謬，強調尊崇天父上帝，並指出，「吾等洪門兄弟理應忠誠為懷，藉輸愛國之忱。……本帥提倡忠孝節儉，無非遵循古來國法及大明規章，別無他意。」劉麗川在宗教信仰方面拋棄天地會的多神論接受拜上帝會的基本教義的轉變，表明他和洪秀全一樣想向西方尋找真理。然而拜上帝會的宗教信仰並不是科學的鬥爭理論，並不能將鬥爭引向勝利。

劉麗川在上海小刀會起義初期曾希望通過宗教形式的相似來取得列強的支持和贊助。為此劉麗川拜英國傳教士麥都恩信教，[15]並錯誤地認為「天主教人，皆是如同兄弟一體」[16]，因而在對外交往方面，對外國侵略者喪失了應有的警覺。吳健彰被關押不久，劉麗川輕信了美國領事金能亨的說情，「念同花旗相好之故」，特派兵丁送吳出城。吳被釋後很快從美國領事處得到了大炮、火藥和地圖，並在美方指使下建造炮臺，準備轟城。至此劉麗川方知自己是放虎歸山，後悔不已，指責美國「既然不助予，如何暗助清賊！幸祈兩不相幫，清賊不然自滅矣。」[17]向美方提出憤怒的抗議。

劉麗海上在上海執掌政權時為穩定社會秩序，解決當時民眾的迫切問題作了不懈的努力。9 月 20 日劉麗川發佈告示，嚴禁奸商抬高糧價。9 月 25 日他下令曾充清朝兵勇者繳出武器，「不究已往」，如敢隱匿，「決意派兵搜索，並將該人等拘押，重究不貸。」[18]9 月26 日又「曉諭城廂內外各業鋪戶，速即開張，照常經營，毋再閉歇」[19]。

---

[13] 《彙編》第 23～25 頁。
[14] 《彙編》第 20～23 頁。
[15] 〔法〕梅朋、傅立德：《上海法租界史》，第 90 頁。
[16] 劉麗川覆賜密德函（咸豐三年九月十七日），《檔案與歷史》1987 年第 3 期。
[17] 劉麗川致各國領事函（咸豐三年九月十四日），《檔案與歷史》1987 年第 3 期。
[18] 《彙編》第 14 頁。
[19] 《彙編》第 15 頁。

1853 年 10 月以後，清軍重兵雲集上海城下水陸圍攻小刀會。前此周立春在嘉定與清軍交戰時被俘遇害，上海附近各縣的起義軍在清軍及地主武裝的聯合鎮壓下退出縣城，撤進上海城內。劉麗川於 10 月 7 日出示宣佈「地方賦稅錢糧亦經豁免三年」[20]，充分反映了農民群眾的利益，贏得了他們的全力支持。

劉麗川還多方爭取友鄰會黨的外援，曾「函囑居住乍浦之陳宙寬」，請他召集會黨「同來上海打仗」。1853 年 11 月 7 日陳宙寬派遣二隻寧波大烏艚船駛抵上海，向清軍進攻，惜實力不足，未及與小刀會會合，即遭覆沒。[21]劉麗川還派出張金山等 5 人去寧波聯絡會黨，發動起義，結果張金山等人被當地地主團練頭子李厚建所誘捕，但劉麗川旋又設法與鎮海洪世賢發生關係。1854 年初，洪世賢在發動會黨起義前夕被敵破獲。劉麗川在據守上海期間積極派人聯絡外省會黨無疑是正確的，但問題在於他在同一時期對聯絡上海本地的會黨注意不夠，因此遠水救不了近火，未能有效地支援上海保衛戰。

1853 年 12 月清軍進攻小刀會一再受挫，於是調換手法，派已革候選知府謝繼超進城招撫。在談判中劉麗川出現了動搖，12 月 21 日之前吳建彰已獲悉，「招安已議有成見，劉麗川許給官職，其本地人或散或隨，惟建幫議未妥洽」[22]。時小刀會中與官府早有聯絡的嘉應幫首領李紹熙蠢蠢欲動，指使部下群起鼓噪：「招降斷非虛假，情原公同具保」。劉麗川對李紹熙的反常舉動十分注意，「疑其與官兵通牒，欲行搜殺」。12 月 22 日小刀會採取果斷措施，處決謝繼超。這一事件表明劉麗川對前此準備接受招撫已有所悔悟。12 月 30 日李紹熙乘亂隻身投敵後，秉承官府旨意，派人進城策反陳尚，被小刀會及時查獲。劉麗川此時怒火萬丈，舊恨新仇湧上心頭，下令將李紹熙在城內的家屬連同參與謀叛的嘉應幫八、九十人全部正法，[23]嚴厲鎮壓了叛變投敵分子，純潔了起義軍的隊伍。

20　《彙編》第 16 頁。
21　《軍錄》：兩江總督怡良等奏摺（咸豐三年十月十七日）。
22　《彙編》第 179 頁。
23　《軍錄》：兩江總督怡良等奏摺（咸豐三年十二月十四日）。

　　1854 年 4 月 4 日英國侵略者藉口清軍襲擊租界外僑，向清軍發動了進攻，清軍大部不戰而退，時稱「泥城之戰」。戰後，中外反動派迅即達成諒解。清朝上海地方當局以出賣上海海關、「租界」等主權為代價，換取外國侵略者公開出兵，共同鎮壓小刀會起義。劉麗川由於時代的局限性，缺乏近代民族國家的明確觀念，在事發當時日致函法國領事，認為「今幸各貴國大發天威，掃清群妖，一則與民除害，兼之以解危城。荷蒙大德，實為欣賀，感恩不淺矣」[24]。但事態的發展很快走向劉麗川一廂情願主觀願望的反面。

　　1854 年 9 月法國侵略者首先在上海縣城北門一帶沿河開始築牆，以斷絕起義軍的軍火及糧食供應，美、英侵略者也相繼修築各自控制地段的長牆。11 月 4 日小刀會開槍阻攔築牆，法國領事愛棠於次日致函劉麗川，惡狠狠地警告說：「現已派工人築牆，定要告厥成功。如再有人擾亂工人及本國之人，定即開炮轟擊，絕不寬容。倘出事端，是爾等為首之人致之也」。[25]劉麗川對此置之不理。至 11 月中旬法國侵略者築牆竣工，卻反過來蠻橫地不准小刀會在福建會館設立營盤，聲稱該處「鄰近洋房，又與本領事衙門不遠，定多有危險妨礙，故此當該拆毀」[26]，並於 12 月 10 日出動法軍前往該處強行搗毀。劉麗川當時「著兵丁前去探視」，被法軍開槍打傷數人，法軍還出動兵船向城內炮擊。[27]次日愛棠竟在致劉麗川信中宣稱，「本國水師提督定要報復凌辱之仇，……爾等宜逃走出門，遠離上海縣城，不然使城中玉石俱焚其無悔。……本領事府示知爾等，予以時日，宜小心裁度，早作降服」[28]。劉麗川在如此蠻橫的進攻面前，仍保持高度的克制，竭力避免與之徹底決裂。他在覆信中只是強調「向與貴國並無相失信義，況本帥素以仁義待人，因何與貴國有仇哉」，並「祈為明鑒，伏

---

[24]　劉麗川致法領事府函（咸豐四年三月初七），《檔案與歷史》1987 年第 3 期。
[25]　《檔案與歷史》1987 年第 3 期。
[26]　愛棠致劉麗川等函（咸豐四年十月二十二日），《檔案與歷史》1987 年第 3 期。
[27]　劉麗川覆愛棠函（咸豐四年十月二十三日），《檔案與歷史》1987 年第 3 期。
[28]　愛棠致劉麗川等函（咸豐四年十月二十二日），《檔案與歷史》1987 年第 3 期。

冀原諒之至。」[29]他這種軟弱的態度客觀上助長了侵略者的氣焰，他們更緊地與清軍勾結，聯合進攻小刀會。1854 年 12 月 25 日清軍用炸藥「轟坍城垣三丈有餘」，「爭先搶登」，劉麗川指揮起義軍奮戰多時將敵擊退，但守城部隊也受到較大的損失。劉麗川在戰士大量減員，供給中斷的危急形勢下，決意棄城別走。為保證突圍成功，他派出胞弟、將軍劉安「剃頭易服，潛行出城，欲赴嘉定縣之真如鎮、青浦縣之黃渡鎮」，聯絡吳阿紀等人，「希冀外應衝突」。但「劉安行至新閘地方，被埋伏眼線陳泗指認拿獲」[30]，致使小刀會突圍計畫一度擱淺。

1855 年 1 月 6 日法軍在對上海縣城實行嚴密封鎖後，聯合清軍向上海縣城發動猛烈進攻，即所謂「北門之戰」。法軍用大炮轟開了上海縣城北門的城牆，從缺口處湧進縣城，清軍隨之跟進。劉麗川率起義軍沈著反擊，打死打傷法軍軍官 4 名、士兵約 60 名，打死清軍1200 名，重傷 1000 名左右，粉碎了中外反動派的猖狂進攻，給了敵人以沉重的打擊。北門之戰後，中外反動派加緊了對上海縣城的全面封鎖，企圖用徹底切斷供給渠道的辦法困死小刀會起義軍。劉麗川在此情況下，決心率部突圍北上，向太平軍靠攏。2 月 17 日（農曆除夕）夜，起義軍在劉麗川領導下，打開城門分路突圍。劉麗川所率一部按預定計劃於次日黎明到達上海近郊虹橋，遭到清軍虎嵩林部的攔截，長期忍饑挨餓和疲憊不堪的起義軍寡不敵眾，大部犧牲。劉麗川本人亦在此役獻出了寶貴的生命。終年 36 歲。

---

[29]　劉麗川覆愛棠函（咸豐四年十月二十三日），《檔案與歷史》1987 年第 3 期。
[30]　《軍錄》：江西巡撫吉爾杭阿奏摺（咸豐四年十一月十九日）。

劉永福

劉永福（1837～1917）字淵亭，廣西上思人。晚清著名將領。雇工出身，1857 年夏投奔廣西天地會首領吳凌雲起義軍。吳凌雲戰死後，劉永福於 1865 年 2 月在廣西安德（今靖西縣）北帝廟祭七星旗，建黑旗軍。1867 年因與吳凌雲子吳亞終在對付前來圍剿的清軍的策略上產生分歧，獨自率黑旗軍南下進入越南境內。劉永福在越南以保勝為據點，開山辟林，聚眾耕牧，堅持鬥爭，很快擴展到 2000 餘人。1875 年劉永福生擒入越後勾結法國侵略者以求自固的黃旗軍首領黃崇英，送交清軍法辦。黃崇英被處死後，其餘部的很大一部分轉而投奔黑旗軍。稍後，劉永福出於鞏固和發展生存空間的自身需要，曾在越南宣光、太原一帶協助清軍攻打天地會陸之平、李亞生、覃四娣、李揚才等部，並將其中之一部分收編為己有。

劉永福對入侵越南的法國侵略者極為仇恨。1873 年 12 月他應越南政府的邀請率黑旗軍在河內城外紙橋伏擊法軍，攻佔河內，擊斃法軍統帥安鄴，殲敵數百名，繳槍數百支，首戰告捷。越南政府為此封劉永福為三宣副提督，管轄宣光、興化、山西三省。1882 年 6 月，署北洋大臣張樹聲在公文中提出，「劉永福乃心中國，駕馭得法，似可為我用」[1]。同年 7 月張樹聲還轉呈了赴越偵探劉永福的報告，其中提及劉「本懷搏虎驅狼之志」[2]。

1883 年劉永福在紙橋再建奇功，黑旗軍以傷亡 102 人的代價，斬獲、炮斃法軍官兵一百餘名，其中包括司令李維業等軍官 7 名，「傷者甚多」[3]。8、9 月間黑旗軍又在懷德和丹鳳營地接連挫敗法軍的猛

---

[1] 《中法越南交涉檔》第一冊，第 330 頁，臺北 1962 年版。
[2] 《中法越南交涉檔》第一冊，第 400 頁。
[3] 《劉永福致黃桂蘭函》（1883 年 5 月），《交涉檔》第二冊，第 919～1921 頁。

烈進攻，取得了輝煌的成果，並因此獲得清政府上諭的公開表彰。11
月，時任兩廣總督的張樹聲專門上奏，稱「法兵先動，破越東京，幸
劉永福起而拒之；每戰輒勝，法兵至今未能逾山西、北寧一步」，他
表示願「親臨前敵，督飭關外諸將，獎率劉永福等，且攻且守，……
息法族覬覦之志。」[4]

　　同年 12 月中法戰爭正式爆發後，劉永福堅信「父母之邦不可
背」，聯清抗法，共禦外侮。黑旗軍經帶兵入越的雲貴總督岑毓英的
同意由原有的 4 個營擴編為 12 個營，並由清政府提供大批軍餉。是
月黑旗軍與桂軍、滇軍合作，在山西與法軍交戰，法方承認是役法軍
死亡 83 名，負傷 320 名，損失慘重。

　　1884 年 6 月劉永福被清政府封為記名提督。原兵部尚書彭玉麟
上奏清廷，認為劉永福在越與法「相持數年，大小數十戰，屢挫凶鋒，
馘其梟帥，為越南之保障，固中華之藩籬，其功亦云偉矣」，提出「邊
才難得，宜加保護」。因此請政府「接濟其軍火餉項，無或闕乏，俾
得一意堵禦，毋致陷敵，以快仇讎」[5]。10 月清政府因劉永福抗敵有
功，頒發電旨，加恩賞銀五萬兩。當時劉永福與岑毓英的部隊合圍宣
光，次年 3 月黑旗軍巧設地雷陣，斃傷法國援軍 460 餘人。敵人哀歎，
「法攻東京，以援宣光一役為最難」[6]。宣光之戰牽制了法軍的部分
兵力，在客觀上援助了馮子材軍在諒山的戰鬥。與此同時黑旗軍與滇
軍並肩作戰，在臨洮大敗法軍。

　　1885 年 6 月中法戰爭結束後，劉永福於 1885 年 11 月奉清政府
之命自越南率部撤回國內。清政府下令將黑旗軍裁撤過半。1886 年
清政府調劉永福為南澳鎮總兵，至次年劉永福部僅剩 600 人。

　　1894 年甲午中日戰爭爆發後，劉永福奉命赴台協同臺灣巡撫邵
友濂辦理防務。劉永福率黑旗軍兩營趕到臺灣後先紮臺北，後奉令移
駐台南。劉永福這時將所部擴編至 8 個營，仍稱黑旗軍。

---

[4]　《中法戰爭》第五冊，第 227 頁，第 229 頁。

[5]　《中法戰爭文學集》第 420 頁，中華書局 1957 年版。

[6]　中國近代史資料叢刊：《中法戰爭》第二冊，第 204 頁。

　　1895 年 4 月清政府戰敗求和，與日本簽訂《馬關條約》，竟將臺灣全島及其附屬各島嶼割讓給日本。6 月初，日軍在臺灣三貂角澳底登陸。劉永福在台南草擬《盟約書》，呼籲臺灣人民聯合抗日，並表示為保衛國土，「萬死不辭」，「縱使片土之剩，一線之延，亦應保全，不令倭得」。6 月 7 日日本侵略軍佔據臺北，接著向南推進。6 月 16 日，日艦兩艘企圖偷襲安平港口，高度警覺的劉永福在炮臺上嚴陣以待，待日艦進入炮臺射程海域時指揮部下發動炮擊。日艦被擊中後倉皇逃遁。6 月 28 日，台南地方紳民推劉永福繼任臺灣民主國總統，領導抗日。劉永福堅辭不受總統名義，認為「扼倭保台，國人有責，並非違逆朝廷，如此大事，務須從各方面考慮周全才是。」數天之後劉永福在台南各縣代表的再次請求下，毅然擔負領導全台軍民抗擊倭寇的重任，將全台各軍及各地義軍百數十營，分別調遣巡防各要隘，並派人接替「內渡」大小文武官員的職務，決心拒敵於國門之外。6 月中旬，日軍進攻台中門戶新竹，劉永福令副將楊紫雲率部會同義軍吳湯興、徐驤部與日軍相持，據險扼守，痛擊日寇。新竹之戰歷時 1 個多月，大小戰鬥 20 餘次，打擊了日軍的氣焰。8 月中旬日軍增調 2 萬人進逼台中，8 月 28 日守軍全部壯烈殉國，彰化陷落。彰化之戰殲滅了日軍近衛師團精銳 1 千多人，使日軍遭受了自侵台以來最大的損失。接著，日軍連陷雲林、苗栗，進逼嘉義。劉永福在危急關頭親赴嘉義，指授兵機，命部將王德標領軍加強嘉義的防衛，令副將楊泗洪率部與各路義軍反攻雲林、彰化。9 月初，抗日武裝相繼克復雲林、苗栗，一度逼近彰化，擊斃日軍少將山根信成。但當時臺灣抗戰各軍餉械告罄，劉永福派人赴內地求援，終因清政府嚴禁大陸官民援台而告失敗。

　　10 月 11 日，日軍新增兩個師團進攻嘉義。守軍以地雷陣炸死敵軍 700 餘人，近衛師團長北白川能久親王亦受傷斃命。經過激烈戰鬥，嘉義終告失守。接著日軍海陸兩路夾攻台南。15 日，日艦進攻打狗港，劉永福派其子劉成良率軍抗擊，但因守軍饑甚而潰散，劉成良被迫退守台南。19 日，日軍大舉進攻安平炮臺，劉永福親自登臺發炮，斃敵甚多。當晚日軍攻城益急，城內土匪蜂起，秩序大亂。劉

永福見大勢已去，只得退回大陸。21 日台南淪陷，劉永福領導的臺灣抗戰宣告失敗。

劉永福內渡後，於 1897 年被兩廣總督譚鍾麟任命為廣州鎮撫，負責維持廣州及廣州附近的社會治安。1902 年他受命署理廣東碣石鎮總兵 P 1908 年辭職返鄉，曾保護過參加抗捐起義的農民。1911 年11 月廣東獨立後，劉永福曾出任廣東民團總長，3 個月後辭職回鄉。1917 年在家逝世。

應桂馨其人

　　1913 年 3 月 26 晚十時許，國民黨理事長宋教仁在上海火車站遇刺。案發後經國民黨人和上海租界當局的大力搜查，不久將正兇武士英、同謀犯應桂馨捉拿歸案，經審訊獲悉應的後臺老闆是總統袁世凱和總理趙秉鈞。立時在全國引起軒然大波。

　　應桂馨，又名應夔臣，出生在浙江寧波鎮縣的一個石匠家中。其父應文生，幹了二十多年的石工，默默無聞。一個偶然的機會，使應文生父子發跡於上海。十九世紀九十年代，清政府為了歸還外債，在上海開設清丈灘地局，巧立名目，搜括民財。應文生聞訊來滬，串通局差，將不少民地作為漲灘清丈充公，復轉手高價賣給外國商人，從中漁利，大發橫財。為此應文生也屢屢遭到民眾的控訴，於是決心在官府中找靠山。1895 年前後，應文生一擲萬金，命應桂馨拜上海道台黃祖絡為義父，從此應文生自恃有官庇護，肆無忌憚。其子則是揮金如土，嗜賭宿娼，過著十足的流氓生涯。應桂馨先是納妓女翁梅倩為妻，後在風月場中又看中了雛伶小喜鳳，不惜重資為其贖身。小喜鳳工於花旦，色藝俱佳，為此應桂馨特意在大新街創設桂仙戲館，令小喜鳳上演有傷風化之戲，並設茶座款待觀眾，故一時生意興隆，財源茂盛。當時，一批浙江及太湖的亡命之徒是桂仙戲館的常客，遇到這幫小兄弟有難之時，應桂馨也能講究義氣，慷慨解囊，因此在上海白相人圈子中算是有了點小名氣。

　　但好景不長，不久租界捕房指責桂仙戲館上演的劇目有違章程，傳應桂馨到會審公廨受罰。應桂馨竟咆哮公堂，自稱是清政府籌賑安徽委員，並掏出印章擲向審判台。會審公廨的讞員見狀，票告清政府上海當局，將應送交上海縣捕廳關押。就在被關押的當天，應桂馨略施小技，連夜洞壁而逃，上海會審公廨在其案卷中作了如下批語：「應非善類」。

　　應桂馨在外埠避了一年風頭後，溜回上海。桂仙戲館在應出逃後
遭關閉，後又轉讓他人。為了打發日子，應每天到平望街（今山東路）
祥園飯館鬼混。該飯館由上海著名流氓陸頌和（渾號綠夜壺）所創，
名為飯館實為煙窟。應桂馨成天在那裏吸食鴉片，吞雲吐霧，好不自
在。天長日久與店主陸頌和以及附股投資的一批滬北地販結為莫逆之
交，又因陸的關係結識了上海灘上大名鼎鼎的幫會首領范高頭。

　　范高頭是浦東川沙人，哥老會青龍山會首，二十世紀初年，憑藉
上海道袁樹勳之力，充任上海城南關巡查頭目。范趁機集結黨羽，自
置小輪，在上海城外南市設立船行，利用職務之便，在上海和通州一
帶包運洋紗，偷漏關稅，獲利甚巨。應、陸二人與范串通，共同進行
非法貿易，非法所得達數萬之多。後被人以通匪、滋詐之罪向租界巡
捕房告發，為此應在會審公廨被關了二月有餘，連續審訊二十餘次，
終因證據不足，交保暫釋。1905 年范高頭在江蘇海門地方武裝對抗
清軍江巡緝私營緝捕，殺死勇丁而逃，次年范在江蘇通州被捕，押到
蘇州被殺。應桂馨因「與接濟范匪之陸頌和往來甚密」，被租界當局
驅逐出境。

　　應桂馨被逐出上海租界不久，即通過親戚安廬道蕭允文的關係，
巴結上江蘇臬司朱家寶。當時有個姓顧的浙江人寫了個有關開辦印刷
局的章程，應並未參與其事，卻也列名其上，上書省府。由於當時各
省正在開展新政，因此應等的上書很快獲准，其本人被任命為江蘇官
辦印刷局坐辦，並拔給開辦費 5000 兩。應得此鉅款後並不視事，而
是浪跡平康，走馬章台，沉湎於花柳之間，並將開辦費 1400 元用於
納妾上，不數日將這筆經費花得一乾二淨。江蘇當局正在追查，上海
租界捕房聞風後又出面干涉，要求將應桂馨作為逃犯移提歸案，以便
進一步清算應和范高頭的舊帳。朱家寶篤於友情，又不敢得罪洋人，
只得將應撤職。

　　應桂馨在江蘇被撤差後，隱居年餘，後不甘寂寞，跑到河南混日
子。河南地處中原，當時風氣尚未大開，應桂馨在那裏搖唇鼓舌，自
我吹噓，聲稱久居海上，精通洋務云云。居然也受到了當局的重用，
歷委要差。但他得意志形，過於招搖，引起了同僚的不滿和忌恨，於

是他們收集應在蘇、滬兩地的劣跡大肆喧染，交相攻擊，使應在 1910
年在河南候補被參，被迫返回寧波原籍。

　　應文生這時投資五萬銀元，讓應桂馨在寧波興辦學校。應桂馨在
建校期間，流氓本性不改，將等他家前後左右的民房民田強行霸佔，
一概劃作校舍或操場，其中有些田屋還是應氏族人的公產。此外應還
追求場面和氣派，致犯眾怒。當地民眾報請寧波府教育會將該校封
閉。有一位搞教務的姜先生見事已至此，只得請其好友陳其美出面調
停，設法轉圜。陳其美當時正苦於缺乏革命經費，又深知應家十分富
有，遂同意出面調解。不久陳其美乘輪到寧波，與應桂馨的鄰居和教
育機關接洽，在取得大多數應氏族人的諒解後，返回上海，向寧波各
方人士發出給浙江巡撫電稿的傳單，起了較大的影響。在這種情況下
浙江巡撫接陳其美電後命寧波府複查，最後解決了這一公案。事後應
桂馨知恩圖報，將其父在西門文元坊的住宅無償借給陳其美使用，陳
其美從此有了一處較為安全的秘密據點。

　　1911 年應桂馨在廣州起義後見上海民眾傾向革命，曾在舞臺戲
院中演過《廣州血》，效果頗佳，受到觀眾的熱烈歡迎。武昌起義爆
發後，他在清廷大勢已去的情況下進一步靠攏革命黨，憑其在上海交
結的幫會朋友和各種社會關係，多方為同盟會刺探情報。應桂馨本人
被滬軍都督陳其美委任為諜報科長，「偵探要事，以專責成。」[1]

　　但應桂馨參加辛亥革命並非出於政治認識，就私人而言應桂馨欠
了革命黨人陳其美一筆人情帳，需要借機報答；再次，應在蘇豫等地
的官場失意，也使他對於清政府耿耿於懷。然而對於老朋友，則不管
是否清朝命官仍全力相助。應有個好友高莊凱，任前清平湖知縣，平
湖光復後理所當然地被趕下了台。但應桂馨聞訊後，竟瞞著滬軍都督
陳其美擅自帶兵乘兵輪前往平湖，百般庇護高莊凱，並拘拿起義功臣
張獻貞。當地民心不服，立時間有紳士 15 人聯名具保。應又玩弄詭
計，誆稱帶張到滬組織北伐、將功贖罪，於半路上將張殺害，欠下了
平湖民眾的一筆血債。

---

[1]　《辛亥革命在上海史料選輯》第 308 頁，上海人民出版社１９８１年版。

　　回到上海後，應桂馨又裝出若無其事的樣子，繼續投機革命。1911年12月25日孫中山先生到達上海，上海軍政府決定由諜報、庶務二科負責具體的接待工作。據應自稱孫中山住在法租界，「所有房屋器具及種種用費」均由他出，「即孫中山汽車亦應所製備」，總計為光復上海「虧累十七萬餘」。這是應桂馨為自己前途所下的一筆大賭注。

　　1912年元旦，孫中山離滬赴寧就任臨時大總統時，應奉陳其美之命護送至寧。總統府成立後，孫中山命應為衛隊司令，「領警衛軍，並庶務長，兼管內藏庫」，據應後來自我介紹，庶務長主管散放軍餉等事。可見孫中山當時對應是委以要職，寄以厚望。但應桂馨劣性不改，利用職務之便，大量貪污伙食經費，旋被查出革職。

　　應桂馨被逐出南京臨時政府後，對孫中山等革命黨人怨恨不已。時值民國初建，組織杜團政黨之風盛行，應也於1912年6月起開始籌畫聯合青幫、紅幫、公口三幫組織共進會。他在致陳其美都督的呈文中稱此目舉的在於「剪除其舊染之習慣，免致與民國法律相抵觸，總期立圖改良，維持國內和平，增進國內道德」。陳其美當時「因青紅諸幫一革命出力不少，以黑暗之境，導入光明，取名共進，亦此主義」，故表示全力支持，並在發起共進會廣告中列名榜首。

　　其實應桂馨出面組織共進會是另有一番目的的。他在刺宋案被捕受審時談及，前清時同盟會和青紅幫共圖革命，「同盟會自合併國民黨後，即將從前分子之青紅幫置之腦後」，「只顧自己做官，且反對青紅幫，故設會保護他們，使有法律保護」。應桂馨的上述言論帶有強烈的感情色彩，也反映了他組織共進會的初衷在於同國民黨分道揚鑣，另圖發展。對於應桂馨的這一真正目的，陳其美當時並無覺察。

　　在籌組共進會的過程中，以應桂馨、張堯卿（光復後出獄）、陳錫恩、高士奎為一方，以劉福彪、李徵五和已在揚州反正的徐寶山為另一方為爭奪會中的實權吵得不可開交。最終劉福彪、李徵五等人宣稱因「宗旨誤會」，「申明出會」[2]。徐寶山也因搶當會長無望而分道揚鑣。徐寶山時任南京臨時政府第二軍軍長、揚州軍政分府都督，

2　《民立報》1913年3月31日。

李徵五是同盟會上海支部評議會評議員，[3]毫無疑問他們的失利與陳其美有意偏袒應桂馨有關。陳其美偏袒應桂馨一則是應較早具有了幫會與同盟會會員的雙重身份，是上海幫會中與陳其美過往最密的一個。二則是應桂馨在上海幫會中的號召力較強，活動能量較大，辦事效率較高，深得陳其美的借重和信任，孫中山由滬赴寧的具體保衛工作是陳其美安排應桂馨擔任的。第三應桂馨出面組織幫會新式社團與陳其美成立某種組織改造、收束幫會的設想不謀而合。

　　1912 年 7 月 1 日中華國民共進會在上海正式成立，應桂馨出任會長。7 月 12 日共進會發出通告要求各省成立分部，擴展幫會勢力。江浙一帶的會黨趁機乘機打起共進會的旗號，為非作歹，擾亂社會，因此共進會在江、浙先後遭到查禁。同年 9 月下旬湖北革命黨人領導部分軍隊發動旨在推翻黎元洪奪回湖北政權的起義，旋被鎮壓。黎元洪事後查出應桂馨與此次起義有牽連，向全國發出了通緝令，致使應東躲西藏，日子很不好過。正當應桂馨走投無路之際，陰險奸詐的袁世凱決意利用曾與革命黨上層有過交往的應桂馨及其幫會勢力為自己的政治野心服務。內務部秘書、密探頭目洪述祖奉命前往上海，借商談解散共進會為名，秘密收買應桂馨。1912 年 10 月 16 日晨，應桂馨由洪述祖帶領赴寧面見江蘇都督程德全，當天被程委任為江蘇駐滬巡查長。當時程準備月出三千收買應桂馨，但因江蘇財政緊張，「僅許月給巡查公費一千元」，10 月 18 日袁世凱致電程德全，稱江蘇「不敷之兩千元可由中央撥付」，並致電黎元洪取消對應的通緝令，由袁加以特赦。至此應已完成了賣身的全部手續，淪為袁世凱的鷹犬。同年 12 月 16 日應奉洪述祖之召進京，受到袁世劼的傳見，袁以解散共進會為名，又批給應活動費五萬元。應為了表示對袁的忠心，要求袁特命他為中央特派駐滬巡查長，選各省會黨中有權力者分佈要地，偵察各黨行為，由他總其成，隨時向袁彙報。稍後應又與國務總理趙秉鈞接頭，領受了國務院的密碼電本。從此應桂馨成了袁世凱打入民黨內部的潛伏特務。

---

[3]　《辛亥革命在上海》第 748 頁，上海人民出版社１９８１年版。

　　1913 年 2 月，應桂馨在上海將山西人武士英（原名吳福銘）拉入共進會，應、武二人互換蘭譜，由應請客在同春坊妓女胡翡雲家熱熱鬧鬧地玩了好兒天。應桂馨還對胡翡雲誇下海口，將攜胡入京，「做他家小」，共用清福。這次應桂馨把進京尋歡作樂的賭注下在刺殺宋教仁上。此時宋教仁正連日在全國各地演說，要求實行民主政治，其出任下一屆內閣總理的呼聲甚高，自然為袁世凱所不容，必欲除之而後快。應桂馨為了完成袁世凱這一重要使命，施展騙術，混跡於宋教仁、黃興等國民黨高層人士之間，刺探機密。可悲的是民黨高級幹部黃興、宋教仁、陳其美等人對此毫無警覺，仍將應桂馨視為信得過的朋友。1913 年 3 月上旬黃興還經宋教仁介紹將其私存的 60 萬元公債交應桂馨轉手抵押給義豐銀行，作為宋教仁的活動經費。[4] 3 月 12 日應寫信給洪述祖，密報說在這筆交易中「夔處攤到十萬，昨被撥去二萬五，為蘇、浙兩部暨運動徐皖軍馬之需。」應自辨稱「夔因勢利用，陰操故縱，不得不勉為陰許。可直陳於內，以免受讒。」活現出一副混入革命隊伍中內奸的可恥嘴臉。

　　8 天之後，應桂馨奉北洋政府之命直接指使武士英下手行刺宋教仁。刺宋案發生後應桂馨的真實身份很快暴露，中華國民共進會的政治聲譽一落千丈。刺宋案直接引發了二次革命，應桂馨卻趁著二次革命上海動亂之際，重施故伎，越獄脫逃。1913 年 11 月應桂馨異想天開，從青島電請袁世凱，昭雪共罪，袁世凱此時正忙於擺脫刺宋案的干係，洗刷自己，不予理會。應見袁世凱要賴帳，於 1914 年 1 月跑到北京，請求袁世凱信守「毀宋酬勳」的諾言，袁世凱矢口否認。1月 19 日，應一無所獲滿懷怨氣離開北京，在京津火車上軍政執法處探長郝占一奉袁密令，用電刀結束了應可恥的一生。

---

[4]　《宋教仁血案》第 54 頁，嶽麓書社 1986 年版。

常玉清其人

一

在上海近代的政治舞臺上，各色幫會頭目作過充分的表演，常玉清就是其中的一個。分析常玉清在滬期間的所作所為，人們可以從一個側面瞭解上海幫會的社會影響及歷史作用。

常玉清，湖北荊州人，1884 年生，青少年時代就讀於湖北武備學堂。武昌起義爆發後來滬經商，初在日商阪川洋行任職員。1912年轉入阪川所設的內外棉紗廠當工頭。1914 年由阪川轉薦，先後在日商豐田、同興、大康等紗廠擔任工頭，1917 至 1918 年參與管理上述三廠的碼頭貨運。1922 年上海爆發了第一次罷工浪潮，支援香港海員大罷工。罷工的浪潮也波及上海的碼頭，常玉清見勢不妙，立即辭去碼頭差事，改業開辦丹桂第一台、大新舞臺等戲院，延清京劇名角梅蘭芳登臺演戲。終因經理不當，招待不周，得罪了新聞界的朋友。他又在西藏路新聞路口改開大觀園浴室，由於地段好，因此生意十分興隆。

上海是中國工人階級最集中的地方，據 1920 年的初步統計，上海工人約有 50 萬人，占全國產業工人總數的四分之一。同時上海又是帝國主義侵華的重要據點，流氓幫會的淵藪。據日本人估計，上海工人約有「八成屬於青幫」[1]，主要分佈在紡織、碼頭等行業當中。紗廠「男工十之七八都參加了青紅幫，拜有老頭子」[2]，在碼頭上「如

[1] 《滿鐵調查時報》第 6 卷第 3 號，第 61 頁。
[2] 《上海產業與上海職工》上海人民出版社 1984 年版，。

果不是青幫的人，絕對不可能加入同夥一起在碼頭幹活。」[3]在戲劇界不少名伶藝人為維持生計被迫入幫，至於浴室澡堂更是幫會下層群眾出沒之地。常玉清來滬後為了站住腳跟，開拓發展即拜青幫大字輩曹幼珊為師，列名通字輩。這個輩份在民國初年的上海灘上是不低的。1922 年至 1923 年，他在上海廣收青幫徒弟，開始成為上海青幫中一股不可忽視的力量。依仗著日本帝國主義侵略勢力和封建幫會勢力的支持，常玉清在日後上海人民反帝反封建的一系列鬥爭中，對內猖狂反共，對外投降賣國，充分表現了青幫的封建性，落後性和反動性。

　　1924 年中共中央應上海地方黨組織的急切要求，派遣李立三來滬調任中共上海地委工人運動委員會書記。由於李立三前此已有在安源與幫會打交道的實際經驗，來滬後大膽地屬開幫會工作，很快打開了上海工運的新局面，在工人群眾中很有威信。常玉清為了繼續欺騙愚弄在幫的工人，居然採用綁架手段，定要李立三當他的青幫徒弟。李立三審時度勢，將計就計，同意了常的要求，以便深入青幫內部去進一步爭取在幫的工人群眾。[4]常玉清則夢想利用李立三的威望左右上海工人運動。次年 2 月上海日商內外棉第八廠工人抗議廠方大批開除工人率先罷工，罷工浪潮迅速席捲了上海 22 個日資紗廠，揭開了五卅運動的序幕。時任上海五馬路商界聯合會評議長的常玉清迫不可待地四出活動，為其日本主子效勞。2 月 22 日常玉清向日華、同興兩廠工人方面「探訪真情，並用私人名義疏通一切」[5]。次日他又去小沙渡工廠區為日本資本家辯解開脫，聲稱「此次風潮，平心而論，廠主方面亦有不得已之苦衷……須知管理日人，或因細故與華人齟齬，因言語不通，往往易生誤會，致起衝突，而大班總管遠處寫字間，何曾知道」。常玉清還借機在工人中惡意挑動，攻擊共產黨，說「長此久持，大非幸事，且恐為人利用。海員罷工，京漢鐵路工會及南洋煙草職工同志會罷工之事，可為前車之鑒，望諸君須要徹底覺悟」，誠意讓步，勿得暴動，

3　〔日〕末光高義：《支那的秘密結社和慈善結社》第 112 頁，滿州評論社 1931年版。

4　唐純良：《李立三傳》第 52 頁，黑龍江人民出版社 1984 年版。

5　《申報》1925 年 2 月 23 日。

靜候解決。[6]在常玉清的搗亂破壞下，二月罷工未能完全達到預定的目的。同年五卅慘案發生後，以李立三為委員長的上海總工會公開成立，至 6 月 5 日已有基層工會 117 個，罷工工人 20 余萬參加。上海總工會還聯合上海學生聯合會、全國學生總會以及各馬路商界總聯合會成立上海工商學聯合會，作為領導全市罷工、罷課和罷市的公開機構，並提出懲辦兇手、取消領事裁判權、撤退英日駐軍等又 7 項交涉條件。面對中共領導的上海總工會不斷的發展壯大，不甘坐失其在工人群眾中市場和影響的青幫頭目常玉清再次出馬，於 7 月 21 日「自稱工人代表」找到李立三尋釁鬧事。他無中生有地指責李立三「私吞工人救濟金」，口口聲聲說工人們是由於李的原因而遭受嚴重損失的，強逼李立三下令「使二萬閒著的工人回廠做工」，並在紙上簽字作保。常玉清在遭到嚴正拒絕後又拼命纏住李立三，威脅著要李辭職。其實質就是要利用幫會勢力爭奪工人運動的實際領導權。常玉清的惡劣行徑引起了工人代表們的強烈憤慨，他們在次日舉行的會議上再三高呼「驅逐常玉清」[7]。

　　常玉清的反共態度引起了國民黨右派的注意。1927 年四一二反共事變後，陳群出面組織上海工人統一委員會時，先後請常玉清擔任該會調查部副部長、部長，竭力阻撓進步工會的成立。同年 6 月，反動洪幫頭目李子峰拼湊的上海輪船碼頭業務工會出籠後，常也在其中當了 4 個多月的執行委員。青洪幫勢力狼狽勾結，在國民黨的策動下共同破壞上海的工人運動。在此之後，常玉清因刑事犯罪於 1927、1929 年先後兩次被上海公共租界巡捕房逮捕關押，這在某種程度上增添了常玉清對英、美勢力的敵視和憎恨。

二

　　自 1931 年九・一八事變以來中日兩國的民族矛盾逐漸上升。次年 1 月 28 日上海又爆發了著名的淞滬抗戰，全市人民同仇敵愾，抗

---

[6]　《申報》1925 年 2 月 24 日。

[7]　《五卅運動》第二輯，第 369 頁，上海人民出版社 1991 年版。

日的呼聲甚高，迫使投敵心切的常玉清暫時也偽裝成抗日分子。2 月
17 日《時報》晨號外新聞欄刊出公安局查緝便衣首領的消息，點了
常玉清的名。常玉清閱報之後驚恐萬分，親自趕到報館聲明絕無其
事，去市公安局候質，又於 19 日在《申報》發表緊要啟事，宣稱「平
日為人安分守己，自問良心可質天日。……果如（《時報》）所載，
必喪心病往者方能出此。惟鄙人今日尚未有喪心病狂，即愛國工作亦
未讓人後。……鄙人為保障安全及信譽起見，尚恐外間未明真相仍有
以誤傳誤，不得不再行登報而正傳聞失實。」[8] 3 月 28 日常玉清受上
海市社會局聘請，出任上海市失業工人救濟會指導員，具體負責自一
二八抗戰爆發以來迅速增加起來的碼頭失業工人的救濟事務。[9] 然而
此時的上海局勢發生了很大的變化：3 月上旬中國軍隊在侵略者的壓
力下被迫從上海後撤，閘北出現了真空地帶，日本侵略者乘虛而入將
閘北辟為「中立區」。常玉清自以為安全有了保障，於是置良心和信
譽於不顧，撕下了愛國的假面具，喪心病狂地夥同胡立夫等人於 4 月
上旬在閘北組織「上海北市人民地方維持會」，「連日收集一般無業
流氓，積極從事於蹂躪地方工作，詐欺威脅，肆無忌憚。[10]「該維持
會分設總務售財務、巡警、交通、調查、衛生六組，常玉清出任其中
最重要的一組——巡警組的主任。「有員警 150 餘名，歸常玉清指揮，
偵探亦有 50 人」[11]。倚仗著這支漢奸武裝，「該會成立以來，所有北
市之一切公共及私家貨物，不問屬誰，竟擅自變賣，自飽私囊」[12]，十
天之內抽稅達三千餘元，並包辦煙賭娼一切違法事項。為此國民黨上
海市政府對胡立夫、常玉清等漢奸發出了通緝令。4 月 10 日晚上海
日軍總司令部第一大隊總部派兵前往民立路 66 號該會會所突然將其
解散。日人此舉完全是為了對外掩飾起見，表示其無領土野心。因此
常玉清等人在維持會解散後仍在日軍的卵翼之下照常活動。5 月 5

8　《申報》1932 年 2 月 19 日。
9　《申報》1932 年 3 月 29 日。
10　《申報》1932 年 4 月 12 日。
11　《申報》1932 年 12 月 7 日。
12　《申報》1932 年 4 月 12 日。

日，《淞滬停戰協定》簽字。根據這一協定，日軍將在四周內撤出閘北、吳淞等地。常玉清等人樹倒猢猻散，惶惶不可終日。5 月 27 日胡立夫和另一漢奸汪度因分贓不均竟大動干戈，常玉清在竭力勸說時稱，「吾等現處此壘卵之局，死神迫在眉睫，不圖自救辦法，尚操同室之戈、引起蕭牆之禍，實非吾福。」[13] 及至日軍完全退出閘北，胡立夫被逮捕法辦，常玉清才想出「自救辦法」，隻身倉皇逃至大連，繼續投靠日本侵略勢力。1933 年他夥同東北青幫頭目呂萬濱、王兆麻、祖憲廷等人在日本佔領軍的策劃下東渡日本，「在東京增上寺擺設香堂，闡揚安清，受五省長官及朝野博士歡迎」[14]。常玉清等青幫頭目的日本之行是中國幫會史上絕無僅有的一例，它說明日本帝國主義者為了「以華制華」，蓄意扶植中國幫會中的賣國勢力，以便進一步擴大侵略。就常玉清個人而言，東京之行堅定了他當漢奸的決心。

三

　　1937 年七七事變後抗日戰爭全面爆發，中華民族到了最危急的關頭，每個有良心的中國人（包括一部分幫會分子）都在想方設法抗口救亡。8 月 13 日日軍又對上海發起猖狂進攻，國民黨軍隊經過頑強抵抗後奉命撤退，至 11 月上海除租界外全部淪陷。日本侵略者為了鞏固佔領區內的殖民統治，打擊租界內的抗日活動，特意組織黃道會。在上海幫會中有一定影響的常玉清受命擔任黃道會會長。該會「成立之初，全體會員近1千人，其中大多上海遊手好閒的一幫人中招募而來。」[15] 常玉清運用青幫的關係，專門招集海員工會人員、工廠碼頭工人和包探等，一入會後「即分配工作，酌予津貼」[16]，「使令偵察暗殺搜奪中央要人及其地產」[17]。在日寇的指使下，黃道會成了在

[13] 《申報》1932 年 5 月 29 日。
[14] 《青幫通漕彙海》，該書無頁碼。
[15] 《檔案與歷史》1989 年第 2 期，第 11 頁。
[16] 中國第二歷史檔案館藏：南湖致孔令佩密電（1938 年 3 月 18 日）。
[17] 中國第二歷史檔案館藏：118 情報員報告（1938 年 4 月 14 日）。

上海特別是在上海租界製造恐怖、破壞抗日活動的暗殺團體，犯下了累累罪行，與常玉清直接有關的有以下幾件：

　　1937 年 11 月，潛入南京路大陸商場難民收容所任幹事的國民黨地下工作人員朱光被常玉清黨羽偵悉，騙至四川路新亞飯店黃道會會所內嚴刑逼供，複加殺害。黃道會還將朱的頭顱割下置放於法租界巨福路口，蓄意製造恐怖氣氛。次年 4 月 7 日，常玉清又直接指使黃道會會員曾壽庚等 3 人在上海靜安寺路和大華路口暗殺了拒不出任偽教育部長的滬江大學校長劉湛恩。同年 6 月 12 日，常玉清命黃道會會員楊崇儀向四川路中國報行社扔炸彈。7 月，「常玉清新組織暗殺團以杜月笙之羽翼為其一大目標」[18]。

　　常玉清主持的黃道會的漢奸特務活動並不僅限於上海一地。據國民黨地下情報人員報告，5 月初，常玉清「派黃道會張德山等 20 人，赴江北南通、如皋、高郵、寶應一帶，探察華軍游擊隊人數行蹤，以便向（日）邀功。」[19]5 月中旬常玉清又「遣徒眾千餘人，分赴各地，偵查我游擊隊駐地及狀況」[20]。同年秋天，黃道會還「派鄭或曾文祥帶暗殺團 30 人赴漢工作，以德國人為掩護」[21]。

　　同時，常玉清作為黃道會會長還參與了偽維新政府的籌建工作。1937 年 12 月間常玉清、梁鴻志、溫宗堯、任援道、陳群等漢奸聚會於興亞酒樓密謀策劃拼湊傀儡政權。常玉清此時受日本主子之命，全面負責後勤工作並出任偽寶山縣縣長，直至次年 2 月。[22]1938 年 3 月 28 日偽維新政府粉墨登場，當天下午常玉清破門而出，主持了黃道會在閘北大夏大學組織的所謂「慶祝大會」。此次大會糾集了虛擬碼頭總工會、紡織總工會、海員總工會、派報工會、南貨業工會、沽衣業工會、製履業工會、機器染業工會、清潔工會等 11 個工會約 7000 人。常玉清致開會詞、偽工會代表致祝詞後，與會人等分乘 20 輛載

18　中國第二歷史檔案館藏：204 情報員報告（1938 年 7 月 26 日）。
19　中國第二歷史檔案館藏：118 情報員報告（1938 年 5 月 10 日）。
20　中國第二歷史檔案館藏：118 情報員報告（1938 年 5 月 13 日）。
21　中國第二歷史檔案館藏：209 情報員報告（1938 年 10 月 7 日）。
22　《檔案與歷史》1989 年第 2 期，第 12 頁。

貨汽車開進英租界實行汽車遊行。「途中被英國租界警備車阻止折沖後，取消集體遊行及揭揚新政府的旗，各自用汽車遊行」[23]。

黃道會的倒行逆施激起了廣大上海市民的切齒痛恨和強烈反對，就在汽車集體遊行之時，憤怒的市民不時對之投擲石塊，斥之以鼻。輿論界也紛紛遣責黃道會。1938 年 8 月 16 日華美報揭露黃道會是投彈大本營。在漢口出版的〈申報〉則指出「敵方收買大批流氓，肆行投彈，希圖擾亂租界秩序，用為口實，壓迫租界當局接受日方要求」[24]。公共租界當局出於自身利益的考慮，對黃道會的破壞活動進行了一定程度的抵制。8 月中旬，公共租界工部局就日軍縱容黃道會造成恐怖局面，搗亂租界治安向日方提出抗議。8 月 18 日《大美晚報》等報刊出了工部局的通緝令，宣佈常玉清如跨入蘇州河以南必予逮捕法辦。工部局警務處還加強警力，在蘇州河南岸晝夜巡邏，使北岸新亞飯店內的黃道會在行動上受到了一定的限制。前此，常玉清曾託青幫師父曹幼珊向公共租界巡捕房督察長陸連奎行賄 5 萬元，並致函陸連奎請其「照顧」。但陸僅表面敷衍，實際上仍不為所動。8 月下旬常玉清圖窮匕首見，在日本特務機關的支持配合下，指使其盟兄弟羅長清等人將陸刺殺。案發後，「常玉清令黃道會會員眷屬陸續遷出虹口居住」[25]，其本人在日軍的庇護下逃往南京，繼續進行漢奸活動。

四

南京是常玉清幫會活動的又一基地，據說常玉清來滬之前，曾在南京開辦過大世界遊戲場。常玉清抵達南京後一面開設國際飯店（又名國際舞廳），一面聯合青幫通字輩湯德義、何柏春、魯有才等 14 人，以復興安清教為名，策劃組織中國安清同盟會，將地區性的幫會活動擴展至全國各地。經過一番緊張的籌備，該會於 1938 年 12 月 18 日經日軍特務部、偽維新政府內務部批准在南京復興路曾公祠 4

---

[23] 吉林省檔案館藏：華中新政府成立的反響報告（1938 年 4 月 2 日）。
[24] 《申報》1938 年 2 月 5 日。
[25] 中國第二歷史檔案館館藏：205 情報員報告（1938 年 8 月 20 日）。

號召開成立大會。充任大會主席的常玉清在致詞中號召青幫徒眾「要學祖師的道德，學友邦的精神和學問，擁護維新政府，達到東亞和平的目的。」他還狂妄地宣稱，「我們中國共有四萬萬五千萬人民，我們教友要占四分之一，我們團結起來，打倒殺人放火的共產黨，打倒禍國殃民的蔣介石是很容易的」[26]。常玉清的漢奸言論道出了賣國幫會分子的心聲，贏得了日本主子的喝采和叫好，就此登上了該會委員長的交椅，在賣國的道路上又邁出新的一步。〈中國安清同盟會組織法〉規定，「本會遵奉祖師遺訓，以整飭家規、發揚道德、精誠團結、互助和平為宗旨。「本會於上海設立總會，各省市設立分會，各縣設立支會」，「委員長總理本會一切事務，為本教之最高代表」[27]。該會成立不久，常玉清即於 1939 年 1 月 4 日迫不及待地致函偽臨時政府行政院院長，要求在各省市縣迅速開展分會會支會會務。同年 4 月 30 日常玉清偕同中國安清同盟會各部部長 10 餘人自南京抵達常州，參加該會常州分會的成立大會，並講了話。會後發表的通告號召青幫分子「茲值維新政府建設伊始，提倡本教，廣羅人才，組織家廟」，「謀東亞之和平」，「切勿因循退縮」[28]。常玉清還在是年年初乘偽上海工人福益會因敲詐剝削被人告發之機，代表安清同盟會來滬兼併接收。[29]

　　常玉清的漢奸幫會活動引起了一些舊式青幫首領的共鳴。常玉清的青幫師父曹幼珊在上海也不甘寂寞，糾集青幫大字輩張德欣、阮慕白、樊瑾成、李琴堂等人另行發起組織「中國道義協會」，並在武進、丹徒、無錫、南京、蕪湖等地發展分會。曹幼珊每月領取日本特務機關的津貼，為其徒弟常玉清調解與另一青幫頭目顧竹軒的敵對關係，密使青幫門徒「參入游擊隊，刺探情報，擔任日方間諜工作」[30]，向日寇爭功請賞。

---

[26] 中國第二歷史檔案館館藏：《中國安清同盟會成立大會記錄》（1938 年 12 月 24 日）。

[27] 原件存中國第二歷史檔案館。

[28] 孫雲年：《江南感舊錄》第 161～162 頁，江蘇古籍出版社 1987 年版。

[29] 中國第二歷史檔案館館藏：202 情報員報告（1939 年 1 月 10 日）。

[30] 中國第二歷史檔案館館藏：205 號情報員報告（1939 年 2 月 23 日）。

　　1940 年 3 月 30 日汪偽國民政府成立之後，常玉清改換門庭，出任該政府邊疆委員會委員。根據偽社會部部長丁默村的協調和建議，常玉清積極籌備將中國安清同盟會同中國道義協會合併，改組為中國安清總會。5 月 15 日中國安清總會在南京曾公祠 4 號舉行成立典禮，據稱「全國各省市縣、區鄉村安清代表前來參加者約有一百數十餘縣之多」，常玉清、張德欣和汪偽國府委員員張英華同任該會的常務理事，湯德義、何柏椿等人為理事，魯有才任事業組組長。不難看出，與常玉清密切相關的滬寧兩地的青幫頭目構成了中國安清總會的主幹。6 月 21 日該會第一次理事會開會議決，創辦《民報》為機關報，宗旨是「宣揚國策，……以安清人士為核心，逐步推進，使每一個人民對和平之真諦皆有正確之認識與中心之信仰，喚起民眾覺悟盲目抗戰之非」。常玉清出任該報理事會理事長，對擴大漢奸宣傳十分賣力。7 月 15 日該報經汪偽宣傳部登記和社運會答案開始正式出版，「日出一大張至 8 月增刊為一張半，每日發行三千份」，並在各分會所在地市街要道和鄉鎮廣為張貼，散播流毒。1941 年 2 月 3 日該會第十次理事會又議決設立安清子弟小學校。常玉清在 1925 年五馬路商界聯合會任職時擔任過該會教育科學校校長，此次又主動捐助全部車馬費作為學校開辦基金之一，這一舉動又使他輕而易舉地奪取了校董事會董事長一職。[31]4 月 10 日該校正式開學時共有學生 187 人，後發展至 500 人。常玉清此時「自命為青幫總頭目，……重行整理訂立章程，幫規等等，並在各地成立分支機構，儼然以青幫最高領導者自居」[32]。在短短一年之內，中國安清總會在江蘇、浙江、安徽、河北、北平、山東、湖北各縣市設立了 22 個分會，同時還在江蘇、浙江、安徽、河南、河北、天津、青島、山東、山西、察哈爾、綏遠等 106 個縣市成立了分會籌備會，成為抗日戰爭時期分會最多，成員最眾的漢奸幫會組織。[33]上海分會成立較晚，1941 年春在愛多亞路龍興寺內開張，擁有會員 1500 人，主任為張錦臣。會員贈款的一部分被用於賄賂上

---

[31]　《中國安清總會一周年紀念特刊》第 16～18 頁，1941 年 5 月版。
[32]　《江蘇文史資料選輯》第 20 輯，第 209 頁。
[33]　參見《中國安清總會一周年紀念特刊》各地分會統計。

海特別市調查局官員，「以維持安清門復興運動團體的名目」[34]。常玉清主持的中國安清總會以及各地分會在抗日戰爭中為虎作張，叛國投敵，對祖國對民族犯下了不可饒恕的罪行。

抗日戰爭勝利後中國安清總會這一漢奸幫會很快瓦解，會首常玉清於 1945 年 9 月 5 日在南京被捕歸案。1946 年春連同偽上海市警察局副局長及憲兵副司令蘇成德等 80 人移送上海提籃橋監獄關押。在滬受審期間常玉清百般狡賴，拒不認罪，詭稱其在黃道會內只是擔任招募工人的名義，矢口否認黃道會與一系列暗殺事件的干係，又稱安清會內部是些七、八十歲的老人，宗旨不過是做救濟事業，辦安清子弟這學校，平日施棺木設米救濟貧人云云，耍盡花招，企圖蒙混過關。當時《申報》曾導說老漢奸常玉清「信口雌黃，態度惡劣，為非作惡，堅不吐實」。儘管如此，上海市高等法院經過調查，還是在 8 月 20 日開庭宣判。當法官以通謀敵國、圖謀反抗本國罪宣判常玉清死刑，褫奪公權終身，所有財產除酌留家屬必需生活者外全部沒收時，原先身穿藍綢團花長袍白襪黑鞋故作鎮靜的常玉清聲稱患有重聽症，要求廳長重讀。當即由一法警高聲向他轉述，「判處死刑」，常玉清聽清後立即全身戰慄，臉色慘白，兩眼直瞪，口部微動想講些什麼，不過終於沒能說出一句話來。由法警押回監獄後，常玉清不服，於 9 月 6 日上訴最高法院。最高法院於次年 2 月 25 日以劣跡昭彰、罪大惡極，複判仍維持原判，駁回上訴。

3 月 12 日，白髮稀疏、肥頭胖耳、身體臃腫的常玉清穿著那身緞子長袍在監獄二樓走廊內打著太極拳，打著打著突然被法警告知就在當天執行死刑。霎時間他癱坐地上，死也不肯下樓，一面還掙扎著說，「我還在上訴！我還在上訴！」法警不由分說將他拖了下去，常玉清嚇得魂飛魄散，還沒到刑場已經昏死過去。由於他體重達二百磅以上，法警不願再花大力氣將他拖至刑場，於是就地開槍，只見一彈擊入其後腦，常玉清就此一命嗚呼。

---

[34] 上海市檔案館館藏：汪偽上海特別市警察局 1943 年 6 月報。

近代基督教在華傳播與中國秘密會社

　　以往學者論及中國近代秘密會社與基督教之關係時，經常強調兩者矛盾、衝突的一面，這固然是正確的。但對兩者間互相滲透互相利用的一面卻沒有引起必要的注意。其實任何一種外國宗教要想在近代中國取得進展都離不開同各色社會人等包括秘密會社成員打交道，以擴展影響，打開局面。本文旨在探索鴉片戰爭以後西方基督教在華傳播過程中與秘密會社交往的歷史事實及其社會影響，分析其原因，從一個側面加深對於近代中國國情的認識。

一

　　1842 年英國侵略者在鴉片戰爭中打敗清政府後，脅迫清政府與之簽訂了中國近代史上第一個不平等條約——《南京條約》，清政府被迫同意包括傳教士在內的「大英國人民帶同所屬家眷，寄居大清沿海之廣州、福州、廈門、寧波、上海等五處港口，貿易通商無礙」[1]。基督教倫敦佈道會的傳教士麥都思、雒魏林等捷足先登，於 1843 年到達上海，並從 1844 年起在上海創辦教會醫院，從事傳教活動。美國侵略者也不甘落後，它在 1844 年與清政府簽訂的《望廈條約》中迫使清政府同意，「合眾國民人在五港口貿易，或久居，或暫住，均准其租賃民房，或租地自行建樓，並設立醫館、禮拜堂及殯葬之處」[2]。隨後美國長老會教會勢力逐漸滲透到廣東、福建、江蘇等地。1858年中英《天津條約》又規定，「耶穌聖教暨天主教原係為善之道，待

---

[1]　《中國近代對外關係史資料選輯》上卷第一分冊，第 94 頁，上海人民出版社 1977 年版。

[2]　《中國近代對外關係史資料選輯》上卷第一分冊，第 106 頁。

人如己。自後凡有傳授習學者，一體保護，其安分無過，中國官毫不得刻待禁阻」[3]。此外，在新開的臺灣、瓊州等府城，英國人「賃房買屋，租地起造禮拜堂、醫院、墳塋等事，並另有取益防損諸節，悉照已通商五口無異」[4]。基督教傳教士對此欣喜若狂，倫敦會傳教士楊格非報告說，「這樣，中國幾乎出入意外地對傳教士、商人和學者開放了。這個國家事實上已經落入我們的手中，一切早已在中國的傳教士和各自國內的差會，如果他們不去佔領這塊土地，不在 18 省的每一個中心取得永久立足的地方，那將是有罪的」[5]。1861 年楊格非等人成了第一批到達漢口的傳教士，華中地區基督教的傳教事業由此開始。1860 年《北京條約》簽訂後，美國公理會隨即開闢了華北教區，在天津首先建立了傳教據點，後逐漸延伸至山東、北京、直隸等地。可見基督教在近代中國的傳播完全是以不平等條約為護符，在資本主義列強的武力支持下開始進行的，並非中西文化融合過程中的自然產物。

　　西方基督教會勢力與近代中國秘密會社發生關係的確切記載最早發生在上海小刀會起義時期。據法國駐滬代理領事愛棠說，小刀會中的閩幫首領林阿福對他講過，「劉麗川受教於英國麥都思博士，陳阿林受教於美國郊愛比牧師」[6]。查小刀會首領劉麗川 1849 年始從廣東到上海居住，他能說英語，又一度以行醫治病為業。由於這兩大條件，他在宗教上與麥都思建立聯繫信仰基督教是完全可能的。上海小刀會於 1853 年 9 月起義後佔據了上海縣城，麥都思照舊進城在倫敦佈道會禮拜堂大談「關於偶像崇拜的愚蠢，主張崇拜一個真正的上帝」[7]。美國南部浸信會傳教士羅孝全也曾訪問過劉麗川，向他灌輸基督教教義，「講知『十誡』和其歷史」[8]。傳教士的這些活動對劉麗川產生了深刻的影響，1854 年 4 月和 5 月，劉麗川以大明（太平天國）統理政教招討大元帥的名義

---

[3]　《中國近代對外關係史資料選輯》上卷第一分冊，第 171 頁。耶穌聖教是基督教在中國的俗稱。

[4]　《中國近代對外關係史資料選輯》上卷第一分冊，第 172 頁。

[5]　R. W. Thompson 2 Griffith JOhn，The Story Of Fifty Years in China，PP. 79～82.

[6]　〔法〕梅朋、傅立德：《上海法租界史》第 90 頁，上海譯文出版社 1983 年版。

[7]　《上海小刀會起義史料彙編》第 94 頁，上海人民出版社 1980 年版。

[8]　《上海小刀會起義史料彙編》第 63 頁。

接連發佈了「昭告人類起源事」和「正風俗、去邪數而知君親事」佈告，向上海小刀會守軍及民眾全面闡述了基督教之教義，宣傳「天父上帝創造天地，又創造日月星辰、花卉果實、草木鳥獸，……無所不能，無所不知」。「凡爾兵丁民人等，應即洗心革面，明辨是非真邪，及早覺悟，崇拜天父上帝，切勿為邪僧妖道所迷惑」[9]劉麗川強調，「佛老之徒妄相稱述，惑世誣民」，要求上海軍民「勿拜無益土木偶像，勿到寺院焚香燒錠」[10]。在小刀會首領的鼓動和倡導下，城內「大量偶像被從廟宇裏撐走，裝在籃子裏運出去燒毀、或者拋棄」[11]。由於太平天國一直沒有同上海小刀會建立直接的聯繫，因此小刀會的基督教宗教意識主要的還是來自西方傳教士的宣傳而不是受太平天國拜上帝教的影響。但是毀壞偶像此舉與太平軍同出一轍，這種簡單化的做法非但不能使人們從傳統的神道說教的束縛中解脫出來，而且粗暴地挫傷了為數甚眾的佛道兩教教徒的宗教感情，造成他們的不滿和離心傾向，對守衛城市大為不利。倫敦會傳教士雒魏林、偉烈亞力正利用小刀會允許基督教徒自由進出上海城傳教的的方便，為法國侵略軍充當勸小刀會撤兵讓城的說客。不過在上海小刀會起義軍突圍失敗後，英國倫敦會確曾救助了一批被他們視為「行為不端」的小刀會會員。據雒魏林稱，清軍攻陷上海縣城後，「曾經有叛黨 8 名或 10 名來到倫敦會乞求庇護。我們讓他們在醫院逗留一、二天，然後准許他們在夜間搭乘一艘快要啟碇的海船逃命」[12]。

19 世紀 60 年代，美國公理會在傳教過程中和八卦教、中央門等會道門發生了關係。1866 年山東德州第七屯人、八卦教首領吳長泰秘密赴天津購買槍彈準備組織起義，無意中進入設在天津的公理會小教堂，聽了傳教士山嘉立「有關愛的福音信條」的說教後，「便改變了主意」，轉而邀請傳教士去他的村莊訪游佈道[13]。1886 年公理會傳

9　《上海小刀會起義史料彙編》第 23～24 頁。

10　魏建猷：《上海小刀會起義文獻的新發現》，《上海師範大學學報》1986 年第 3 期，第 82～83 頁。

11　《上海小刀會起義史料彙編》第 630 頁。

12　《上海小刀會起義史料彙編》第 653 頁。

13　〔美〕芮義德：《山東德州基督教工作的開端和發展》，《義和團研究會通訊》第 4 期，第 5 頁。

教士博恒理指出，在華北地區活動的八卦教的不少教徒皈依了基督教。他的同事明恩溥也證實，在這些皈依者中有一些是與八卦教有聯繫的讀書人[14]。明恩溥本人 1872 年在天津傳教施醫時也招納了運河沿岸第齊村的中央門人士為教徒，同年他在陵縣 12 個鄉村中吸收了 49 名皈依者，「其中大多數是原宗教教門成員」[15]。1890 年在濟南傳教的秀耀春牧師在基督教新教第二次全國傳教大會上作報告時承認，「山東很大一部分基督教徒是從這些秘密宗教教派中吸收而來的……我所知道的一些最優秀、最忠誠不渝的基督教徒曾一度是這些秘密教門的忠實信徒」[16]。在福建邵武也有美國公理會將齋教徒收入會內的記載[17]。此外，1879 年美國長老會傳教士也有同安大批齋教徒接受基督教的報告，稱「大部分受洗者是這個宗派的成員，大批望教者也是這樣」[18]。各基督教差會在湖北同樣頻繁接觸包括齋教徒在內的秘密會社成員，吸收了不少齋教徒加入基督教會[19]。

1899 年春，基督教英國臨理公會駐杭州主教慕稼谷經該教會湯、俞二牧師介紹，收浙江黃岩下花門保甲局董、洋槍會首領應萬德為教徒。據當時報載，「湯、俞二牧師最初切齒於天主教。收應匪之後，知羽黨既多，可與天主教一決勝負。若地方官出首究辦，該教可抗阻挾制。」[20]洋槍會另一首領黃岩訟師「早已為耶穌教之神甫，入教多年」，系「耶穌教堂極為器重之人」[21]洋槍會重要骨幹王梧臣、林鳴野、吳天火落、崔打鐵等都是耶穌教之教徒。在英國監理公會暗中支持下，應

---

[14] 〔美〕裴士丹：《基督教在十九世紀中國的作用》，《義和團研究會通訊》第 4 期，第 5 頁。

[15] 《義和團運動史討論文集》第 530 頁，齊魯書社 1982 年版。

[16] 《1890 年傳教士會議記錄》《上海》，第 196 頁。

[17] 蘭金：《古田事件——1895 年基督教徒與菜會的鬥爭》，《義和團研究會通訊》第 4 期，第 13 頁。

[18] 〔美〕裴士丹：《基督教在十九世紀中國的作用》，《義和團研究會通訊》第 4 期，第 5 頁。

[19] 〔美〕裴士丹：《基督教在十九世紀中國的作用》，《義和團研究會通訊》第 4 期，第 5 頁。

[20] 《義和團運動時期報刊資料選編》第 158 頁，齊魯書社 1980 年版。

[21] 《海門教案始末》，《近代史資料》總 82 號，第 135 頁。

萬德於1899年3月底發動反對法國天主教侵略勢力的鬥爭，洋槍會「闖城劫獄，搶掠平民，焚燒教堂，揭竿倡亂」[22]，僅在4、5兩個月中就拆毀太平縣、黃岩縣天主教堂7處，焚毀天主教民住屋20餘間。7月10日，當清朝官方前去查辦時，慕稼谷主教致函應萬德，「稱上海總領事已經函達撫部院，准飭各衙門，以弟（指應萬德——引者注）實非匪逆者流，未可聽從亂拿」[23]，為應撐腰。9月6日應萬德被捕後，英國駐滬領事曾專程前往浙江會見署台州知府高英，求保應萬德[24]。耶穌教堂在應萬德被殺後，派傳教士護送來教堂避難的應子赴粵，「暫逃法網」[25]，同時「以萬德曾入其教，今已被殺，名勢兩失，存心報復」[26]，繼續支持夏金甫等洋槍會餘黨與天主教勢力抗衡。1900年初，洋槍會再次發難，襲殺天主教民，重傷外國司鐸，搗毀黃岩縣柵橋教堂。

二

　　西方基督教與中國秘密會社在近代發生關係有多方面的原因。

　　首先，與西方基督教傳教士的積極佈道大有關係。幾乎所有中國秘密會社的成員在正式皈依基督教之前，都在教堂中聽過傳教士佈道。上海小刀會、山東八卦會如此，浙江洋槍會也是婦此。1899年5月監督公會駐杭主教慕稼谷在致海門鎮軍余宏亮的信中承認，「敝會之間道友應萬德父子已有數月來堂聽道」[27]。

　　為了爭取秘密會社成員參加基督教會，教會方面在廣泛社會調查的基礎上有針對性地印行了不少宣傳小冊子，如1880年美以美會傳教士在湖北出版了一本22頁的《食齋指迷》，有的放矢地對齋教徒進行基督教義的宣傳，這本小冊子在1900年後還有再版[28]。

22　《義和團運動時期報刊資料選編》第159頁。
23　《海門教案始末》，《近代史資料》總82號，第141頁。
24　《海門教案始末》，《近代史資料》總82號，第154頁。
25　《義和團運動時期報刊資料選編》第164頁。
26　《義和團運動時期報刊資料選編》第160頁。
27　《海門教案始末》，《近代史資料》總82號，第141頁。
28　《海門教案始末》，《近代史資料》總82號，第154頁。

　　第二，從教義上而論，基督教和中國秘密會社的信仰不乏相通之處。美國公理會傳教士博恒理發現，基督教徒和八卦教成員之間有好些不謀而合之處，如「信仰一個神；相信人的靈魂的存在，承認修行道德以戒罪惡以及供奉經典為權威」[29]。基督教要人忍受現世的痛苦，以便死後進入天堂，齋教等會道門主張在世積善積德，死後可以進入天堂。基督教十誡中「不可殺人」、「不可姦淫」、「不可偷盜」、「不可作假見證陷害人」、「不可貪戀他人的妻子」[30]等規定與許多中國秘密會社中戒殺生、戒偷盜、戒邪淫、戒誑謗的教規十分相似。實際上這種宗教禁忌不論中外都是現實社會中人際關係的體現，也是強化群體內部的向心力，培養信徒認同感的必由之路。

　　另外，基督教和中國秘密會社在思想上部有悖於中國傳統的儒家君臣道統學說。基督教宣傳上帝愛人、人類靈魂在上帝面前皆平等、男女平等，秘密結社中的幫會強調「兄弟結義」，會道門則鼓吹「三世」、「三劫」的救世主義，均屬中國封建社會思想文化之異端。所以一些秘密結社人士初步接觸了基督教後即產生了某種共鳴。山東八卦教的一些人認為，他們先前的教義與基督教並無衝突，他們原先崇拜的至上神無生老母就是耶和華[31]。洋槍會首領應萬德在 1899 年 3 月發出的知單中也宣稱，基督教「監督、內地二公會，專在行教，其實勸人為善，尤宜格外保護」[32]。宗教情感上的溝通，是基督教在中國秘密會社中傳播的思想基礎。

　　第三，在中國近代官員士紳的心目中基督教的地位與中國秘密會社相差無幾，均屬反政府反社會的邪教。儘管清政府在第二次鴉片戰爭後期簽訂的《天津條約》中承認了基督教的合法地位，1870 年版的大清律中也刪去了禁止基督教的條款，但政治上的防範和心理上的抵拒並未真正改變。60 年代開始流行的各色反洋教揭貼即是明證。

---

[29]　《義和團運動史討論文集》第 531 頁，齊魯書社 1982 年版。
[30]　《新舊約全書》第 90～91 頁，上海 1987 年版。
[31]　〔美〕裴士丹：《基督教在十九世紀中國的作用》，《義和團研究會通訊》第 4 期，第 5 頁。
[32]　《海門教案始末》，《近代史資料》總 82 號，第 125 頁。

前引楊格非的判斷估計過於樂觀，實際上基督教各差會在華的傳播仍
是阻力重重，並非從此一帆風順。而有清一代的秘密會社屢遭清政府
的鎮壓和迫害，處於非法的地位，也需要尋求基督教會特權勢力的庇
護，以求得生存和延續。雙方的互相滲透勢所必然。60年代山東德州
遭查禁的中央門教派首領在獄中給門徒們的臨終遺訓中說：「要是中
庸之道行不通，而洋教教義（指基督教）又可望而可及的話，他們就
應該加入洋教。」[33]同時又由於同期在華傳教的天主教收徒太濫，吃教
現象嚴重，如遭到洋槍會嚴懲的天主教徒管小本「本屬無賴，入教後
愈肆橫行，擇殷嚙詐，控案累累」[34]。法國天主教士李思聰在台州教案
結案時也不得不承認，「台州民情刁悍，每有冒充教民倚勢招搖恃強
拘訟者」[35]。再加上天主教會經常向中國官方控告與之發生矛盾的中國
百姓為圖謀造反的白蓮教頭目，必欲置之死地而後快[36]。所有這些均使
遭受天主教會侵略勢力壓迫的中國百姓包括秘密會社成員投入基督
教會之中。這一方面的典型事例除了南方浙江的洋槍會之外還有北方
威縣的義和團。據調查，「威縣許多義和團因受氣而入新教，不受氣
者不入。」[37]這就是基督教能在中國秘密會社中傳播的組織上的因素。

三

最後，有必要解釋一下，何以在中國近代也有反基督教會勢力的
類型的教案發生。

第一，中國近代的秘密會社分布面廣，人數眾多，種類多達數百
種。基督教在近代中國傳教過程中所吸收的秘密會社成員只能是一小
部分，不可能是全部。換言之，秘密會社成員在中國基督教徒中並不

[33] 《教務雜誌》12期，第249頁，1881年7〜8月版。
[34] 《海門教案始末》，《近代史資料》總82號，第124頁。
[35] 《海門教案始末》，《近代史資料》總82號，第133頁。
[36] 參見呂實強：《中國官紳反教的原因》，「中央研究院」近代史研究所專刊（16），1985年版。
[37] 《義和團研究會通訊》第3期，第3頁。

占主要的地位。再則，西方基督教傳教士對於秘密會社成員的價值判斷各不相同，對是否吸收其入教也意見不一。19 世紀 80 年代末《教務雜誌》中有不少文章強調傳教士不要去庇護那些想利用基督教徒的地位在打官司或其他例行公事中撈取好處的皈依者，倪維思就是此類意見的代表者。他在「傳教工作方法」一文中提出不宜將白蓮教徒吸收入基督教[38]這樣，已加入基督教會的原秘密會社成員與被基督教會拒之門外的秘密會社成員難免產生矛盾和衝突，後者會對基督教會產生不滿和怨恨的情緒，而教案則是這些情緒外化的表現。

　　第二，有些針對基督教的教案要具體分析。已有一些學者指出了1891 年發動長江教案的秘密會社的首領們的真實意圖，是假借反西方基督教會造成社會動亂、中西衝突，以便亂中奪權，推翻清政府的統治。在討論 1895 年齋教發動古田教案的真正目的時，也有學者認為，「如同在 1891 年長江反傳教士暴亂中的哥老會那樣，他們希望通過殺害傳教士使朝廷捲入與歐洲列強的糾紛，從而為起義鋪平道路」[39]。這些意見都是值得重視的。

　　第三，從總體上來看，基督教教會勢力對於中國百姓的危害性比天主教會勢力要少些，但這並不等於說西方基督教會勢力在近代中國就不是帝國主義的侵華工具。因此，在一定的場合和背景下，基督教會勢力與中國秘密會社的矛盾和衝突是不可避免的，有些學者在分析長江教案、古田教案的成因時已指出了這一點。這也是為什麼基督教會勢力同樣會遭到義和團沉重打擊的緣故。

　　就中國秘密會社而言，它在遭到清政府查禁而清政府本身又無力遏制天主教會橫行的情況下參加基督教會，在基督教會的合法保護下或展開反對清政府的鬥爭或以（基督）教反（天主）教，從策略上看是可取的，但畢竟是權宜之計。從根本上看，西方基督教會勢力以及他們的支持者英美等國的政府是不願看到清政府垮臺和天主教會勢力被逐出中國的。他們在秘密會社起事失敗後所進行的救援活動，一

38　《教務雜誌》17 期，第 301～302 頁，1886 年 5 月版。
39　蘭金：《古田事件——1895 年基督教徒與菜會的鬥爭》，《義和團研究會通訊》第 4 期，第 16 頁。

方面是為了增強他們的聲勢、影響和號召力，另一方面又是對中國內政的粗暴干涉。在華掠奪盡可能多的各方面的侵略權益是他們的根本目的。上海小刀會、山東八卦會、浙江洋槍會等秘密會社的失敗表明，以教反清或以教反教不是中國人民戰勝中外反動勢力的根本出路。

近代秘密社會的倫理觀

　　一般來說秘密社會分為秘密宗教（會道門）和秘密幫會兩大系統，與之有聯繫的土匪被稱為教匪和會匪。作為一種被統治階級認為是非法的社會組織要生存發展，用一定的倫理道德來規範其成員之間以及它們與社會之間的關係是必不可少的。

　　秘密社會作為中國封建社會後期發展的產物，在其形成發展過程中不可避免地受到封建的倫理道德很深的影響。封建的倫理道德是封建社會意識形態之一，它闡明了人們在封建社會中的行為準則和道德規範以及對國家對社會的義務，是為封建統治階級服務的。在近代秘密社會的倫理觀基本上繼承了儒家文化中的封建的倫理觀，但兩者之間還是有差異的，既有吻合的一面，也有衝突的一面；也有表面吻合，實際衝突的。

一

　　封建倫理道德的教條在中國封建文化的主體——儒教的經典中有集中、系統的反映，各種會道門經典一致鼓吹以儒教為中心的儒佛道三教合流說，並突出了儒教宣揚封建倫理道德的一面。《歸原寶筏》提出要「體乎三教，履踐篤實功誠」。《無生老母十指家書》確認「儒釋道，本是一家」，「從古今，設教來，聖賢孔孟，修人道，補天道，不外中庸」，「講堂中，說仁義，倫常勸導」，「信其理，行其禮，躬身自蹈」。

　　各種會道門的經卷中充斥著維護封建倫理道德的說教。羅教經卷中有頌揚皇權，鼓吹以三綱五常為內容的《十報歌》，後又被與其有直接淵源的黃天教奉為經典：

一報天地蓋載恩，二報日月召臨恩。

三報皇王水土恩，四報父母養育恩。

五報五方常安樂，六報六國永不侵。

七報文武遷高轉，八報人民永平安。

九報九祖升天早，十報三教範師恩。[1]

弘陽教的寶卷中「推崇三綱五常，讚頌為臣忠、為子孝、兄弟悌、守婦道。」[2]

各類經典的作者站在會道門的立場上對儒教倫理觀的一些基本術語和概念如三綱五常、五倫八德及三從四德作了新的闡發。《歸原寶筏》鼓吹「知得三綱與五常，孝子賢孫遠永」，宣揚「有田國課早完，免其後累勞神，……時願天下安寧，食王水土報王恩」；「既或幫人營日，亦要替人思論。得人貲俸與人勤，主家自知愛敬。」《八字覺源》對孝、悌、忠、信、禮、義、廉、恥八個字分別作了闡釋，強調忠字是八字的核心，宣稱「國課早完，安分畏律，勉為善良，毋為邪匪，是民忠也。」在論述義字時作者又要求，「佃人田地，奉為衣食父母，不忍逋其租。佃人山土，除薪火取給外，禁砍竹木，退田出屋，毫無損壞門壁，是為義佃」。總之要佃農、雇農循規蹈矩老老實實聽從封建地主階級的擺佈和剝削。對於壓在封建社會最底層的婦女，《坤道師表》要求她們「學道守清規」，「四德三從莫欠虧」，修身養性直至「打不回手罵不嗔」，試圖用封建政權、族權、神權、夫權這四大繩索緊緊捆住她們的手腳，以確保封建統治秩序的安寧。

民國時期，同善社「以儒家的五倫八德及三從四德為其教條」[3]。道德學社的「志願十八則」中第六條內容是「實體三綱、五倫、八德，

1　《普靜如來鑰匙寶卷》（序），轉引自馬西沙、韓秉方《中國民間宗教史》（上），第336～337頁，中國社會科學出版社2004年版。

2　馬西沙、韓秉方：《中國民間宗教史》（上），第388頁，中國社會科學出版社2004年版。

3　濮文起：《秘密教門——中國民間秘密宗教溯源》第332頁，江蘇人民出版社2000年版。

知過則改，知善必為。」[4]對民國時期的士紳來說，維護傳統的綱常倫紀是他們的一個非常重要的責任。由於大多數士紳都系傳統的知識份子，對以儒學為核心的傳統文化有著多年薰陶，因此他們對傳統文化所宣揚的綱常倫紀的宣講勢必不遺餘力。正因此，他們樂於捐獻大量財物創辦各級書院、社學、義學等文化教育機構，並成為這些機構的創辦者或主持人，以傳播儒家學說，弘揚傳統的綱常倫紀。此外，他們還捐資修文廟、貢院及其他有助於宣講傳統文化的設施與機構。

　　後來成為萬國道德會東北負責人的王鳳儀，17 歲回家隨父務農，19 歲起在外當雇工 10 年，先後在團山子高石匠家、錦縣十里台表兄家、白棗樹溝姑父家、團山子李鳳山家和魏家營子魏家做長工。對此他回憶說：「我是由忠、孝兩個門進來的，給人放牛、扛活（傭工）全都抱定一個忠字；對老人，抱定一個孝字，這是我敢自信的。」[5]1898 年聽講善書受到頓悟啟迪，又經過 2 年多的實踐，創立了「性理療病法」，繼而創立了性命學說。這一學說集中體現在他所寫的《五行生克辨性》一書之中。從 1904 年開始，王鳳儀在朝陽等地舉辦宣講堂，講善書，勸化世人，提倡倫理家道，為人看病講道，始有「王善人」之稱。他的講話後來被人整理成《化性談》小冊子，廣為散發。《化性談》堅持三綱五常：

> 我講的五行，是以木、火、土、金、水五個字代表來說的。和佛家的五戒，道家的五元，儒家的五常是一樣的。[6]

> 我所講的「性存天理、心存道理、身盡情理。」和佛家的三皈，道家的三華，儒家的三綱是一樣的。[7]

　　《化性談》還提倡逆來順受、主張忍：

[4]　《道德和平》1921 年版，轉引自邵雍《中國會道門》第 168 頁，上海人民出版社 1997 年版。

[5]　王鳳儀：《化性談》第 46 頁，北京白雲觀出版（無出版時間）。

[6]　王鳳儀：《化性談》第 9 頁，北京白雲觀出版（無出版時間）。

[7]　王鳳儀：《化性談》第 16 頁，北京白雲觀出版（無出版時間）。

逆來的是德，人須要認識，吃了虧不可說，必是欠他的，眾人替你抱屈，你就是長命。若是無故挨打受氣，也是自己有罪，受過了算還債，還要感激他，若是沒有他打罵，我的罪何時能了？……

受罪了罪，受苦了苦。沒孽不挨罵，沒罪不挨打。逆事來了，是給你送德來的，不但忍受，還要感激他。[8]

遇著不如意的事，不對頭的人，要能忍受。孔子在陳絕糧，耶穌被釘十字架，佛被割截肢體，都沒怨人，那才是真認命。真認命才能成道。[9]

在忍無可忍時，還能忍得住，就是「大義參天」[10]。

1925 年萬國道德會派專人前往訪問王鳳儀，並邀其入會。王鳳儀入會後將他舉辦的 270 餘個義學併入萬國道德會，作為該會各分會。1928 年萬國道德總會成立後，在王鳳儀的影響下經常組織講演團往各地分會組織講習班授課，講授的內容即性、心、身三界和五行，按五行分析人的性格，勸人改惡從善。此外還按孔孟之道宣講婦女道、婆婆道，要求做媳婦的做到性如水，對待公婆和顏悅色，溫柔有禮，不要事情未辦先煩惱，撅嘴生氣鬧公婆。做婆婆的要性如灰，遇事交給媳婦去處理，以免攬權過多，引起家庭糾紛。總之要家庭各個成員各守本分，避免越軌爭鬥。

宿命論是封建倫理道德的理論基礎之一，認為命運決定歷史和個人的發展，要求人們服從命運的安排和支配，而任何改變現實的積極努力都是徒勞的。中國會道門深受儒家「畏天命」、道家「委天知命」論的影響，在其經典《萬年歸宗》中明確重申「天命須畏，聖言當畏」。《八字覺源》認為，「貧賤者皆因前生少修，今生受窮」。《道德淺說》也認定，「官吏者，由積善而得也……囚犯者，由造惡而來也」，一切都

是前生決定的。民國時期的經典《無生老母十指家書》要求「貧家子，務本守分，學君子，不亂性，樂道安貧」。這些宿命論的宣傳顯然是有利於鞏固現存封建統治秩序的。王鳳儀的《化性談》也鼓吹宿命論：

> 知人的好處是知天命，知人的功勞是知宿命，……[11]凡是對面來的，都是命裏有的。[12]
> 命就是人的本分，守住本分就立住了天命。[13]
> 行道不可出本位，……什麼是本位呢？就是人的本分，「素位而行」，就可以成道。[14]
> 八德是八個門，都能進入佛國。不過人應當從那個門進，就由那個門進，這就是「素位而行」的意思。[15]

　　這類維護封建倫理道德的說教實際上是溫和安分的政治表態，在一定時期接近、靠攏了上層社會，爭取到當權者的默認或承認，也使秘密社會本身既發展了大量信徒，又免遭當權者的取締。

二

　　幫會歷史悠久，成員眾多，是一種發育比較成熟的違法的社會組織，有自己的社會角色規定和自我規範系統，能夠較有效地整合社會資源維持自身的運作，容易在邊緣群體中坐大。

　　青幫的首領為了加強對幫內成員的控制與約束，以維護封建性師徒關係，制定了諸多的幫規與戒約。包括「十大幫規」、「十禁」、「十戒」、「十要」等。

　　「十大幫規」是：一、不准欺師滅祖。二、不准藐視前人。三、不准爬灰倒籠。四、不准奸盜邪淫。五、不准江湖亂道。六、不准引

法代跳。七、不准擾亂幫規。八、不准以卑為尊。九、開閘放水。十、不准欺軟凌弱。

「十禁」：一徒不准拜二師。父子不准同一師。師死不准再拜師。關山門不准重開。徒不收不准師收。兄弟字派有高低。本幫與本幫引道。師過方代師收徒。在道不准誹謗道。香頭低不准爬高。

「十戒」：一戒萬惡淫亂。二戒截路行兇。三戒偷盜財物。四戒邪言咒語。五戒訟棍害人。六戒毒藥害生。七戒假正欺人。八戒聚眾欺寡。九戒倚大欺小。十戒煙酒罵人。

「十要」內容是：一要孝順父母，二要熱心做事，三要尊敬長上，四要兄寬弟忍，五要夫婦和順，六要和睦鄉里，七要交友有信，八要正心修身，九要時行方便，十要濟老憐貧。[16]

青幫為了維護幫內的統治秩序，規定了對違犯幫規者的懲罰制度即所謂「家法十條」，一般初次犯幫規者，輕則斥責，重則用香在臂上燒「犯規」等字樣，再重則斥革，逐出青幫。如犯叛逆罪，將被捆在鐵錨上燒死。[17]

洪幫有天地會、哥老會等組織系統。

天地會誓約為：「當天結拜，即是同胞骨肉，永無更改，一父所生，一母所養。……父不得傳子，子不得傳父，兄不傳弟，弟不傳兄，夫妻面前不可說，……不得自心肥己，不得吞騙兄弟，不得注賭錢。兄弟父母即是自己父母；兄弟妻子如我兄嫂相稱。結拜之後，……不分你我，手足相待。前時仇不得紀念在心。兄弟有難，須要拔刀相助，不得臨陣退縮。不可得罪兄弟父母，若有得罪兄弟父母者，重責四十板。不得以大壓小，不得以力為強。神靈鑒察，兄弟須要忠心義氣，有福同享，有官同做」[18]。天地會入會儀式上的道具中有尺，用來衡量會內弟兄的行為。秤用來權衡正義公道。

哥老會為了維護內部的團結，統一成員的行為方式，保障組織的生存和發展，協調各山堂的行動，各山堂都訂立了嚴格的幫規、戒約。

[16]　陳國屏：《清門考源》第 165～175 頁。
[17]　陳國屏：《清門考源》第 180～182 頁。
[18]　《桃園歌》，《天地會》七，第 214～215 頁。

其內容因時因地而略有不同，各種幫會著作的記載也各有差別。哥老會的幫規帶有濃厚的封建倫理色彩，如要求其成員遵從儒家的三綱五常、五倫八德，這些幫規無非為了維護首領的權威地位和幫會內部的等級秩序。哥老會內較早出現的「十條」，包含了該會所提倡和要禁止的兩個方面的行為準則：

> 第一條父母須當孝；尊敬長上第二條；
> 第三要分大和小；有仁有義第四條；
> 第五拜兄要敬道；紅面殺兄第六條；
> 第七兄嫂莫言笑；第八莫把弟媳瞧；
> 第九為人要正道；越禮犯法第十條。[19]

日人平山周記載哥老會的幫規《議戒十條》：

> 一、不准欺兄滅弟
> 二、不准咒罵爹娘
> 三、不准挑燈博火（即搬弄是非）
> 四、不准以大壓小
> 五、不准瞞天過海
> 六、不准擾油別湯
> 七、不准不仁不義
> 八、不准抽紅采薰
> 九、不准行路爭先
> 十、不准坐席要讓。[20]

對於違紀犯規的成員，要視其情節輕重而進行處罰。哥老會在懲處違反幫規者時，一般要開香堂，由各位首領對違規者進行議處，然後執行。哥老會對違犯幫規成員的處罰主要有五種：（1）打紅棍；（2）

---

[19] 群英社編：《江湖海底》，轉引自周育民、邵雍：《中國幫會史》第 233 頁，上海人民出版社 1993 年版。

[20] 〔日〕平山周：《中國秘密社會史》第 111 頁。

開除；（3）三刀六眼，即在犯規者的心、腹、小股各刺一刀，必須刺透；（4）活埋；（5）釘活門神，即用釘子將違法者釘在門板上。

由於哥老會在各地的幫規大同小異，對違犯幫規者的懲處也不完全相同。四川哥老會有如下規定：（1）矮起：如不孝順父母，打罵兄長，處以下跪。（2）擱袍哥：即暫停其會籍，悔改後再恢復。（3）磕轉轉頭：如果錯誤嚴重又願意悔改者，由龍頭大哥召開大會，由犯錯者向每位在場者磕頭。（4）放河燈：如有姦情，用門板將姦夫淫婦四肢釘在門板上，放入河中順水漂流。（5）沉水：如犯逆倫罪，或者虐待、毒打父母而屢教不改者，沉於水中溺死。（6）草壩場：犯了嚴重罪行，由龍頭大哥傳堂，於深夜荒涼之處處死，或「三刀六眼」，或自己挖坑自己活埋。

不過，也如同青幫、洪門一樣，這些幫規都是為了維護首領的權威地位和幫會內部的秩序，實行只對內不對外的原則。也就是不許在幫會內部違犯這些條規，即在幫會內部不得搶劫、不得以強凌弱，不得姦淫幫內兄弟的妻子姐妹。至於對待幫會外面的人，則即使胡作非為也不算違犯幫規。如此使主流群體深受威脅，倍感恐慌，惶惶不安。

鴉片戰爭後中國近代社會的變化在一定程度上也影響到了秘密社會，使它們的思維方式、價值觀念、道德規範、行為準則也相應發生了變化。近代秘密社會的倫理觀既繼承了以往注重現世，肯定現存統治秩序的一面，同時彰顯了以前潛意識地否定現存社會以追求來世的另一方面。

1858年夏在距浙江處州約三百里的平陽錢倉正式成立了金錢會。

金錢會成立後為了迷惑敵人，對外打出了「金錢義團」的旗號，並刊行十條正大條例，全文如下：

> 敦孝弟，出入不可不嚴；
> 尚忠信，言行不可不飭；
> 完國課，毋使暮夜追呼；
> 定綱常，毋致橫行乖節；
> 重慈敬，毋欺老幼尊卑；

矜體恤，毋凌鰥寡孤獨；

遵朝廷法例，毋許恃眾以暴寡；

飭庭幃倫紀，毋許枉己以正人；

安名分，賢讀愚耕，毋失其常；

明時勢，履順處變，毋乖其守。[21]

　　這十條條文初看沒有絲毫反抗封建統治的思想內容，但實際上蘊含著潛在的反叛因數。其中第一、第二條講的是嚴守機密。第五、六、八條講的是嚴明紀律。第十條含蓄地要求會員審時度勢，待機應變，而為了做到這一點，就不能過早地暴露自己的真實意圖，因此第三、四、七條是用來麻痺官府的。當時就有人評論金錢會這樣做，「一以誑官，一以鼓眾，官不燭其奸，致成蔓延之勢。」[22]金錢會暫時潛伏，暗中籌畫起義。參加金錢會的除鄉村農民外，「武則官弁、兵丁，文則胥吏、差役，僧尼亦多附之」[23]。短短幾年之內，金錢會的勢力遍佈平陽、里安、泰順以及福建福鼎等地。1861 年夏在與地主武裝白布會發生武裝衝突後，金錢會最終拋棄了多年偽裝，打出了響應太平軍的義旗。

三

　　幫會土匪（會匪）是社會邊緣群體，它在很大程度上克服了單個遊民的散漫性和弱勢性。對主流社會和政府方面來說，他們是現存社會秩序、法規習俗的潛在威脅，有可能對國家、上層社會造成重大危害。從 19 世紀 50 年代到 20 世紀 20 年代在華南、華中與華北會匪中流傳的歌謠充滿了前景的憧憬與對富人深深的敵意，更多突顯了秘密社會倫理觀對抗現存社會秩序的一面。

　　太平天國金田起義前後，廣西天地會首領張嘉祥和拜上帝會都提出過：

---

[21]　《里安縣誌稿》，卷 28，《雜事》。

[22]　趙鈞：《過來語》，《近代史資料》，總 41 號，第 188 頁。

[23]　《錢匪紀略》，《金錢會資料》，總 6 號。

> 上等之人欠我錢，中等之人得覺眠，
> 下等之人跟我去，好過租牛耕瘦田。[24]

天地會和拜上帝會不約而同提出這一口號均體現了「下等人」反抗地主剝削壓迫的強烈要求。以後這一歌謠及其變體廣為流行，多見記載，在秘密社會或下層社會中有很高的認同度，在相當程度上消解了他們原先在行事過程中承擔的道德壓力和良心追問，有助於克服他們的自卑感，減少由羞恥心帶來的沮喪情緒。原來設定的道德底線被打破，代之而起的是一種由天經地義的正義感帶來的新的價值認定，有了它，大可心安理得理直氣壯地為所欲為。

1917年湘西南會同縣哥老會首領曾凡仁張貼佈告稱：

> 上等之人欠我錢，中等之人莫管閑，
> 下等之人隨我去，酒裏困來肉裏眠。
> 家中若有兒和女，一天分你吊把錢。[25]

佈告對入夥後美好生活的描述和承諾，充分釋放了普通農民潛意識中蘊藏的在平日勞作中無法實現的欲望和需求，以此激發他們形成在特殊的反叛時期的巨大行動能量。佈告發出後，入會者從最初的百餘人很快增加到數千人。

在豫西鎮平，號稱「打富濟貧治山河」的杆首王安娃在北洋軍閥時期自編歌謠，廣為傳佈：

> 沒有家產的跟我幹，十畝八畝的安心種莊田，
> 三十畝五十畝的欠的錢，頃兒八十畝你還不免。[26]

1923年山東臨城劫車案土匪中流傳的歌謠：

---

[24] 廣西省太平天國文史調查團：《太平天國起義調查報告》第50頁，三聯書店1956年版。
[25] 《千萬裏轉戰》第5頁。
[26] 轉引自《近代史研究》1997年第5期，第144頁。

上等人們該我錢，中等人們莫管閑，

下等人們快來吧，跟我上山來過年。[27]

　　1927 年 10 月，太湖湖匪在浙江安吉在街頭張貼招兵廣告，內有「住瓦房的人是欠我的錢，住茅屋的人是種我的田，有人來投軍，每日兩塊錢」等語，[28]要求富人出錢，窮人出力。

　　上述系列歌謠對於生存資源不斷喪失度日唯艱的窮苦農民以及已經破產成為遊民的人來說，不啻是頗具誘惑力的生存曙光，是他們敢於入夥進行反抗鬥爭的力量源泉和心理背景。會匪是一特殊的社會邊緣群體，他們不甘心劣質的生活水準，對美好生活充滿著期待，又無法通過正常的途徑從社會底層擠進主流階層。這種對前景的憧憬與對富人深深的敵意互相交織在一起。在社會分配嚴重不公、他們的要求得不到滿足時往往會以他們自認為正確的極端方式去奪取，特別是面臨生存危機時，傳統的倫理觀會進一步淡化，從而產生出激烈的社會越軌現象。

四

　　近代秘密社會的倫理觀屬於道德論的範疇，它受到周圍文化環境的影響，篩選、吸收了傳統的倫理道德的資源。它具有制度性、規範性、局限性等特點。

　　制度性：近代秘密社會的倫理觀的根據是他們自己在歷史上形成的經卷、幫規、戒律，通過首領們的不斷傳道、宣講以及在不同時期發佈的佈告、條例、口號、歌謠得以體現和強化，因而具有制度性，是近代秘密社會組織安身立命的精神支柱。

　　規範性：眾所周知倫理觀有規範、約束的作用。在秘密社會中倫理觀外化為入會儀式、偶像崇拜、戒律幫規等，是聯繫成員之間的精神紐帶，也是培育群體認同感的一個重要方面。

27　〔日〕長野朗：《土匪　軍隊　紅槍會》第 3～4 頁。

28　《土匪游浸之浙屬安吉》，《申報》1927 年 10 月 28 日。

　　局限性：近代秘密社會有嚴重的排他性和封閉性，在此基礎上成員之間建立了自我認同感。因此近代秘密社會的倫理觀有著嚴格限定的實施範圍，它並不是針對全體社會成員的。

　　秘密社會不是新的生產力的代表，不可能提出科學的理論。由於他們不事生產，光靠掠奪，過「酒裏困來肉裏眠」、「好過租牛耕瘦田」的日子是不能長久的。儘管他們的這種鬥爭方式有其歷史合理性的一面，但並不是近代中國下層民眾的真正出路，無法代表中國人民民主革命的正確方向。

近代會道門經典的政治傾向

　　臺灣學者林萬傳先生在其著作《先天道研究》（靝巨書局 1986 年訂正二版）中收錄了 40 餘種會道門經典。這些經典主要屬於青蓮教、一貫道、先天道系統，其中有不少是近代刊印的。它們除了介紹會道門的源流演變、信仰禮儀、規章制度，而且字裏行間也表露出對近代中國一些重大現實問題的看法，從而顯示了它的政治傾向。

　　先天道之經典就其本質可分為二種，一系程式經典，即科儀。康熙六年黃九祖僅頒定程式經典禮本《開示經》等三種，一系實體經典，就是闡述教義的經典，如命門人注解《呂祖指篇》及《玉皇心印經》等。

　　另一方面鴉片戰爭前後，清政府在四川、兩湖、浙江等地多次破獲青蓮教。其中也有《開示真經》、《玉皇心印》等。

　　由此入手探究，有助於人們進一步認識近代會道門的性質、作用和社會功能。可惜的是林先生對此基本上沒有涉及，這不能不是《先天道研究》的一大缺憾。筆者擬就近代會道門經典的政治傾向略陳管見，以期收拋磚引玉之效。

一、宣揚封建的倫理道德

　　封建的倫理道德是封建社會意識形態之一，它闡明了人們在封建社會中的行為準則和道德規範以及對國家對社會的義務，是為封建統治階級服務的。會道門作為中國封建社會後期發展的產物，在其形成發展過程中不可避免地以封建的倫理道德來規範其成員之間以及會道門組織與社會之間的關係。

　　會道門經典具有濃厚的宿命論的色彩。宿命論是封建倫垿直德的理論基礎之一，認為命運決定歷史和個人的發展，要求人們服從命運的安排和支配，而任何改變現實的積極努力都是徒勞的。中國會道門深受儒家「畏天命」、道家「委天知命」論的影響，在其經典《萬年歸宗》中明確重申「天命須畏，聖言當畏」。《八字覺源》認為，「貧賤者皆因前生少修，今生受窮」。《道德淺說》也認定，「官吏者，由積善而得也……囚犯者，由造惡而來也」，一切都是前生決定的。民國時期的經典《無生老母十指家書》要求「貧家子，務本守分，學君子，不亂性，樂道安貧」。這些宿命論的宣傳顯然是有利於鞏固現存封建統治秩序的。

　　關於不亂性，覺真子彭超凡即彭德源在《指玄篇秘注》中說：「待候一陽生時，必有恍惚杳冥之象，是謂性源復始……恍兮惚兮其中有物，杳兮冥兮其中有精者此也。此精非濁精」講采戰幼女之術，皆是自尋地獄。」「講幼女，而作鼎器……雖修道，實是地獄之罪人，此術吾考神仙通鑒，乃劉宋張三峰。行御女之術，遺傳世人……醜穢不堪。」。「買幼女以為鼎器……三峰採戰行……醜穢不堪聽，一切有為法，俱是地獄人。」以上說明彭德源一貫反對男女雙修的。

　　封建倫理道德的教條在中國封建文化的主體——儒教的經典中有集中、系統的反映，對此，會道門組織達成了共識。會道門經典一致鼓吹以儒教為中心的儒佛道三教合流說，並突出了儒教宣揚封建倫理道德的一面。《無生老母十指家書》確認「儒釋道，本是一家」，「從古今，設教來，聖賢孔孟，修人道，補天道，不外中庸」，「講堂中，說仁義，倫常勸導」，「信其理，行其禮，躬身自蹈」。各類經典的作者站在會道門的立場上對儒教的一些基本術語和概念作了新的闡發，例如《八字覺源》對孝、悌、忠、信、禮、義、廉、恥八個字作了闡釋，強調忠字是八字的核心，宣稱「國課早完，安分畏律，勉為善良，毋為邪匪，是一民忠也。」在論述義字時作者又要求，「佃人田地，奉為衣食父母，不忍逋其租。佃人山土，除薪火取給外，禁砍竹木，退田出屋，毫無損壞門壁，是為

義佃」。總之要佃農、雇農循規蹈矩老老實實土山聽從封建地主階級的擺佈和剝削。《歸原寶筏》與《八字覺源》同出一轍，同樣宣揚「有田國課早完，免其後累勞神，……食王水土報王恩」；「幫人營日，功二要替人思論。得人貲俸與人勤，主家自知愛敬」，並指名攻擊「廣西作亂，傷壞許多官兵」。對於壓在封建社會最底層的婦女，《坤道師表》要求她們「學道守清規」，「四德三從莫欠虧」，修身養性直至「打不回手罵不嗔」。試圖用封建政權、族權、神權、夫權這四大繩索緊緊捆住她們的手腳，以確保封建統治秩序的安寧。

二、力圖維持現存統治

　　一貫道、先天道系統的會道門從封建的倫理道德出發，在平時一般採取與封建政權合作的態度，並力圖在封建政權的庇護下發展其組織。同時攻擊某些與清政府對抗的異己會道門組織以及外來的天主教、基督教為邪教、旁門外道。一貫道內部用作道徒修行功過準則的《功過格》：降「引人棄正道，學習邪教，違悖三教宗旨，妖言惑眾，人勸不悛」列為最高一級之過「千過」。

　　但是封建統治者考慮到會道門秘密聚眾所能產生的巨大能量將會失去控制，因此一般對會道門縱容和默認的少，查禁和鎮壓的多。鴉片戰爭結束後清政府在開禁天主教的同時，加緊了對青蓮教等會道門的取締和鎮壓。1845 年 9 月 9 日，清政府發佈上諭稱，「現在江西、湖北等省訪拿，均系習學青蓮邪教之犯，……青蓮教犯宗派各別，且設壇惑眾，意在斂錢，非特中國之莠民，當亦天主教中所屏絕，按律查辦」。[1]次年 1 月 11 日清政府再發上諭強調：通商五口「如有願習天主教者，……原所不禁，但不可假託天主教名目，別習青蓮、白蓮等教」。[2]

---

[1]　《鴉片戰爭檔案史料》第七冊第 582 頁，天津古籍出版社 1992 年版。
[2]　《鴉片戰爭檔案史料》第七冊第 618 頁，天津古籍出版社 1992 年版。

　　為了避免官府的懷疑和追蹤，會道門經典的作者提出了一些偽裝、應付時策略。《三元條規》規定，道首骨幹「凡立志出府過縣，開荒闡道，接引原人，務要……膽大心細，做一生理遮身，暗訪善人，方能久住他鄉，覓得佛子蹤跡，……否則揚名彰彰，出外開道，行至地土，不備生理遮俗，身帶幾兩盤費，朝夕用之，何能久站？」《太和堂書帖》更是直截了當地告誡佈道者們「切莫大膽粗心，清淨無為有譜，免得官長生疑，正道疑惑邪路」。

　　同時為了表白維持現存統治的心跡，會道門經典一面攻擊造反起義者是「邪崇魍魎」、「妖孽魔精」，另一面為封建最高統治者歌功頌德，粉飾太平。作於 1843 年到 1856 年的《歸原寶筏》攻擊「廣西作亂，傷壞許多官兵……說是吃齋造反……舉步蟲蟻怕損，造反殺人為要，人肉當作點心」。相傳由青蓮教頭目金依秘寫於 1857 年到 1871 年的《太和堂書帖》內充斥著對清朝帝後的阿諛奉承之詞。如咸豐十年（1860 年）：「皇王有道，繼見休禎。君臣聖賢，神天默蔭，風雨調順，五穀同登」。同治七年（1868 年）：「君後仁德昭彰，盛世良民鼓哺」，這是目前所知近代會道門中對慈禧太后最早的頌揚之詞。

　　另一方面，《太和堂書帖》對太平天國政權持否定態度，1864 年湘軍攻陷天京後太平天國大勢已去，進入了最後的艱苦鬥爭階段。《太和堂書帖》在 1865 年條中寫道，「時逢乙丑新歲，天下兵戈將寧，多感聖明天子，善用安邦大臣，平服邪崇魍魎，掃除妖孽魔精，同享升平盛世，共樂化日光明」，為清政府行將徹底鎮壓太平天國運動喝彩叫好。1869 年清政府繼鎮壓了捻軍之後在鎮壓西北回民起義方面也取得了重大進展，《太和堂書帖》接著又在「庚午（1870年）調賢佳音」一節中興高采烈地歡呼慈禧是「女中堯舜，垂簾聽政清勤，愛民如愛赤子，四海遠近共聞，群寇次第殄滅，國正邪崇悔心」。

　　會道門經典中的上述言論十分明顯地表明瞭它在近代中國階級鬥爭中所持的原則立場，下層群眾想要通過會道門這種組織形式去推翻清王朝的封建統治是不可能的。

三、反對外來侵略勢力

　　如何看待近代來華的外國侵略勢力，是會道門研究中的一個重要方面。在學術界已有人注意到廖帝聘在同治初年創立真空教為人戒鴉片以及 1891 年熱河金丹道、在理教的反洋教鬥爭，但是對會道門反對外來侵略的思想認識挖掘不深，容易使人產生事發偶然的錯覺。其實查閱了會道門經典中大量的反洋煙反洋教的言論後就會瞭解會道門發動反侵略鬥爭的必然性。

　　著於道光年間的《八字覺源》猛烈抨擊了當時吸食洋煙的舉動，指責社會上一些人「胡作妄為，把洋煙作命寶，使銀錢如泥沙。……必至家頹產敗，甚則子散妻離」。又說「習食　洋煙，傷身耗財，一旨犯國法，可恥」。同一時期成書的《萬年歸宗》也指出，「酒色財氣四堵牆，煙為惡毒貫穹蒼」，又稱「自古無邪不顯正，從來道魔相連。……土王化煙西洋獻，陷壞中華眾明賢。」不僅如此，在光緒六年（1880 年）成書的《玉露金盤》中還正面肯定了庚子年（1840 年）全國性的禁煙運動。編著者借善法大師之口說「九六殘零在人間」，「把酒色和財氣當如性命，將三綱與五常拋入江心，吃洋煙習嫖賭做得有勁，……惱怒了玉皇帝降下劫運，庚子年掛天榜，一掃煙塵」。據此可知，早在道光年間的禁煙運動中會道門就已站在清政府的一邊了。

　　會道門經典還比較全面地揭露了鴉片的種種危害，以期引起人們對這一重大社會問題的關注和重視。《歸源寶筏》披露了前往廣西鎮壓造反的清朝官兵們「有癮在身，臨場兩邊對陣，癮發身軟頭昏，那邊兵將氣勇，知來交戰必贏，不說洋煙所害，總講那邊法靈」。《玉露金盤》所收純陽祖師十哀辭的第九哀即是「哭人何若戀洋煙，毒氣薰人臉色變，一身瘦弱軟如棉，晝夜床頭將燈點，日上三竿正好眠，不但房中妻子怨，誤了時光美少年。」上述反洋煙毒害的言論反映了包括會道門徒眾在內的中國人民對於鴉片毒品的一致痛恨，其正義性是毋庸置疑的。

　　在會道門經典中洋煙是和洋教密切結合一起的。《玉露金盤》將天主教、基督教等洋教說成是蚩尤為阻止無生老母開龍華三會，勾留九十二億生靈而「飛入邊夷變化，自立教門，大亂正道」而來的。同時把「枯人之體」的洋煙說成是由蚩尤的部下土魔化生出來的。《玉露金盤》攻擊洋教「自稱天人聖教，亂毀三教五邪，撥道理，不信佛神，煽惑殘零之性，使反覆難測，真假不分」。《換骨仙丹》則明確將天主教和大乘門並列為「普世旁門外道」。然而在《玉露金盤》中蚩尤雖最後被俘，對他的處置不過是「用紫金繩細鎖，責打三千棒，貼上符令……送到海中，壓於沃焦石下」，並沒有像古代傳說的那樣被軒轅皇帝斬殺。這一近代神話故事曲折地反映了洋教在中國與封建朝廷分庭抗禮的嚴峻事實。在晚清，任何社會力量想要徹底戰勝洋教幾乎是不可能的，對這一態勢有所領悟的會道門頭目於是就有了以上這種結局的安排，表現出一種對洋教極度鄙視但又無可奈何的心態。

　　進入民國後，會道門開始鼓吹萬教歸一，對於外來宗教有了新的提法。《無生老母十指家書》將假教邪門嚴格限定在「假彌勒，假收圓」的異己會道門中，不再涉及洋教，並承認「天主教，基督教」是「英法國蔭」，「萬國教訓」。《家書》還認為傳入中國的「天主耶穌，敬的是，天老爺，上帝救主；不外乎，真天理，十字架書；也教人，作好事，主能救苦……，修持好，靈魂得，樂國天府；修不好，被魔鬼，拉去死哭；所講理，也合乎，中國道路；雖不拜，神佛像，到無關乎」，顯示出對洋教相容並包的寬容氣度，承認它們在中國存在的合理性。但是這種寬容、承認的條件是樹立無生老母無所不屈的最高權威。《家書》宣稱「萬國人，是娘兒」，因此無生老母「不但渡，中華兒，連渡外國，……萬教人，萬法同，歸一道轍。」會道門經典中這種萬教歸一的說教是明清時期會道門中三教合一思潮在民國新時期的延伸和發展，雖然在社會上頗為流行，但最終還是無法解決外來宗教勢力侵華的現實問題。

崔濟愚《東經大全》的價值傾向

　　崔濟愚即水雲先生是朝鮮東學黨的創始人，《東經大全》是他寫於 1860～1863 年的一部漢學經典，集中地反映了東學黨的歷史觀和道德觀，在東學黨內有著重要的影響。崔濟愚本人以為《東經大全》足以「矯其人，修其身，養其才，正其心」，「凡天地無窮之數，道之無極之理，皆載此書，唯我諸君，敬受此書，以助聖德」[1]。該書雖然文字玄妙深奧文意若隱若現令人難以琢磨，但仍不愧為朝鮮近代思想史上的一篇重要文獻，對於我們研究近代朝鮮的傳統文化及其在民眾中的影響有著不可替代的作用。

　　朝鮮自古稱為東國，歷史上屬於漢字文化圈。儒家學說在朝鮮根深蒂固，深入人心。受其影響，崔濟愚的《東經大全》的歷史觀完全是唯心主義的。該書歌頌「堯舜之世民皆為堯舜」，「自五帝之後，聖人以生，日月星辰，天地變數，成出文卷，而以定天道之常然」[2]，即認為五帝之後出現了道德社會。崔濟愚認為自「挽近以來，一世之人，各自為心，不順天意，不顧天命，心常悚然，莫知所向矣」[3]。究其原因是西方列強的堅船利炮打破了中國這一「天朝上國」的神話，從而引起了朝鮮民眾的疑慮和失望。

　　1860 年中國在第二次鴉片戰爭再遭敗績的消息傳到朝鮮後儒家學說價值和思維定式進一步遭到懷疑。《東經大全》寫道，「夫庚申

之年，建巳之月，天下紛亂，民心淆薄，莫知所向之地，又有怪違之說，崩騰於世間：『西洋之人，道成立德，及其造化，無事不成，攻鬥干戈，無人在前，中國燒滅，豈可無唇亡之患耶？都緣無他，斯人道稱西道，學稱天主，教則聖教，此非知天時而受天命耶？』」[4]在歷史上朝鮮是中國的藩屬國，其社稷國家安全有賴於宗主國中國的庇護，中國的慘敗引起朝鮮百姓的不安是可以理解的。崔濟愚對完全不同於儒家文化的西洋異質文化不予認同，對列強侵華持強烈否定態度。他說：「至於庚申，傳聞西洋之人，以為天主之意，不取富貴，攻取天下，立其堂，行其道，故吾亦有其然豈其然之疑。」[5]在儒家學說的影響下降、西方學說影響上升的嚴峻形勢面前崔濟愚苦思冥想，重新對自己的文化價值觀念進行了認真的反思。由於日夜思考，殫精竭慮，精神長期處於亢奮狀態，積勞成疾，神智恍惚。《東經大全》對此寫道，「不意四月，心寒身戰，疾不得執症，言不得難狀之際，」有上帝「仙語忽入耳中，……『余亦無功，故生汝世間，教人此法，勿疑勿疑。』」崔濟愚忙問：「『然則西道以教人乎？』曰：『不然。吾有靈符，其名仙藥，其形太極，又形弓弓。受我此符，濟人疾病，受我咒文，教人為我，則汝亦長生，布德天下矣。』」[6]結果崔濟愚吞服了上帝給的靈符後，渾身感到輕鬆，病情開始好轉。《東經大全》上述故事與我國太平天國領袖洪秀全的『異夢』非常相似。他們講述這種神人交接非凡經歷的意圖是要自己的追隨者相信，他們絕對是受命於天的特殊人物，他們的神學權威決不是自封的。《東經大全》中有一點特別值得注意，即上帝教人用的是什麼道？它不是西道既西學天主教。而「太極」是道教的一個主要的概念，顯然屬於東方文化的範疇。在作了這一決定性的選擇後，崔濟愚一面極力鼓吹這

---

[4]　崔濟愚：《東經大全》，見金哲編著：《東學精義》第 65 頁，韓國東宣社 1995 年版。

[5]　崔濟愚：《東經大全》，見金哲編著：《東學精義》第 40 頁，韓國東宣社 1995 年版。

[6]　崔濟愚：《東經大全》，見金哲編著：《東學精義》第 44 頁，韓國東宣社 1995 年版。

是他近 20 年求道生涯的最終結果，得了上帝「無往不復之理」；另一方面趁機抨擊當時的國內外時弊：因人們「不順道德」，「是故我國，惡疾滿世，民無四時之安；是亦傷害之數也。西洋戰勝攻取，無事不成，而天下盡滅，亦不無唇亡齒寒之歎，輔國安民，計將安出？」[7]

崔濟愚上述堅持東方文化否定西學的價值傾向，在當時並沒有得到朝鮮國內大多數人的贊同。《東經大全》指責他們，「未知世運，聞我斯言，則入則心非，出則巷議，不順道德，其可畏也。賢者聞之，其或不然，」[8]此外根據崔濟愚《教訓歌》和《龍潭遺詞・安心歌》講，還有些「無知世人，忌恨賢良，無中生有，造謠誣陷」，「便將東學，誣為西學，走街竄巷，滿城風雨：『邪妄之人，只配西學。』……『若信西學，速來龍潭。』」[9]崔濟愚當然不可能向這些世人一一解釋、開導，於是執意寫下了《東經大全》。

《東經大全》首先強調了作者本人受命於天的特殊身份，然後著重解釋了是什麼道、什麼是道的問題。崔濟愚認為：「儒教拘於名節，未達玄妙之境；佛教入涅盤，絕倫常；道教悠游於自然，缺乏治國平天下之術」，均有不足。[10]後來他在《龍潭遺詞》中甚至認為：「儒道佛道，時累千年，運數已盡」，而「洋學如斯而有異，如咒而無實，……首則同也，理則非也。」[11]因此崔濟愚受之於上帝的道不是儒道佛道，也不是洋道，而是他兼采儒佛道而獨創的天道即東學道。崔濟愚強調：「吾亦生於東，受於東，道雖天道，學則東學……吾道受於斯，布於斯，豈可謂以西名之者乎？」[12]《東經大全》進一步批判西學，指出：「西人言無次第，書無皂白，而頓無為天主之端，只祝自為身之謀，身無氣化之神，學無天主之教，有形無跡，如思無咒，道近虛

7　崔濟愚：《東經大全》，見金哲編著：《東學精義》第 53 頁，韓國東宣社 1995 年版。

8　崔濟愚：《東經大全》，見金哲編著：《東學精義》第 56 頁，韓國東宣社 1995 年版。

9　金哲編著：《東學精義》第 57 頁、第 84 頁，韓國東宣社 1995 年版

10　中國近代史資料叢刊：《中日戰爭》（七）第 35 頁，新知識出版社 1956 年版。

11　《中日戰爭》（七）第 75 頁，新知識出版社 1956 年版。

12　《中日戰爭》（七）第 84 頁，新知識出版社 1956 年版。

無，學非天主，豈可謂無異者乎？」崔濟愚指出「吾道無為而化矣。守其心，正其氣，率其性，受其教，化出於自然之中也。」[13]這裏的「其」指的都是天主。《東經大全》刊出的咒文即「不忘之詞」是：「至氣今至，願為大降；待天主，造化定；永世不忘，萬事知。」其中最核心的就是強調「待天主，造化定」。然而崔濟愚使用的「天主」一詞並不是西方天主教的「天主」，而是中國古籍中早已出現過的「天主」。在《史記》封禪書中稱「八神，一曰天主，祠天齊。」另佛經《最勝王經》亦稱諸天之主為天主，「有王法正論，名天主教法。」如果一定要追究「天主」一詞淵源的話，先出自中國是毫無疑義的。與洪秀全拿中國古籍經典中的「上帝」去比附西方基督教的「上帝」不同，崔濟愚是用中國古籍經典中的「上帝」去對抗西方基督教的「上帝」，從一開始就掌握了宗教話語的主動權。在崔濟愚看來，中國的「上帝」比西方的「上帝」資格要更老，地位要更高。在咄咄逼人的西洋異質文化的挑戰面前，崔濟愚從陳舊的古籍中尋求往日的榮光，以此謀求心理上的補償和平衡。那麼如何才能侍奉好「天主」呢？《東經大全》認為只要做到「內有神靈，外有氣化」即可。而這種境界又是一般常人經過修煉都可以達到的。至於如何「氣化」，崔濟愚在《東經大全》中向弟子們傳授道：「仁義禮智，先聖之所教；守心正氣，唯我之更定。一番致祭，永侍之重盟；萬或罷去，守誠之故也。」[14]

雖然崔濟愚在《龍潭遺詞》中說過，時累千年的儒道，「運數已盡」，但他在創立東學道時在《東經大全》的書中正面歌頌孔子，認為「夫子之聖質了學而知之」[15]，而凡人只是「困而得之」。他強調「夫子之道，則一理之所定也；論其唯我之道，則大同小異也。」[16]當時已在向弟子傳授東學道的崔濟愚還在《東經大全》中連續用了四個典故津津漏樂道地自比孔子：「冠子進退，恍若有三千之班；童子拜拱，倚然有六七之詠；年高於我，是亦子貢之禮；歌詠而舞，豈非仲

[13]　《中日戰爭》（七）第78頁，新知識出版社1956年版。
[14]　《中日戰爭》（七）第129頁，新知識出版社1956年版。
[15]　《中日戰爭》（七）第118頁，新知識出版社1956年版。
[16]　《中日戰爭》（七）第124～125頁，新知識出版社1956年版。

尼之蹈？」[17]其中「六七之詠」出自《論語・先進》：「暮春者，春服既成，冠者五六人，童子六七人，浴乎沂，風乎舞雩，詠而歸。」僅此人們就可以知道崔濟愚的儒學根底是很深的。那麼他為什麼又說儒道「運數已盡」了呢？我的理解，崔濟愚反對的是在朝鮮很有影響的朱熹學說，這在《東經大全》中已有披露。從哲學上來說崔濟愚的「至氣說」是「至氣一元論」即「物心一元論」，[18]比較接近北宋張載的「理氣一元論」，而與宋儒朱熹的「理氣二元論」差別很大。張載主張「氣者，無事不涉，無事不命，然而如行而難狀，如聞而難見，是亦渾元之一氣也」。崔濟愚在《東經大全》中在解釋他的「至氣」時一字不差地抄錄了張載的上述原話，只是在這之前加了「虛靈蒼蒼」四個字，以別於「氣」而已。[19]

　　在 19 世紀 60 年代崔濟愚否定西學創立東學絕對不是偶然的。這與崔濟愚家世、教養密不可分。崔濟愚的七世祖崔震立將軍曾在 1592、1597 年兩次率領義兵抗倭，授宣武功臣、三道統制使、公州營將等要職，1636 年死於勤王之役。因此崔家有著強烈的熱愛民族愛國衛國的傳統和家風。崔濟愚在《龍潭遺詞・教訓歌》中也講：「圍以善運，定以胎教」，「天主生我，保我國運」。與此同時崔濟愚還有良好的家學淵源，從小受以儒學為中心的傳統文化的教育和薰陶，傳統文化的影響積澱甚深。其父近庵公崔沃是朝鮮慶尚道一帶有名的大儒，所著的大量詩文收錄在《近庵文集》中。不過崔沃效法漢代的嚴子陵，鄙棄官位仕途，甘心隱居鄉間。崔沃還十分敬慕諸葛亮、陶淵明、周敦頤等人，曾模仿陶淵明的《歸去來辭》並和該辭之韻，寫過一首《歸去來辭》。1824 年崔濟愚誕生後一直生活在濃重的儒家文化的氛圍之中，常「審誦三代敬天之理，於是乎唯知先儒之從命，自歎後學之忘卻。」[20]崔濟愚在《東經大全》中自我描寫他的鄉間讀書生活：「……圓中桃花，恐知漁子之舟；屋前滄波，意在太公之釣；檻臨池塘，無違

---

[17]　《中日戰爭》（七）第 127 頁，新知識出版社 1956 年版。
[18]　金哲編著：《東學精義》第 88 頁，韓國東宣社 1995 年版。
[19]　金哲編著：《東學精義》第 86 頁，韓國東宣社 1995 年版。
[20]　金哲編著：《東學精義》第 124 頁，韓國東宣社 1995 年版。

濂溪之志；亭號龍潭，豈非慕葛之心？」[21]說明崔濟愚自讀書起就一直以姜太公、諸葛亮、周敦頤等人為為人處世的楷模，有著遠大的志向和抱負。16 歲時他失去了父親，後來為了求道，崔濟愚離家出走，走遍了三千里河山，於 1859 年帶著妻兒回到故鄉。當時仍一無所獲的他將本名濟宣改為濟愚，以表示拯救天下無知百姓的決心。經過一番契而不舍的努力，終於在 1860 年 4 月宣稱求得了天道，創立了東學。對崔濟愚個人來說，他的家庭出身、讀書生涯決定了他的價值判斷和思想。

　　崔濟愚的東學道自 1861 年 6 月起「布德天下，廣濟蒼生，輔國安民」[22]，這一民族宗教以其愛國愛民的特色、相對簡單的禮儀方式以及提倡道德上的自我完善很快受到了朝鮮民眾的歡迎。正如清朝政府不能也不願將同拜「上帝」的拜上帝教與基督教區別開來一樣，朝鮮李朝政府同樣不能也不願將同敬「天主」的東學道與天主教區別開來。1863 年 12 月李朝政府以邪教的罪名將崔濟愚逮捕，在官方看來崔濟愚的東學道是天主教的同道。次年 3 月崔濟愚被害遇難，但是他所創立的東學並未從此消亡。1861 年入道的崔時亨早在 1863 年 8 月就繼承了道統，並在崔濟愚殉道後擔任教主，1880 年 5 月和 1881 年 6 月他分別刊行了崔濟愚的《東經大全》和《龍潭遺詞》，此舉對傳播東學起了重要的作用，在朝鮮近代思想史上產生了重要的影響。1894 年孫秉熙奉崔時亨之命，與全琫准一道發動了聲勢浩大的東學黨起義。東學黨起義代表了朝鮮大多數民眾的意志，對外國列強和本國封建統治者作了英勇的抗爭，是朝鮮近代農民戰爭的最高峰。在第一代教主去世 30 年後，朝鮮的局勢發生了重大的變化，全琫准等人不失時宜地提出了「制暴救民」、「斥洋斥倭」的口號，但無論如何東學黨的思想淵源、價值觀念均來源於崔濟愚及其《東經大全》是毫無疑義的。在朝鮮資本主義極不發達，缺乏現代工人階級的情況下急於反抗內外壓迫的群眾選擇了崔濟愚創立的東學作為思想武器是不可避免和理所當然的。

---

[21] 金哲編著：《東學精義》第 122 頁，韓國東宣社 1995 年版。
[22] 金哲編著：《東學精義》韓國東宣社 1995 年版中文版序言。

義和團運動中的道教信仰

　　1900 年義和團高潮時期，清中央政府對大局失去控制，亂世當中各種宗教信仰、民間信仰大行其道。作為「集中華民族傳統宗教觀念大成的中國本位宗教」的道教以及「歷史最長的社會意識形態」的道教教義[1]在義和團運動中究竟起了什麼作用，一直以來鮮有專門的研究。在 59 萬餘字的《中國道教史》中只是籠統地說了一句：「至清末，如義和團、三元里之抵禦外侮，亦求祈求神之佑助」[2]，未作必要的展開。卿希泰主編的《中國道教史》（四川人民出版社 1996 年修訂本）對此雖有所敘述，但史料不盡可靠，個別史實也有失誤。筆者有鑒於此，收羅原始史料，進行解讀，就義和團運動中的道教信仰撰寫成文，請各位指教。

一

　　義和團的來源多樣，組織十分複雜，廣大團員的思想信仰不一。
　　在各種義和團組織中有自稱「佛門弟子義和團」的。1900 年 6 月 12 日，他們在盛京營口全城遍貼揭帖，內稱：「茲因天主耶穌欺神滅聖多不遵佛法，上天收伏雲雨，下降百萬神兵，掃除外國洋人。」並號稱「佛門弟子義和團，上能保國，下能護民。」[3]
　　1900 年 7 月官方發佈《團規》，也將義和團定位在佛門義和團。《團規》明確規定「義和團專為承天命奉佛法，誅殺洋人，翦除教匪，以保國家，而安良善」，「所有各團諸師兄，均應恪守佛法，精白乃

---

[1]　任繼愈主編：《中國道教史》第 739 頁，上海人民出版社 1990 年版。
[2]　任繼愈主編：《中國道教史》第 674 頁，上海人民出版社 1990 年版。
[3]　《中國海關與義和團運動》第 104 頁，中華書局 1983 年版。

心。如有不守團規，……即系匪徒假冒，既為神人所共憤，更為佛法所不容，……即將該團銷號驅逐，該團大師兄應請佛法懲治。」[4]

　　但這並不等於說其他的宗教信仰在義和團中沒有影響。與早已中國化的佛教相比，「道教更具有封建社會農民型的樸素意識」[5]，由於義和團採取了多神主義，團民們的信仰五花八門，仙佛混融，在佛、道之間有所取捨，在朱紅燈的義和團中就「有和尚，有道士。」[6]但總體上看，質樸的義和團民信仰道教的為數不少。即便在人們耳熟能詳的《義和團乩語》中就說「鬼子鬧中原」，「勸奉教，自信天，不信神，忘祖仙。……神發怒，仙發怨，一同下山把道傳。非是邪，非白蓮，念咒語，法真言，升黃表，敬香煙，請下各洞諸神仙。仙出洞，神下山，附著人體把拳傳。」[7]如果說其中「神」的概念佛、道兩家均可以用的話，那麼「各洞諸神仙」的概念則是道教的專用術語。義和團還借關聖帝之口降壇：「義和團中得道仙」[8]。因此義和團運動中有強烈道教信仰是確鑿無疑的。

二

　　道教信仰出現在義和團運動中是有歷史原因的。自清代以來，道教在上層社會發展受阻。1821 年，清王朝敕令第五十九代天師張鈺「停其朝觀，著不准來京」[9]，從而中止了清王朝與道教的聯繫，道教從此被趕出了宮廷的政治舞臺。1885 年 2 月光緒帝發表上諭稱：「京師城外白雲觀，每年正月間燒香賽會，男女雜遝，並有托為神仙之說、怪誕不經等語，僧人造言惑眾及婦女入廟燒香，均幹例禁。」[10]進一步將道教白雲觀列入嚴加防範的場所。道教在

---

[4]　《義和團文獻》，《近代史資料》1957 年第 1 期，第 2～3 頁。

[5]　任繼愈主編：《中國道教史》序第 6 頁，上海人民出版社 1990 年版。

[6]　中國近代史資料叢刊：《義和團》（一），第 356 頁。

[7]　《義和團雜記》，《近代史資料》1957 年第 1 期，第 18 頁。

[8]　《義和團雜記》，《近代史資料》1957 年第 1 期，第 6 頁。

[9]　《清朝續文獻通考》卷 89《選舉考六》。

[10]　光緒十一年一月十五日上諭，《光緒宣統兩朝上諭檔》第十一冊，第 15 頁，廣西師範大學出版社 1996 年版。

上層社會的地位愈來愈低落，「勢力轉入民間，轉變成秘密宗教團體。」[11]

鐵布衫（金鐘罩）、八卦教等民間宗教在發展過程中吸收了一些道教信仰的成分，而鐵布衫（金鐘罩）、八卦教又與義和團有著一定的淵源關係。從組織來源看，鐵布衫即大刀會是義和團的重要組成部分。大刀會「招訣念咒，畫符飲吞，排槍排刀，……以其渾身功夫都用到刀槍不入」[12]，而其中的一個重要步驟就是使用道教的符咒。因此有人說大刀會「其術，有符有咒。符加於頂，或佩身畔，則若瘋若顛，力大尋常數倍。」[13]1899 年靜海、青縣、東光各縣的鐵布衫「暗裏吃符念咒……會刀槍不入，能夠避火」[14]。官軍在景州朱家河擊敗義和拳後「搜獲妖符數十張」[15]。大刀會即金鐘罩，「人得其符咒，即如金鐘罩身，槍炮不入。」[16]當代學者路遙認為在各種拳會組織中，只有與金鐘罩形跡相結合後的神拳才是「義和團的主導組織」。「以後義和團發展到北京，普遍出現於北京城的團壇，就是這種與金鐘罩相結合的神拳，也叫『金鐘罩團』」[17]。

在義和團另一大來源神拳中道教影響也很大。神拳在練習時念定神法云：「頭頂天靈，腳踏地靈，身披黃靈，我有十萬神兵，十萬鬼兵，遇山山倒，遇地地崩，遇樹兩截，無奈太上老君，急急如律令。」[18]

八卦是道教中慣用的要素之一，八卦教是受道教影響較深的民間宗教。有人認為義和拳「自乾隆時即有之，初名八卦教」[19]。當時就有人稱：「義和團共有老師卅六位，每位代（帶）廿萬多神兵，分為乾坎艮宸（震）選（巽）離坤兌，洋紅包頭，紅代（帶）子，紅腿代

---

[11]　任繼愈主編：《中國道教史》序第 4 頁，上海人民出版社 1990 年版。

[12]　《山東義和團調查資料選編》第 19 頁，齊魯書社 1980 年版。

[13]　《平原拳匪紀事》，《義和團》（一），第 354 頁。

[14]　《山東義和團調查資料選編》第 335 頁，齊魯書社 1980 年版。

[15]　中國近代史資料叢刊：《義和團》（四），第 486 頁。

[16]　《荏平縣誌》，《義和拳之變》。

[17]　轉引自路遙：《論義和團的組織源流》，《義和團運動史討論文集》第 71 頁，齊魯書社 1982 年版。

[18]　《山東義和團調查資料選編》第 203 頁，齊魯書社 1980 年版。

[19]　《拳匪紀略》，《義和團》（一），第 444 頁。

（帶），紅手代（帶），頭頂佛字，紅兜兜中間坎字的，乾字的。」[20]
當時在山東、直隸交界各州縣活動的義和拳內，八卦教中的乾、坤、
震、巽、坎、離、艮、兌各卦的人都有。乾位代表西北方向，義和拳
大首領靳盛然是山東濱州、沾化、陽信、利津、蒲台等縣「拳廠匪首」，
又系「第一乾卦著名匪首」。另一個義和拳首領宋懷被清軍捕獲時，
同時「並獲黃布頭巾，上寫乾字暨八卦印布」[21]。坎位代表正北方向，
冠縣十八村是「坎」字拳會。所以義和團揭貼《南苑三臺山》中有「乾
坎刀兵滾滾了，……燒的扛天紅，神仙救不了，……西北真主當值了，
神仙發了難，全現天書了，東方明星出現了，饑荒年來了，要過太平年
了」[22]的說法。在海豐縣則有「巽」字拳會；惠民、商河、齊東、濟陽、
鄒平、章丘有「離」字拳會，離卦托南方火色，穿戴、刀槍旗子一律尚
紅色，或以紅布為飾，「以別於他卦」[23]。離卦教徒大貴和尚被捕後供
認自己是「朱紅燈的師弟」[24]。樂陵西南鄉有「兌」字拳會等等。[25]

《天津拳匪變亂紀事》記載：「眾匪等自分為乾、坎、艮、震、
巽、離、坤、兌八門，明目張膽，設立壇口。愚民驚為神奇，皆願習
練其術。」[26]《庚辛紀事》載，天津義和團「胸繫八卦兜肚」[27]。《天
津一月記》又載：「團分八卦，其蒙首圍腰之布，分紅、黃、黑、白
四色」[28]。而北京的「乾、坎二門。乾門者色尚黃，頭包黃布，以花
布為裏，腰束黃帶，左右足脛亦各繫指許闊黃帶一。坎門者，色尚紅，
頭包紅布，腰束紅帶，左右足脛亦各繫指許闊紅帶一。」[29]劉以桐《民

---

[20] 《義和團雜記》，《近代史資料》1957年第1期，第5頁。

[21] 參見《義和團運動史討論文集》第435～436頁，齊魯書社1982年版。

[22] 《義和團史料》上冊，第13頁，中國社會科學出版社1980年版。

[23] 中國近代史資料叢刊：《義和團》（一），第356頁。

[24] 中國近代史資料叢刊：《義和團》（四），第486頁。《義和團運動史料叢
編》第二輯，第70頁，中華書局1964年版。

[25] 參見《義和團運動史討論文集》第435～436頁，齊魯書社1982年版。

[26] 中國近代史資料叢刊：《義和團》（二），第7頁。

[27] 中國近代史資料叢刊：《義和團》（一），第305頁。

[28] 中國近代史資料叢刊：《義和團》（二），第145頁。

[29] 〔日〕佐原篤介、浙東漚隱輯：《拳事雜記》，《義和團》（一），第270頁。

教相仇都門聞見錄》講義和團所豎的旗幟也是八卦旗：「旗分五色，畫八卦。」[30]

在據稱是在靜海縣七里莊挖井時出土的一塊「貞觀十七年造」的石碑上，有袁李二人所作碑文，其中提到：「總是一千年，……應在庚子年，暗有九宮門，明有八卦圖」[31]。義和團老師傅傳下貼在門上屋內均可的八個字帖為「快馬神騎八卦來急」[32]。道教教義中的八卦在義和團揭貼中多有使用，這是義和團運動中道教信仰的一個重要方面。

三

道教源於中國本土古老的民俗信仰，具有明顯的世俗性與人文性。而在這些民俗信仰中蘊涵著人們希冀安康、追求長生的傳統思想與文化心理，有一定的積極的、合理的成分。在多元駁雜的義和團信仰體系中，道教信仰占了十分重要的地位，與佛教、儒教發揮著幾乎同等的作用，具體表現在道教的符咒、理念、神仙對義和團的影響上。

義和團運動中的道教信仰最集中最突出的表現在符咒的廣泛流行。符咒被認為是能夠招致靈力，喚起超自然力量為己服務的工具。按道教的說法，符咒的最大功效在於驅鬼治病，在民眾日常生活中屢見不鮮。根據史料記載，山東義和拳「私畫妖符」[33]。義和團首領王湛等人倡教門團練之說，「托言神傳符咒，靈奇妙用，遠近人皆附之。時毓賢亦欲利用義和團以制洋人，嘗饋以牛酒軍械，因而齊魯之間，一時飆起『扶清滅洋』，萬口同聲。」[34]天津義和團女首領黃蓮聖母林黑兒，庚子年間「與張德成等相結，……乃自稱仙姑，能以符水治病，……眾果信之」，黃蓮聖母因而組織紅燈照，直隸總督裕祿亦與之周旋，以是聲名大張。[35]

30　中國近代史資料叢刊：《義和團》（二），第 183 頁。

31　《義和團雜記》，《近代史資料》1957 年第 1 期，第 10～11 頁。

32　《義和團雜記》，《近代史資料》1957 年第 1 期，第 7 頁。

33　中國近代史資料叢刊：《義和團》（一），第 394 頁。

34　中國近代史資料叢刊：《義和團》（四），第 504 頁。

35　中國近代史資料叢刊：《義和團》（四），第 512 頁。

　　道教認為，符咒當中的咒在念誦時會產生臨時性的功效，它內容廣泛，具有較強的靈活性。而符則將咒固定成圖像或變形文字的形式，具有直觀性、易保存等特點，因而功效比咒更加長久。義和團中有張天師飭令「瘟神遠行速退他方」的避瘟符咒。[36]京城演習義和拳者，「經師傅授符咒，即有某仙附體，或某神附身。立即武藝精通，身體靈爽，並刀槍錘械各項技藝嫻熟。各巷設立拳廠者，不勝枚舉。」[37]

　　在「北直保定、遵化州、錦州一帶，喧傳有神師降世，專收幼孩為徒，教以咒語，……教以練拳練刀，功候滿足，即能槍炮不入，刀箭不傷。未幾，即日盛一日，強年壯丁，舉信從之，鄉野村莊，無不有壇，始大張義和拳旗號。嗣後從者益眾，北三省幾於遍地皆是」[38]。又有地方誌記載，四川「教匪滋亂，所示神諭，多力避妖異，顯以修性修命覺民。」[39]

　　道教符咒是用來宣達神意、驅妖捉鬼、祈福攘災的。在義和拳、義和團中道教符咒的表述方式雖不盡一致，但中心要旨是十分明確的，即與交火、打仗、開戰有關。如義和團咒語云：「弟子存心苦用功，遍地草芽都成兵，愚蒙玉體仙人意，除滅鬼子保大清。」[40]義和拳上體咒語謂：「弟子在紅塵，閉住槍炮門，槍炮一齊響，沙子兩邊分。」[41]其避炮火咒語為：「冰凌山，冰凌洞，冰凌洞裏有冰人」[42]。其「避槍火咒」稱：「北方洞門開，洞中請出槍佛來。鐵神鐵廟鐵蓮台，鐵人鐵衣鐵避塞，止住風火不能來。天地玄我，日月照我。」[43]

　　人們還可以在義和團高潮時期的官員奏報中看到道教符咒被廣泛使用的情況：1900年3月2日裕祿告示稱，「近日無知愚民，惑於外來匪徒，持符念咒，降神附體，能禦槍炮之說，輒私立義和拳會，

---

[36] 中國近代史資料叢刊：《義和團》（四），第149頁。

[37] 《拳事雜記》，《義和團》（一），第240頁。

[38] 《庚辛紀事》，《義和團》（一），第305頁。

[39] 民國《新修武勝縣誌》卷首「地理」。

[40] 中國近代史資料叢刊：《義和團》（四），第152頁。

[41] 中國近代史資料叢刊：《義和團》（四），第152頁。

[42] 中國近代史資料叢刊：《義和團》（三），第486頁。

[43] 《義和團雜記》，《近代史資料》1957年第1期，第7頁。

練習拳棒，蔓延各處，以仇教為名，滋事擾害。」[44]5 月 19 日山東巡撫袁世凱報告說：「入其教者，雖名為習拳練技，實為演誦符咒，詭稱神靈附體，舞槍操棒，形類瘋顛」，「如欲赴某村訛搶，則分送傳單，先期徵召，迨齊集後，逐一吞符誦咒，焚香降神，雜逐跳舞。為首者指揮部署，附會神語，以誑其眾。臨陣對敵，……其頭目手執黃旗，或身著黃袍，背負神像，其徒眾分持槍刀及鳥槍抬炮，群向東南叩頭，喃喃作法，起而赴鬥，自謂無前。」[45]這種臨戰前的「降神」情景，實為義和團迷信的真實寫照，表明了義和團在指導思想上的貧乏。但對這種迷信現象僅限於暴露、譴責是不夠的。還要「用歷史來說明迷信」（恩格斯語）。對於處在焦慮不安精神緊張的義和團民來說，神靈附體可能是當時最直接、最迅速、最方便的戰前準備，具有很強的鼓動與激勵作用。

　　5 月 22 日總理衙門大臣奕劻等在保護使館教堂拿辦義和拳的奏摺中說：「義和拳會，始自山東，漸及直境。雖經各督撫出示曉諭，設法懲辦，而該會傳習已多，蔓延愈廣。近畿一帶……經官查拿，搜獲紅布符袋及黃紙牌位、軍械等件。近日京城地面，頗有外來奸民，妄造符咒，引誘愚民，相率練習拳會」[46]。5 月 25 日步軍統領衙門等擬訂嚴禁義和拳會章程十條，奏准施行。其張貼的禁止拳會之簡明告示稱：「照得義和團會，拳法延及京師。奸民借此名目，符咒煽動無知。聚集通衢僻巷，誘教年少健兒。更有張貼揭帖，惑人愈出愈奇。此等擾害地面，科斷何止杖笞。急應迅速籌辦，毋使邪術潛滋。」[47]6 月 8 日禦史吳鴻甲又上奏說：「宣武門外炸子橋內有破廟名朝慶庵者，自五月初一日，忽來五六十人多供立神牌，演習符咒，日以砍刀炫惑市人。」[48]

　　義和團大量使用道教中的咒語是有原因的。首先，對華北農民來講道教中的咒語法術是耳熟能詳，司空見慣的，況且又通過「說書唱

<hr />

[44]　中國近代史資料叢刊：《義和團》（四），第 477～478 頁。

[45]　《義和團檔案史料》上冊，第 93 頁，中華書局 1959 年版。

[46]　《義和團檔案史料》上冊，第 97 頁，中華書局 1959 年版。

[47]　《義和團檔案史料》下冊，第 701～702 頁，中華書局 1959 年版。

[48]　《義和團檔案史料》上冊，第 121 頁，中華書局 1959 年版。

戲遊戲裝點之詞」[49]廣為傳播，因此在仿習上不存在什麼太大的困難。在義和團與列強的武裝對抗中，武器處於明顯劣勢的義和團一方急於引進神秘性的咒語、泛化咒語，用以壯膽助威是可以理解的。正如《陽信縣誌》所說：「愚夫孺子愛國而不知其術，襲取神道設教之意」[50]。《茌平縣誌》也稱：「甲午而後，強鄰肆虐，中國怯弱，人民益忿，因思外洋所恃者槍炮，必有避槍炮之術乃能禦之，而金鐘罩神拳之說興矣」[51]。

四

　　義和團運動中的道教信仰又表現為道教人物對義和團的排外滅洋思想的影響。在近代中國農村，鬼神迷信盛行。就道教神仙而論，有些如張道陵、呂洞賓、張果老本來就是由人修煉而成的。這些代表超自然力量或尊長的偶像本來就是在近代華北底層大眾精神世界的一部分，義和團將他們重新抬出來助陣，易於被人們接受。這種道教信仰的影響貫穿於義和團運動的全過程，而在義和團高潮時期同步達到了頂點。

　　根據文人孫行簡記載「同治五年內寅有一雲遊道士，至天津紫竹林觀看，見各國洋樓高聳，百廈雲連，每逢禮拜日則懸旗鳴炮聲勢赫濯，其強也甚矣。」於是在牆壁上題詩一首「沿河一帶建樓房，扯旗放炮逞剛強，有朝西北真主至，一炬火光化無常。」孫行簡在錄此詩時感慨道：「奇哉，此道人也，能知六十年後興亡，又能道出西北之有真主，將來臨世。欸欸掇筆題詩，能知天地之奇，諒亦不凡也矣」[52]當然也有可能此詩是後來有人在天津義和團高潮時期託名所作，用以說明義和團的合法性與正義性。但不管如何，說明了道教在當時社會上有較強的影響。

---

[49]　中國近代史資料叢刊：《義和團》（四），第 489 頁。

[50]　《陽信縣誌》《兵事志》卷四。

[51]　《茌平縣誌》，《義和拳之變》。

[52]　《義和團雜記》，《近代史資料》1957 年第 1 期，第 16 頁。

道教神仙如玉皇大帝、洪鈞老祖、呂洞賓、張天師在義和團揭貼中紛紛出場亮相，為義和團民壯威助膽。胡思敬《驢背集》說：「拳匪……所事神若楊戩、哪吒、洪鈞老祖、驪山老母諸名目，皆怪誕不經。」[53]

玉皇大帝是道教崇奉的尊神之一，供奉玉皇神像的玉皇廟遍佈廣大城鄉，從某種意義上講，玉皇信仰是中國人固有的民族信仰之一。光緒年間法國天主教會勢力[54]為改建教堂悍然拆毀山東冠縣梨園屯的玉皇廟，激起了冠縣以及鄰近十餘縣人民的反抗，他們奮起拆堂建廟。毫不誇張的講，山東冠縣梨園屯教案是義和團運動的序曲。1900年4月，北京義和團發佈告示：託稱玉皇大帝下凡，「大為震怒」，強調「神明震怒之原因，係玉皇廟之被毀」[55]。

北京西城揭帖宣稱：「我非別人，乃玉皇大帝現身下凡……率領天神天仙下降凡間，凡義和團所在之地，都有天神暗中保護。」[56]這一揭帖說明義和團是將玉皇大帝作為自己的保護神。義和團揭貼《南苑三臺山》中有「關聖帝君作了題，統領眾神面奉玉皇」[57]字樣。山東平原縣大刀會則宣稱：「明年為劫年，玉皇大帝命諸神下降。」[58]反映出玉皇在義和團民所崇奉的各個神靈中的地位最高。另有一份借用「玉皇大帝現身下凡」名義書寫的揭貼說：「彼等在各地傳邪教、立電杆、造鐵路，不信聖人之教，褻瀆天神，其罪擢發難數。我極為震怒，大發雷霆。」[59]天津義和團《玉皇示夢慶王奕劻》的揭帖寫道：「只因天主教、耶穌教不遵佛法，欺滅賢聖，欺壓中國軍民，玉皇大怒，收去雷雨，降下八千九百萬神兵，義和拳傳流世界，神力借人力，

[53] 中國近代史資料叢刊：《義和團》（二），第485頁。
[54] 卿希泰主編：《中國道教史》（修訂本）第229頁（四川人民出版社1996年版）認為是德國教會勢力，誤。
[55] 吳宣易譯：《庚子義和團運動始末》第12～13頁。
[56] 王崇武譯：《英國檔案館所藏有關義和團運動的資料》，《近代史資料》，1954年第2期，第9～10頁。
[57] 《義和團史料》上冊，第13頁，中國社會科學出版社1980年版。
[58] 《平原拳匪紀事》，《義和團》（一），第354頁。
[59] 《近代史資料》1954年第2期，第9頁。

扶保中國，度化人心，剿殺洋人洋教」[60]。他們直截了當地宣傳：「天意滅洋，玉皇大帝特派八百萬神兵下世，從此中國無洋人矣。」[61]這也符合強調神靈賞罰、因果報應的道教倫理，《無上內秘真藏經》云：「好殺物命者，死入無間獄。殺生淫祀者，死入沸山獄。」[62]1900年7月出現的《庚子乩文》內甚至還有「玉皇飭旨九重天，分遣神兵下人間，扶保西北真天子，勸君快把空業般」的詞句。[63]不過這時「玉皇大帝」的權威已經打了折扣，在託名山東老壇傳來的無名揭貼中「有云玉皇大帝十大恨，有云玉皇大帝十大愁」的內容，[64]曲折地反映了當時中外力量對比懸殊的嚴峻現實。

　　義和團進入高潮時期時將道教正一派首領張天師作為重要的精神領袖與權威。張天師即張道陵，又是歷代天師的通稱，在道教中具有十分重要的地位。一則義和團揭貼說：「天師在北京曰：『世上人行善者，災可免，作惡性命難逃，如若不信者，但看丁亥子丑年，災難無數，屍骨堆山，雞鳴時有人叫喊不可答應，每逢朔望齋戒焚香，可免災難，若有傳寫一張，可保一身安，傳寫十張保一家安，傳寫百張可保終身平安，若不識字者，僅口傳亦是功德，知而不傳，性命難全。』」[65]在1899年山東義和拳的揭貼中，張天師的地位高於孔聖人，孔聖人是張天師求教的。該揭貼稱：「洋人要在山東聖人地面修蓋洋樓，聖人求天師，天師言叫聖人去某山大拜三拜，獻（現）出祺（旗）杆兩根；聽山內響大炮三聲，拜三拜，獻（現）出老者，言此「先練一合（義和）拳，後練紅燈照，趕洋人，緞（斷）鐵道。當年將洋人趕走。」[66]當然在義和團留下的文獻中向張天師求教不止孔聖人一個。有一則義和團揭貼稱：「劉大人進京，路過江西龍虎山，請問天師曰

[60] 儲仁遜：《聞見錄》第4卷，第51頁，轉引自陳振江、程歗編著：《義和團文獻輯注與研究》第20頁，天津人民出版社1985年版。

[61] 中國近代史資料叢刊：《義和團》（二），第141頁。

[62] 《道藏》第1冊，第476頁。

[63] 《義和團史料》上，第17頁，中國社會科學出版社1980年版。

[64] 喬析生：《京津拳匪紀略》。

[65] 中國近代史資料叢刊：《義和團》（四），第149頁。

[66] 《義和團雜記》，《近代史資料》1957年第1期，第5頁。

『今年人民有災，疾病當現。』大人又問，還有十愁，一愁長安不太平，二愁山東餓死人，三愁湖廣水連天，四愁四川起狼煙，五愁貴州遭大難，六愁處處不得安，七愁有飯無人吃，八愁有衣無人穿，九愁有路無人走，十愁難過丁亥年，世人若過這三年，也算長生不老仙。又問可以解否，天師曰：『行善者可免，作惡者難逃。』又再三愁問，天師用黃紙書符，帶在身上可免災難，供神前可保平安漢。又忌日期八月初一、十三、二十五、此三日不可挑水吃生病，又忌十九日，不可將穀米餵鴨，臨之悔之晚矣。」在義和團的宣傳品中有關張天師的還有：「庚子義和拳，戊寅紅燈照，丙午迷風起，甲子必來到，壬午不算苦，二四加一五，遍地紅燈照，壬申到庚午。乙酉是雙月，庚子才算苦。等到乾字型大小，神追鬼又叫。六月十七日，七月二十八日，身帶紅布為記，面向西南方燒香大吉，人死大半，傳一張免一身之災，傳十張免一家之災。孔聖人張天師傳言由山東來，趕緊急傳，並無虛言。」[67]在這裏，張天師是與孔聖人的地位是並列的，處於同等重要的精神領袖的地位。

在義和團「遍貼各街巷」的揭貼中有洪鈞老祖降壇曰：「年年有個七月初七日，牛郎會親之日。眾民傳到此日之夜，家中老少，不論男女，全要紅布包頭，燈燭不止，向東南方三遍上香叩首，一夜不須安眠。如若不為者，牛郎神仙能降壇亦不能救眾民之難。傳到十五日亦為此。自八月初一日，眾民不須飲酒，如若飲酒，一家老少大小必受洋人之害。九月初一日、初九日為日「月」之首，初九日為重陽之日，必將洋人剪草除根。眾民不須動煙火，如若不遵者，閉不住洋人之火炮。至十五日，眾神仙歸洞。此三「四」日：七月初七日、十五日至九月初一日、初九日，不須動煙火。多言示書此單，千萬千萬誠信。眾善人急傳一張，免一身之災；傳十張，免一家之災；傳百張免一方之災。」[68]

還有託名呂洞賓「呂祖」的乩語：「紅衣紅面會紅巾，紅髮紅鬚趙楚陳。遍地小神忙亂亂，一聲高叫震乾坤。二百餘年屬大清，平空

---

[67]　《義和團雜記》，《近代史資料》1957 年第 1 期，第 20 頁。
[68]　《義和團檔案史料》上冊，《義和團傳單之二》影印件，中華書局 1959 年版。

天地起刀兵。二三不見三三少，幾股清煙透大清。黃旗九竿列西東，一段黃沙耀眼明。八面威風諸鬼叫，一聲鐵膽鬧江東。可笑可笑不用問，黑阻路，白當道，眾神驚，諸鬼叫，披金甲，開槍炮，雲霧消，紅燈照，三五七八就知道，那時可笑不可笑。昔時清定二百秋，前人拆廟後人修，紅花落地黃花起，二八干戈二八秋。爾等不必叩求仙，世間人事總由天，若問賊匪吉凶事，還得壽陽那一年。得逍遙，且逍遙，騎火馬，過土橋，小亭洞口刀槍炮，前有鬼，後有妖，神鬼叫，命難逃，若間太平日，小將才過壽陽橋。」[69]在道教中呂祖是煉養成仙的典型，隨著全真道的盛行深入民間。義和團託名呂祖發佈乩語，號召群眾，在當時是很起作用的。

承襲中國傳統信仰的道教是多神教，它幾乎將平民百姓崇拜的所有神靈都囊括在自己的神祇系統之中。道教神仙在義和團揭貼中的頻頻出場表明他們是義和團的主要保護神之一，是義和團勇敢精神的堅強支柱之一，而恰恰是靠著這種勇敢精神，義和團才能夠直面武器精良的外國侵略者。

五

在近代中國社會，道教雖然遭到朝廷的打壓，但仍具有頑強的生命力。必須指出的是，自咸豐帝以來，歷代封建統治者為了神道設教，籠絡士民，也陸續加封或祭祀了一些道教崇奉的神仙，其中被稱為「武聖」的關公被不斷加封。1870 年南陽玄妙觀監院張圓璇進京傳戒，西太后賜其紫袍玉冠，並捐資設壇大開戒場。1889 年正月十五，西太后又帶光緒帝到白雲觀向玉皇大帝上香，封住持高仁峒為「總道教師」。[70]這些舉動不能不對朝野產生影響。

關於道教在華北地區的分佈情況，無論是任繼愈或卿希泰主編的《中國道教史》還是山東、直隸的義和團調查集均沒有明確的交待，

---

[69] 《義和團雜記》，《近代史資料》1957 年第 1 期，第 18～19 頁。
[70] 卿希泰主編：《中國道教史》（修訂本）第 658～659 頁，四川人民出版社 1996 年版。

筆者不便憑空猜測。但在山東冠縣梨園屯玉皇廟與天主教堂的反覆拉鋸戰中倒是有 1892 年 4 月鄉親們請臨清州道士魏合意前來主持玉皇廟的記載，不過魏合意很快就被知縣拿獲，滋事村民全被解散。[71]處在外國教會勢力進逼、壓迫之下的普通百姓「迫於教堂之壓制，思一逞以報其怨」[72]。八卦教等民間宗教的傳播與繁衍、道教的符咒與儀式、道教神仙的故事與說唱長期潛移默化，影響著廣大的華北民眾。在與西方教會勢力的抗爭中，大多數人倒向了代表中國傳統文化的道教一邊是不難理解的。有人分析說：「啟釁之由，實因教民欺凌平民積憤而成」[73]。「入壇之人，初惟鄉村愚民，平時受人欺壓，無可伸理，一聞匪說，冀借神道以凌人，一泄積憤。乃相率棄其農業紛紛入城，甘為匪類」[74]。在當時的情況下，包括道教在內的傳統民間信仰的力量是非常強大的，中國民眾在物質武器缺乏的情況下，要反抗帝國主義勢力的侵略往往更多地依賴包括道教在內的傳統民間信仰的精神武器的力量。而事實證明，單靠這種傳統的民間信仰的精神力量是無法戰勝外敵的。

---

[71] 參見戚其章、王如繪編：《晚清教案紀事》第 301 頁，東方出版社 1990 年版。

[72] 中國近代史資料叢刊：《義和團》（三），第 486 頁。

[73] 中國近代史資料叢刊：《義和團》（一），第 450 頁。

[74] 《拳匪紀事》。

論吳文化對江南民間宗教信仰的影響

王偉　邵雍

　　《辭海》「江南」條釋:「地區名。泛指長江以南,但各時代的含義有所不同:春秋、戰國、秦漢時指今湖北的江南部分和湖南江西一帶;近代專指今蘇南和浙江一帶。」[1]在我國關於烏鎮、西塘等「江南六大古鎮」列入世界文化遺產的申報書中闡述江南概念時寫到:「近代專指江蘇省南部和浙江省北部一帶。」浙江省社會科學院歷史經濟專家陳學文教授在《嘉興府城鎮經濟史料類纂》一書前言中指出:「嘉興地區在明清江南(狹義的江南是指蘇杭常嘉湖五府)經濟區中佔有很突出的地位,因為它能反映出江南水鄉經濟的特點。」[2]本文採用《辭海》「江南」條釋所指的範圍。關於吳文化對江南民間宗教信仰的影響,目前學術界論述並不充分。秦寶琦、譚松林在《中國秘密社會‧第一卷‧總論》中全面論述了秘密社會包括民間宗教的歷史演變情況,但關於文化對民間宗教信仰的影響沒有充分論述。日本學者三谷孝的《秘密結社與中國革命》力圖從會門的角度,以農村社會為背景來考察民間宗教,為研究民間宗教提供了新的思路,但對民間宗教信仰的文化因素論述不多。馬西沙、韓秉方合著的《中國民間宗教史》在學術界首次成功地理清了一些教門的源流,為研究民間宗教開闢了道路,只是很少從區域文化的角度分析民間宗教信仰。吳文化的生成與變遷,受地理環境、經濟條件、政治形勢、移民結構的規定和影響,

---

[1]　《辭海》第 889 頁,上海辭書出版社 1979 年版。
[2]　浙江省社會科學院,嘉興市圖書館編:《嘉興府城鎮經濟史料類纂》第 3 頁,1985 年版。

而每一種因素對文化影響的力度又因時因地而異。因此吳文化有著獨特的區域特徵,對江南民間宗教信仰產生深刻的影響。

一、吳文化傳承不息的迷信鬼神傳統奠定了江南民間宗教信仰的社會心理底蘊

吳地區先秦以來就有著傳承不息的迷信鬼神文化傳統。在那炎熱潮濕、棒莽叢生、沼澤四布、蟲蛇出沒的惡劣環境中,吳地區的生產力還很低下,不能為社會提供更多的物質財富,以致進入階級社會後財產的分化並不劇烈,從而為原始氏族制度某些殘餘的保存提供了豐厚的土壤。這些殘餘包括原始的圖騰崇拜和迷信鬼神。吳文化具有較為濃厚的宗教性內涵。從漢至唐代,吳地區因地理的相對偏遠,受儒家影響要比中原晚而弱一些,在文化個性上也就比中原更自由、活躍,佛教、道教在當地的流播非常迅速,進而與古老的好神巫的傳統結合,產生了鮮明的宗教特質。吳越先民自古就是「信巫鬼,重淫祀」。[3]吳地區水網密佈,人們舟船為生,為適應水上作業的要求和威懾水中鬼怪的心理願望,吳越先民在與水患鬥爭中逐漸形成敬事鬼神的信仰傳統。吳、越民間信仰體系極其龐雜,有眾多的地方性神祇崇拜。這些神祇涉及吳越居民生活的各個方面,有神話人物神、自然崇拜神、歷史人物神等等。隋唐時期這種信巫鬼好淫祀之狀況仍然十分普遍,《隋書・地理志》載:「其俗信鬼神,好淫祀。」唐崔龜從《宣州昭亭山梓華君神祠記》云:「吳越之俗尚鬼,民有病者不謁醫而禱神。」[4]佛教在吳地區的傳播也可以說明,東晉南朝,隨著政治中心的南移,佛教在江南流播甚廣。上層社會與民間普遍流行這種新的文化,名剎眾多,信佛者日眾。至唐代更是禪僧雲集,禪宗在此迅速流播。

民間宗教往往利用迷信崇拜,更注重組織形式,以改變自身社會地位和變更現實社會為目的,通常帶有反正統、反社會、反現實的特

---

[3]　《班固・漢書・地理志》。

[4]　《全唐文》卷729,中華書局1983年版。

徵，因而又被歷代統治者稱為「異端」、「左道」、「邪教」。民間
宗教反映的是一種大眾心態，它的形成有其連續性。會道門的一個重
要特徵是「封建迷信和練功練武相混雜的日常活動」。[5]「中國的會
道門是中國封建社會後期產生的帶有宗教和封建迷信色彩的民間秘
密結社。」[6]會道門是民間宗教的一個別稱，會道門的特徵是民間宗
教特徵的體現。封建迷信是導致民間宗教信仰的溫床，吳地區的迷信
鬼神文化傳統有利於江南民間宗教的廣泛傳播。江南廣泛存在的民間
宗教信仰與遠古、先秦時期該地區盛行的崇巫尚鬼之習俗有著密切的
淵源關係。江南是河姆渡文化與良渚文化的發源地。河姆渡人與良渚
人在創造大量精美的物質文化的同時，也形成了自身獨特的信仰傳
統。「雙鳥朝陽」紋像是河姆渡人圖騰信仰的標誌，王士倫先生在描
繪此圖像時說：「刻劃兩隻振翅的鳥，鳥頭相對，連體，中間有五重
圓圈，好似太陽。鳥嘴尖，長尾，這種異首連體，並且中間刻有太陽，
可能表示鳥是空中神秘的動物，是介乎人天之間的神使。」吳地區民
間不僅鬼神觀念盛行，而且祭祀鬼神的巫儺活動也十分活躍。民間百
姓在畏懼鬼神的同時，開始畏懼巫祝的法術，而這種畏懼心理的出現
無疑是與其對巫鬼力量、巫祝法術的信仰密不可分的。三國兩晉時，
吳地區民間巫、儺活動日益活躍。東吳之際，巫師精擅法術的神跡在
吳地區江南廣為流傳。江南遠古、先秦以來一直流傳的巫、儺文化，
經過長期積澱已成為吳文化的重要組成部分，這種文化對於培養當地
人民崇巫尚鬼的信仰心理無疑具有十分重要的作用。例如，五斗米道
以符籙咒術為人治病，以祈禳齋醮為人謝罪免災，這極大地滿足了廣
大民眾祛病祈福的心理。五斗米道等民間道派由於其傳道方式符合江
南民間尚鬼崇巫的社會心理，因而在江南得以廣為流傳，這對於江南
民間宗教信仰心理的加深無疑起到了促進作用。東晉南朝時期，正是
道教由民間道團向上層教會道教發展的重要階段，民間鬼神信仰與民
間巫鬼道向來是道教發展的重要思想來源，對於道教的形成與發展曾

---

[5]　邵雍：《中國會道門》第 3 頁。
[6]　邵雍：《中國會道門》第 1 頁。

起到了重要的作用。可見，大量鬼神傳說在民間的廣泛傳播則為江南民間宗教信仰的流播鋪平了心理基礎。

二、吳文化的開放性與包容性促使佛教、道教鬼神觀念向民間鬼神信仰滲透，豐富了江南民間宗教信仰的內容

吳文化具有開放性的特點，它從遠古以來就不斷地吸收、融合著其他文化，顯示了較突出的文化包容性，最突出的即是它和楚文化及中原文化的交融，中原文化始終影響著吳文化。中華文明的繁榮昌盛經歷了一條由北向南的推進過程，而江南由於特殊的地理位置，成了這一推進過程中的文化孔道。從歷史上看，這種文化推進不是統治者有意識的理性行為，而是政治或戰亂帶來的客觀後果。考古發現，在商代太湖流域的馬橋文化中含有中原二裏頭夏文化因素，據著名考古學家鄒衡先生推測，這很可能是夏王失敗後由巢湖順江而下到達上海後帶來的[7]。吳文化的發展是與其他異域文化的相互融合分不開的。先秦時期吳文化和楚文化及中原文化曾有過長期的交融，中原文化影響著其後來的發展。吳立國之初中原文化即開始融入吳越當地文化。春秋之後，吳、越與北方及楚國更有著密切的交流，吳越在和楚的相互征戰兼併的同時，楚文化與吳文化交融。闔閭重用楚國的伍子胥、齊國的孫武，越王勾踐重用楚國的范蠡、文種，都是在這一文化交融的大背景之下發生的。顯然，吳文化是在與楚文化、中原文化的交融中得到發展的。秦漢統一中國以後，採取大規模徹底的文化統一政策，並大規模移民江南。強勢的大一統的中原文化衝擊著江南各區域文化。大量中原人士南遷江南，使得東漢以後江南的文化優勢逐漸建立。三國時期孫權的許多重要官員如魯肅、呂蒙等將領都來自北方。東晉永嘉八王之亂、唐代安史之亂中，大規模的移民浪潮主要去向均為江南。江南廣泛接納北方士人與北方文化。最早的移民可能還多少帶點主人的優越感，傲視後來者，但到後來，他們就習慣於寬容了。

---

[7]　徐茂明：《論吳文化的特徵及其成因》，《學術月刊》1997 年第 8 期，第 80 頁。

永嘉南渡時，北方王、謝等上層大族也儘量避開顧、陸、朱、張聚居的吳郡，到相對僻靜的會稽郡去發展，次等士族則多僑居京口、晉陵，以免與江南「主人」發生正面衝突[8]。從那時起，這種互不相擾各取所需式的寬容意識就開始形成，經過 1600 餘年的發展強化，已經輻射積澱在社會生活的各個方面。

東晉南朝時，隨著政治中心的南移，江左佛教發展更廣，名剎遍佈，信佛者日眾。唐代禪宗在江南迅速流播，一時禪僧雲集。這些都說明吳文化對新的文化的充分吸收與融合，可見其開放性的特徵。江南的對外交流的頻繁，也易於使人視野開闊，容易接受異地文化。江南士人對外來之文士樂意與他們交往相處並向他們學習，說明了吳文化的包容性與開放性。東晉南朝時期，佛、道教對江南民間宗教基本上採取了收容、改造的態度，這種收容與改造一方面使佛、道教能夠利用民間宗教加快發展，另一方面也使民間宗教從佛、道教中吸收了大量鬼神觀念，從而豐富了這一時期江南民間宗教的內容，更使其開始帶上亦佛亦道的色彩。東吳以降，佛教迅速在江南一帶紮下根來。佛教在吳地區的迅速發展與該地區肥沃的宗教土壤是分不開的。江南人民「敬鬼神則受巫覡之欺」[9]。「尚鬼好祀」的民風表達了人們對神靈的無限敬畏和祈求福祉的強烈願望，這種准宗教的心理、氛圍，對於佛教在吳地區的傳播是非常有利的。佛教進入江南後，面對「淫祠雜神」，基本上採取了收容與改造的態度。佛教對以「淫祠雜神」為主的民間宗教的收容與改造對於江南民間宗教的影響集中表現在：首先由於佛教的傳播，在江東傳統的鬼神行列中，又增加了許多新的鬼神，如餓鬼、羅剎、魔、夜叉、閻羅王、如來佛、菩薩、天王、諸天、羅漢、伽藍神等。其次佛教教義中大量的鬼神故事在民間流行，豐富了民間鬼神信仰的內容。再次佛教的流行使觀音信仰在江南民間盛極一時。道教在吳地區的流傳由來已久，民間對「靈魂不死」、「肉體飛升」的虔誠構成了江南民間極普遍的社會心理和社會意識。孫吳

8　徐茂明：《論吳文化的特徵及其成因》，《學術月刊》1997 年第 8 期，第 81 頁。

9　黃岩孫：《仙溪志》卷 1「風俗條」。

時，篤信李阿道的信徒「轉相教授，佈滿江表。」後瘟疫流行，李寬亦未能倖免，但他死後，他的教徒卻以為他是「化形屍解之仙，非為真死也。」[10]德國哲學家凱西爾認為：「一切較成熟的宗教必須完成的最大奇跡之一，就是要從最原始的概念和最粗俗的迷信之粗糙素材中，提取它們的新品質，提取出它們對生活的倫理解釋和宗教解釋。」道教在吸收民間巫鬼道因素的同時，對於民間巫鬼道所具有的原始巫教色彩進行了激烈的批判。儘管這些新天師道經典對民間巫鬼道進行了批判，但民間巫鬼道並沒有因此而大受影響。道教雖然反對民間道派進行「血牲祭祀」，但它的昌熾卻對民間鬼神觀念進一步深入人心有積極的意義。這一時期，佛、道教，尤其是民間道派在吳地區的活躍發展豐富了民間宗教信仰的內容：佛教使江南民間宗教信仰行列裏增添了許多新的內容，同時將自身的鬼神觀念滲透進了民間宗教信仰之中；民間道派以鬼神之道進行傳教從而使民間鬼神觀念更加深入人心，促進了江南民間宗教信仰的深化。

三、吳文化的多元性特徵促使多種民間宗教之間相互融合、相互滲透

　　吳地區居民的移民性以及由此形成的文化多元性。明代吳文化的區域整體性，並不是以犧牲文化的多樣性與豐富性為代價的。恰恰相反，明代的江南是各種文化——雅文化與俗文化、傳統道德標準與新興價值觀念交彙衝撞的前沿陣地，文化形態呈現出前所未有的斑斕局面。首先構成文化主體的人所屬的階層及文化背景更為複雜。江南富庶之地，萬商雲集於此。「姑蘇為東南一大都會，五方商賈，輻輳雲集，百貨充盈，交易得所，故各省郡貿易於斯者莫不建立會館。」[11]可見當時人口密度高，外來人口多，加之其中商人所占的比重較大，使得江南人口的流動性較大。漢代至東晉期間的三次移民浪潮：第一次

[10]　《抱樸子》卷9《道意》
[11]　謝肇制《五雜俎》。

是漢武帝期間東越族內遷江淮；第二次是東吳強迫散居在江蘇、浙江、福建、安徽、江西五省交界廣袤山區的數十萬古越族後裔為編戶；第三次是「永嘉之亂」，北方流民南渡使太湖流域成了北方士族避難的最佳選擇地。在長達數百年的歷史長河中，這種大規模的移民，從社會整體發展上促進了無錫以及太湖周邊區域的三次跨越。各地移民所帶來的不同區域文化在吳地這一同一時空下的交融與互補為增添吳文化的血液起了重要的支持作用，「不同文化背景的移民的彙聚所帶來的文化因數既豐富了吳文化的內涵，又進一步促成了吳文化的開放意識」。[12]他們帶來了異域的文化，與江南本土文化交彙融合，被吸收改造，豐富了吳文化的形態與內涵，如明代四大聲腔之一的弋陽腔原出於江西弋陽，後通行南北。商品經濟的發展，使社會分工越來越密，出現了許多新興職業，社會階層也更為複雜。在棉紡織業中有一種頗具規模的瑞布坊，主要包括店客、包頭、瑞匠三類人。所謂包頭，就是「置備菱角樣式巨石、木滾、傢伙房屋，招集瑞匠居住，墊發柴米銀錢，向客店領布發碾。」瑞匠是出賣勞動力謀生的雇傭工人，包頭則擁有大量資本，佔有大宗布匹。在商品經濟的衝擊下，明代江南的社會結構不自覺地經歷了一個解構與重組過程，原來的地主、農民、官吏等單純的社會成分開始分化與轉變，形形色色的人物，截然不同的背景、身份，交叉共存，共同締造著吳文化，左右其文化形態與傳播。歷史上，吳地區還是中國傳統文化與海外文化交流的一個重要視窗，在中國各地域文化的交流融合以及中西文化衝突交融的過程中，吳地人以其開放的胸懷，在其中扮演著仲介的角色，而信奉「經世致用」思想的吳文化在其中起著關鍵的作用。在一個相當長的歷史時期內，吳地區對於中原文化主要是吸收，對海外主要是傳播。從明代中葉開始，則愈來愈多地吸收海外文化，並向中原地區傳播、輻射。在扮演文化交流仲介角色的過程中，吳地區自身是最大的受益者，不同的文化在這裏被接納、融合、再創造，從而使吳文化一直處於流動、

---

[12] 孫周年，肖向東：《論吳文化的開放氣質與和諧精神》，《江南大學學報》（人文社會科學版），2007 年第 2 期，第 32 頁。

活躍的清新狀態，呈現出多元化特徵，長久地保持著旺盛的生機和活力。

　　吳文化的多元性特徵，形成了吳文化的價值系統就是「內斂出世」，[13]吳文化對人生一切目標的追求都不刻意。流水不爭先，看得開，想得通，保持平常心，順其自然，功到自然成。江南人做事不張揚、不炫耀、不自誇，凡事能平靜對待；對他人不起忿恨之心，語言婉轉，不尖酸，不刻薄。江南人不固執己見，不激進，具有極強的包容性。吳文化的這種「內斂出世」特徵，有利於「江南人民不但迅速接受了佛教，而且善於把佛教文化與吳地的傳統文化融合起來」。[14]這使得許多以佛教為信仰核心的江南民間宗教之間相互融合、相互滲透。例如，羅教是羅夢鴻創立於明朝成化、正德年間的一個民間教派，在明清民間宗教史上具有重要的意義，「羅教從明中末葉至清初，向全國各地傳播，造成了重大的社會影響」。[15]羅教傳到江南的分支江南齋教會在浙江率先興起，並紮根此地達四個世紀，它與北方正宗羅教既相似又有不同，其原因是多方面的。如老官齋教曾受南方道教的影響，以致部分教派練習內功，部分教派甚至衣著道袍、道冠，做道場。但最主要原因是南傳羅教與流傳這一地區數百年之久的摩尼教、白蓮教歷史傳統有機地結合，並部分地接受了它們的特點。這使得南傳羅教迅速在浙江紮根，並表現出與北方羅教正宗的某些不同。「當然，齋教並非摩尼教，它與摩尼教尚有許多根本不同。但是它受到摩尼教歷史傳統的深刻影響則是毫無疑義的。」[16]羅教創始人羅夢鴻是堅決反對白蓮教的。羅教經典對白蓮教有明確的斥責：「白蓮燒紙是邪宗，哄的大眾錯用心。」[17]元代以後的白蓮教把彌勒下生作為最基

---

[13]　孫勇才：《佛教與江南文化軸心期》，《河南師範大學學報》（哲學社會科學版）2006 年第 5 期，第 28 頁。

[14]　汪長根、王明國：《論吳文化的特徵──兼論吳文化與蘇州文化的關係》，《學海》2002 年第 3 期，第 91 頁。

[15]　馬西沙、韓秉方：《中國民間宗教史》第 183 頁，中國社會科學出版社 2004 年版。

[16]　馬西沙、韓秉方：《中國民間宗教史》第 297 頁。

[17]　羅夢鴻：《正信除疑無修證自在寶卷》第十八品。

本的信仰，羅夢鴻對此也不遺餘力地攻擊：「書佛咒，彌勒教，躲避邪法」。羅夢鴻對拜日月的玄鼓教即摩尼教化身也咒罵有加：「懸鼓教，指日月，為是父母。拜日月，為父母，撲了頑空。」[18]然而羅教傳至江南，情況就發生了根本變化。羅教南傳，在南方不可避免地受到白蓮教的影響，而部分地改變了形態。白蓮教許多領袖與信徒都以普字為法號，老官齋教在其初創時不禁二祖殷繼南以普字為法號，其師傅盧本師及丁與也都以普字為法號，足見白蓮教的歷史傳統對南傳羅教的影響之巨。「江南齋教已經不是一支純粹的羅教教派，在特定的歷史條件與地域中，它發生了演變。從某種意義上來說，它是以羅教信仰為主，滲透了摩尼教、白蓮教某些特點的新型教派。」[19]江南齋教的特點體現了吳文化的多元性特徵。

小結

　　民間宗教是傳統社會的政治制度、文化觀念、禮教倫理等歷史條件與底層民眾的生活條件、思維方式相互作用的產物。以前論者並沒有充分認識到文化觀念對民間宗教信仰的影響，至於從區域文化特徵加以深刻論述的論著更不多見。不同地區的民間宗教信仰有不同的特徵，由於文化「為人類生命過程提供解釋系統」[20]，因此我們可以從區域文化影響的角度加以分析。「中華文化就是由許多同形異質、同質異形的區域文化組成，如商洛文化、巴蜀文化、京城文化、海派文化、港臺文化等。這區域性文化由於其內在制度、價值、精神的同一性，逐漸形成了相對穩定、相對獨立的生態系統。」[21]吳文化屬於海派文化，依附於博大精深的中華文化的根基之上，是中華文化最核心的組成部分之一。江南地區歷史上是多種文化的融合地，受海外文化、齊魯文化、中原文化、商洛文化、巴蜀文化等多種文化的影響。

---

[18]　羅夢鴻：《正信除疑無修證自在寶卷》第十八品。

[19]　馬西沙、韓秉方：《中國民間宗教史》第 29 頁。

[20]　鄧尼斯・貝爾：《資本主義文化矛盾》第 24 頁，三聯書店 1989 年版。

[21]　吳聖剛：《中原文化生態及其特徵》，《中州學刊》2006 年第 1 期，第 24 頁。

吳文化，一方面，具有封建迷信色彩；另一方面又具有多元性、開放性、包容性特徵。吳文化，表現出濃烈的海洋文化、商業文化和佛教文化的色彩。「民間宗教既屬於底層文化系統中的一環，又是整個民間信仰領域的有機組成」，[22]文化深深地影響著民間宗教的產生與信仰。吳文化對江南民間宗教信仰的影響表現在：「有多少愚昧，就有多少粗俗的信仰；有多少荒蠻，就有多少荒誕怪異的膜拜。」[23]吳地區先秦以來自然條件惡劣，在那炎熱潮濕、棒莽叢生、沼澤四布、蟲蛇出沒的惡劣環境中，就有著傳承不息的迷信鬼神文化傳統，為江南民間宗教信仰的流播奠定了心理基礎；吳文化的開放性與包容性促使佛教、道教鬼神觀念向民間鬼神信仰滲透，豐富了江南民間宗教信仰的內容；吳文化的多元性特徵促使多種民間宗教之間相互融合、相互滲透。

---

[22]　馬西沙、韓秉方：《中國民間宗教史》第 2 頁。
[23]　馬西沙、韓秉方：《中國民間宗教史》第 7 頁。

探析清代中後期荊楚文化
對湖北民間宗教信仰傳播的影響

王偉　　邵雍

　　民間宗教往往利用迷信崇拜，更注重組織形式，以改變自身社會地位和變更現實社會為目的，通常帶有反正統、反社會、反現實的特徵，因而又被歷代統治者稱為「異端」、「左道」、「邪教」。民間宗教反映的是一種大眾心態，它的形成有其連續性。文化是人類在一定的自然環境與社會環境中為了自己的生存與發展而主動進行的物質創制與精神創制。「荊楚文化的地域範疇大體與現今所說的長江中游地區相當。」[1]荊楚文化是荊楚地區民眾所創制的具有濃郁的地方特性的地域文化。關於文化對傳播民間宗教信仰的影響，目前學術界論述並不充分。秦寶琦、譚松林在《中國秘密社會・第一卷・總論》中全面論述了秘密社會包括民間宗教的歷史演變情況，但關於文化對傳播民間宗教信仰的影響沒有充分論述。日本學者三谷孝的《秘密結社與中國革命》力圖從會門的角度，以農村社會為背景來考察民間宗教，為研究民間宗教提供了新的思路，但對傳播民間宗教信仰的文化因素論述不多。馬西沙、韓秉方合著的《中國民間宗教史》在學術界首次成功地理清了一些教門的源流，為研究民間宗教開闢了道路，只是很少從區域文化的角度分析民間宗教信仰的傳播。

---

[1]　羅運環：《論荊楚文化的基本精神及其特點，《武漢大學學報》（人文科學版）2003 年第 2 期，第 194 頁。

在中國古代文化中，荊楚文化多被視為南方文化的代表；在中國近代文化中居於先進地位倍受世人矚目。在荊楚文化的傳承發展中她不僅保留了原有的文化底蘊，並且還以其溝通南北的地域之便不斷地吸收與融會異地文化因素。作為承南接北的地域文化，荊楚文化在中華文化體系的構建中發揮了重要的歷史作用，荊楚文化的獨特個性為中華文化的持續發展提供了精神動力。荊楚文化的生成與變遷，受地理環境、經濟條件、政治形勢、移民結構的規定和影響，而每一種因素對文化影響的力度又因時因地而異。因此荊楚文化有著獨特的區域特徵，對湖北民間宗教信仰的傳播產生深刻的影響。「因為民間宗教的創造和傳播並不是被動的，它有其強大的原動力，即民眾中廣泛存在的信仰文化。缺少這一因素，解釋民間宗教仍然存在很大的缺陷。」[2]一個區域的文化既有精華，也有糟粕，並且隨著歷史的發展而不斷演變。荊楚文化具有多方面的特徵，一方面表現為封建迷信性；另一方面表現為實幹性、剽悍性、隱秘性。不同的荊楚文化特徵對湖北地區民間宗教信仰傳播都有著或多或少、或深或淺的影響。

一、荊楚文化傳承不息的封建迷信傳統為湖北民間宗教信仰的傳播奠定了社會心理底蘊

　　荊楚文化具有濃厚的封建迷信色彩。會道門的一個重要特徵是「封建迷信和練功練武相混雜的日常活動」。[3]「中國的會道門是中國封建社會後期產生的帶有宗教和封建迷信色彩的民間秘密結社。」[4]「信鬼好祠」成為楚國的一般風俗。巫是祭祀活動的主持者，他們作樂歌鼓舞以愉悅諸神，屈原的《九歌》就是代王室祭「東皇太一」等神鬼所作的祭歌，他依據的是沅湘民間的巫歌，屈原在這裏似乎充當著王室大巫的角色。楚人巫鬼信仰與祠祀傳統在楚地影響深遠，成為荊楚民俗文化最突出的外部特徵。《漢書‧地理志》對楚地

2　王慶德：《中國民間宗教史研究百年回顧》，《文史哲》2001年第1期，第34頁。
3　邵雍：《中國會道門》第3頁。
4　邵雍：《中國會道門》第1頁。

民俗信仰特徵作了這樣的概括：「信巫鬼，重淫祀。」荊楚巫風的源遠流長。生活在充滿神異的鬼靈世界，因此他們的一舉一動都需探知神意，取得神靈的許可，大至邦國政事，小至生瘡長癰，都要祈求神鬼。如楚共王在選立諸君時遇到難題，於是大祭山川之神，祈禱說：「請神擇於五人者，使主社稷。」[5]王室如此，百姓亦如此，「昔楚國南郢之邑，沅湘之間，俗信鬼而好祠，其祠必作樂鼓舞以樂諸神」[6]。

　　民間宗教信仰加上迷信外衣：巫術符咒、五行八卦、氣功武術等種種文化因素，「不但為農民變為叛亂者架起了橋樑，也使叛亂者在叛亂過程中迸發出巨大的勇氣和力量」[7]。荊楚文化傳承不息的封建迷信傳統為湖北民間宗教信仰的傳播奠定了社會心理底蘊。清末一貫道創始人王覺一活動範圍很大，重點地區由湖北漢陽府、荊州府。他善卦象而妄言天命，喜扶乩以決人休咎。王覺一曾推數，「如遇乎有日月印文之人，可成大事。」[8]王覺一觀測天象，「去秋天上出有怪星，主湖北有事」。[9]王覺一這個深深沉溺於宗教預言以及各色迷信說教的雜家，以其狂熱而又執著的宗教感情，感染了許多下層群眾，追隨其後，至死不悟。封建迷信能夠誘惑一些人沉醉於民間宗教信仰的傳播，864 道光十五年（1835），有素習齋教並兼通邪術之湖北人黃老叟與同黨董時詒聳動同教貢生謝鳳嗣，「導以行逆」，董時詒取鏡令謝鳳嗣自照，「現衰冕赭相，謝為其所惑」，[10]於是散家財，結同教及「亡命烏合數千人，揭竿而起」。[11]湖北燈花教徒在起事失敗後供稱，為了給教徒打氣，教內利用迷信，通過「扶乩後造謠說，仙人降鸞，已判出清朝天下不久了，要有新皇帝出來扭轉乾坤了」。[12]

---

[5]　左傳‧昭公十三年。

[6]　王逸：楚辭章句‧九歌序。

[7]　劉平：文化傳統與社會「叛亂」──以清代秘密社會為視角，中國人民大學清史所博士論文。

[8]　《軍錄》：左宗棠奏摺（光緒九年八月二十六日）。

[9]　《軍錄》：湖廣總督塗宗瀛奏摺（光緒九年五月二十五日）。

[10]　馬西沙，韓秉方：《中國民間宗教史》第 290 頁。

[11]　清采蘅子：《蟲鳴漫錄》卷一。

[12]　邵雍：《中國會道門》第 104 頁。

二、荊楚文化具有的頑強拼搏的剽悍性使民間宗教信仰傳教者不畏艱難與熱心奉獻

　　楚文化表現在氣質性格方面，「突出地表現出火辣辣、熱烘烘，敢鬥，務實，正氣凜然，好勝倔強的精神質素」。精神風貌方面，「荊楚民眾既多幻想，激情浪漫；又很講究正氣，樸質實幹，兩者薈萃，剛柔相濟，相得益彰」[13]。湖北人的總體性格古來就是「躁強」、「剽悍」、「勁悍」，《湖北通志》卷21開篇稱：「荊狄之也，聖人立，必後至；天子弱，必先亂」，「其人率多勁悍、決裂，蓋天性然」，湖北人「不蔽人之善，不隱人之惡，則其質未始不甚良」。由此可知，湖北地區的士人從古代就有任俠的風尚。通觀《湖北通志》，湖北地區的人們的群體性格比較強悍、勁直。例如：咸寧「咸寧境少沃野，人多勁悍決烈，其風斗狠僧越名分」；崇陽「舊俗尚囂競」，「近則秉性慕義，有先民遺風」；漢陽「民性勁直決裂，多存仁義」；黃安「民多獷悍而不馴」；宜城「其人勁悍」；襄陽「人性鰻直」，「習尚囂竟，閑不能免」，「風氣獷悍，良莠不齊，非精明嚴肅之吏不能治」；公安「俗好鬼神，勁悍知職，負氣」。楚蠻文化特質的原始層，就是它帶有原始野性的「蠻」，還有「強烈的鄉土意識和懷鄉戀鄉的情結」，「這種情感，在包括湖湘文化在內的楚人身上特別強烈、特別突出」[14]。

　　傳播民間宗教信仰，常常受到統治者的打壓。荊楚文化具有的頑強拼搏的剽悍性使民間宗教信仰傳教者不畏艱難、熱心奉獻。由於被同教出賣，燈花教頭目劉漢忠同治六年（1867）年六月十七日被當局逮捕於龍灣，同教數百人不畏艱險，從小江湖蜂擁搶救，被湖北當局用槍炮轟散。「劉漢忠於是年八月被巴阿楊凌遲處死於湖北荊州，時年六十一歲。」[15]劉漢忠入燈花教三十餘年，歷盡艱辛，其間組織起事多次，皆因組織不當而敗績，但反清之志不墜，屢撲屢起。這充分

---

[13]　巫瑞書：《荊湘民間文學與楚文化》第324～325頁，嶽麓書社1996年版。
[14]　羅敏中：《湖湘文化論集》第134～138頁，湖南師範大學出版社2000年版。
[15]　《軍錄》：巴阿楊奏摺（光緒六年八月八日）。

體現了受荊楚文化侵染的湖北底層群眾剛勁民氣與下層宗教信仰的生命力。襄陽自西天大乘教破案後，宋之清等被凌遲處死，宋顯功、高成功、齊林等十九人被斬決示首。另外一百五十一名為從教徒發配黑龍江給索倫達呼爾為奴。諸要犯家屬各緣坐有差。而湖北的荊州、宜昌、房縣、竹山、竹溪一帶，有清當局四處捕獲殺戮信仰者，湖北省內一片腥風血雨，教徒們大難臨頭面前好無畏懼，一場以混元教、收元教徒為骨幹的農民反抗暴政的起義已經迫在眉睫。乾隆六十年（1795）二月，宋之清徒弟姚之富、姚文學父子到湖北保康、房縣、竹山一帶聚集教徒，準備起事。劉之協與齊林之妾王聰兒及姚之富等人商議「若不造反，也站不住了」，約定於嘉慶元年（1796）三月起事。荊州首倡，各地回應，數月間湖北長陽、長樂、當陽、保康、竹山等處，反聲四起。四月間，襄陽地區教徒在齊林之妾王聰兒及姚之富、樊人傑、張漢潮諸人率領下亦揭杆暴動。湖北教軍不怕犧牲，英勇善戰，已經「勢成燎原，從而揭開了著名的川、陝、楚、豫等五省農民大起義的序幕」。[16]這場生死搏鬥延續了近十年之久，清政權在耗盡元氣之後取得了暫時的勝利，但是封建專制制度再也無法挽回頹勢和註定滅亡的歷史命運。

三、荊楚文化不喜張揚的隱秘性有利於民間宗教信仰秘密傳播與產生持久影響

　　荊楚地區地形複雜、氣候多變、山川怪異，生活其間的人們容易產生奇特的幻覺、神秘的猜測、奇異的遐想，人與自然界似乎有一種微妙的關聯。在古代時期，由於認識水平與技術條件的局限，人們難以將自己與自然界區分開來，因此也就「長期保持著神人交通的原始信仰，在這種原始精神支配下，楚文化呈現出詭異神奇的文化特徵」。[17]巫覡通過卜問吉凶、治病療疾及主持特定的祭祀等一系列神

---

[16]　馬西沙韓秉方：《中國民間宗教史》第 969 頁。

[17]　蕭放：《論荊楚文化的地域特性》，《湖北民族學院學報》（哲學社會科學版）2001 年第 2 期，第 9 頁。

秘活動，確定了他們在荊楚地方社會中的地位。無論是人生儀禮還是
歲時節日，人們都離不開神道與法術。異鄉客旅一進入荊楚之地就能
感受拂面的巫風，歷代的官宦、文士在他們的詩文集中留下了不少記
述這方面內容的文字。荊楚地區民眾濃厚的鬼神信仰為巫覡的產生提
供了豐沃的土壤，而巫覡的活躍又使民眾中的神秘傳統不斷得到闡釋
與強化。在後楚時代的荊楚故地崇巫尚鬼、祀神重卜的風習常盛不
衰。「巫覡文化在荊楚文化中佔有突出的地位，因而使荊楚文化帶有
濃厚的神秘意味。」[18]歷史上還有數次北方的移民以及明清時「江西
填湖廣，湖廣填四川」的移民。由於民族文化和移民文化的差異，主
體文化在發展中對這些存在差異的少數民族文化和移民文化，不斷地
加以涵化和相容。荊楚文化濃厚的神秘性隨著歷史的發展逐漸衍變為
荊楚文化的隱秘性。在近代，關於湖北人的群體性格，範揩曾經稱讚
道：「楚士多自潛修，恥尚誇耀，黯然日章，期合古道，聲華標榜，
未之前聞。」羅福惠認為，湖北士人「性格內向、恥於自我闡揚；不
善交結、交流和授受」，「民俗士風多承襲傳統的隱逸性格」。[19]

　　古人云：「事成於密，毀於隨。」湖北民間宗教信仰傳播者受具
有隱秘特性的荊楚文化的影響，講究策略，注意隱蔽組織，秘密行動，
有利於民間宗教信仰的秘密傳播，產生持久影響。道光十九年（1839）
葛依元在湖北天門縣與以行醫為掩護進行傳教的宋慈照會見，要宋
「專心誦習經卷，並廣傳徒眾，日後自有好處，不可半途而廢，招致
天譴。」[20]道光二十三年（1843）葛依元在武漢與陳紋海等人因排名
次問題鬧翻後，秘密出走，化名劉儀順，秘密單獨行動。湖北方面原
定於光緒九年（1883）三月二十八日子時在武昌、漢口放火為號，同
時舉事。前此鄧玉亭等人「假冒進省參加縣考的生童混入漢口、武
昌」，[21]分別在一些客棧投宿；準備屆時放火劫獄，再搶庫局。光緒

18　蕭放：《論荊楚文化的地域特性》，《湖北民族學院學報》（哲學社會科學
　　版）2001 年第 2 期，第 10 頁。

19　羅福惠：《湖北近三百年學術文化》第 11 頁，武漢出版社 1994 年版。

20　《軍錄》，劉漢忠供詞（同治六年八月）。

21　邵雍：《中國會道門》第 104 頁。

九年（1883），通過隱秘動員與組織，王覺一認為「時機已到，準備在湖北漢口、荊州一帶同時起事」。[22]三月初，王覺一父子和劉至剛剛到達漢口，此時既有大批燈花教骨幹前來皈依。嘉慶二十八年八月湖北江夏縣、漢陽縣及武昌等地訪獲傳習大乘教之湖北黃陂人桂自榜等二十人，公然持齋念經，傳徒習教，並在諸人家中搜出經卷二十餘本、圖像數鉥及《護道榜文》一本。這說明信教者打著《護道榜文》旗號，秘密傳教。有的信徒以職業為掩護，秘密傳教。大乘教「信仰者大都素習剃頭、裁縫等項賤藝者，而其中以理髮匠居多」。[23]同治六年（1867）年二月，部分捻子竄過長江至臼口一帶，邀劉漢忠入夥，劉漢忠用言卻謝，潛匿小江湖地方。小江湖為極隱密處所，是劉漢忠的根據地，有武裝教徒數百人。為了秘密活動，劉漢忠注意傳教時如若約同黨而上岸聯絡，每地最多停宿一夜，甚至一夜連換數地，以致當局屢捕屢逸。民間宗教家劉漢忠受荊楚文化隱密性特徵影響，注意秘密傳教，結果吸收了大量信徒。「查各犯供詞，大半係劉漢中黨羽，是該犯實為各處教匪渠魁。」[24]

四、小結

　　民間宗教是傳統社會的政治制度、文化觀念、禮教倫理等歷史條件與底層民眾的生活條件、思維方式相互作用的產物。以前論者並沒有充分認識到文化觀念對民間宗教信仰傳播的影響，至於從區域文化特徵加以深刻論述的論著更不多見。章開沅提出了「社會歷史文化土壤學」，「強調不僅要注意人們歷史活動背後的經濟動因，也要注意到經濟因素以外的其他社會諸要素，以至某些自然條件對於歷史發展的影響，即歷史傳統、社會結構、文化素質以至民族心理、地理環境等許多方面的影響。」[25]因此，我們要注意人們歷史活動背後的區域

---

[22]　邵雍：《中國會道門》第 103 頁。

[23]　馬西沙、韓秉方：《中國民間宗教史》第 285 頁。

[24]　馬西沙、韓秉方：《中國民間宗教史》第 856 頁。

[25]　嚴昌洪：《辛亥革命與 20 世紀中國社會》第 12 頁，湖北人民出版社 2008 年版。

文化因素。荊楚文化是荊楚人民在特定歷史時空中創制出來的獨特的地域文化，它是中原文化與南方民族文化的融匯與複合。這種南北文化的交流持續了數千年，每當中原出現變故，處於南北交接地帶的首當其衝的荊楚地區就成為移民及移民文化薈萃之區，荊楚以其特有天然條件與開闊的胸襟接納消融著四方文化。因此，荊楚文化具有迷信性、剽悍性、隱秘性，神秘浪漫，荊楚文化博大、詭異，生機勃勃。由於文化「為人類生命過程提供解釋系統」[26]，因此我們可以從區域文化影響的角度加以分析歷史活動，可以看出荊楚文化對湖北地區民間宗教信仰傳播的影響。「民間宗教既屬於底層文化系統中的一環，又是整個民間信仰領域的有機組成」，[27]文化深深地影響著民間宗教信仰的傳播。荊楚文化對湖北地區民間宗教信仰傳播的影響表現在：「有多少愚昧，就有多少粗俗的信仰；有多少荒蠻，就有多少荒誕怪異的膜拜。」[28]

---

[26]　鄧尼斯‧貝爾：《資本主義文化矛盾》第 24 頁，三聯書店 1989 年版。
[27]　馬西沙、韓秉方：《中國民間宗教史》第 2 頁。
[28]　馬西沙、韓秉方：《中國民間宗教史》第 7 頁。

探析民國初期中原文化
對中原民間宗教信仰的影響

王偉　　邵雍

　　民間宗教往往利用迷信崇拜，更注重組織形式，以改變自身社會地位和變更現實社會為目的，通常帶有反正統、反社會、反現實的特徵，因而又被歷代統治者稱為「異端」、「左道」、「邪教」。就地理範圍而言，所謂「中原」一般有廣義與狹義兩說：狹義「中原」指民國時期的河南省行政區劃範圍，廣義「中原」則泛指黃河中下游地區甚至整個黃河流域。本文所說「中原」，是從狹義上來說的。中原民間宗教在民國初期廣泛傳播，有聖人道、黃天道、九宮道、先天道、皇天教、一貫道、八卦教、戰壇會、道德會、無極道、九宮會、同心會、快道萬仙會、萬國道德會、飯一道、中央道、聖賢道（又名一柱香、無形無像道）、秘密教等五十幾種。關於中原文化對中原民間宗教信仰的影響，目前學術界論述並不充分。秦寶琦、譚松林在《中國秘密社會‧第一卷‧總論》中全面論述了秘密社會包括民間宗教的歷史演變情況，但關於文化對民間宗教信仰的影響沒有充分論述。日本學者三谷孝的《秘密結社與中國革命》力圖從會門的角度，以農村社會為背景來考察民間宗教，為研究民間宗教提供了新的思路，但對民間宗教信仰的文化因素論述不多。馬西沙、韓秉方合著的《中國民間宗教史》在學術界首次成功地理清了一些教門的源流，為研究民間宗教開闢了道路，只是很少從區域文化的角度分析民間宗教信仰。中原文化的生成與變遷，受地理環境、經濟條件、政治形勢的規定和影響，

而每一種因素對文化影響的力度又因時因地而異。因此中原文化有著獨特的區域特徵，對中原民間宗教信仰產生深刻的影響。講究禮義道德的中原文化反映出來的文化精神與文化特徵對民國初期民間宗教信仰影響很大。

一、中原文化的特徵與民間宗教信仰

「中原文化的特徵明顯地表現為它是以農業為基礎的農耕文明，以政治中心帶動而發展為帶有強烈政治色彩的文化中心。」[1]中原文化依附於博大精深的中華文化的根基之上，是中華文化最核心的組成部分之一。因此，中原文化也是中華文化最重要的組成部分。「民間宗教既屬於底層文化系統中的一環，又是整個民間信仰領域的有機組成」，[2]文化深深地影響著民間宗教的產生與傳播。中原文化的特徵與民間宗教信仰的關係主要表現在以下方面：

（一）**起源性**。中原地區是中華生民最早的憩居地，因此，中原文化不僅具有無可爭議的原始性，而且與中華文明發展的歷史相聯繫，具有歷史發展的一貫性。「中原地區是中華文明的最重要的發祥地，這是其他地區文化所不能代替的。」[3]中華文化的思想淵源與中原的密切關係，使它們最終演化為中原文化的思想內核。它們構成了中原文化的最深層結構，規定了中原文化的基本走向，也推進了中原文化的豐富與繁榮。「中原地區的文明研究，在某個時刻具有象徵著或代表著中國文明起源研究的意義」。[4]許多中華原典文化的經典之作如《周易》、《墨子》、《老子》、《莊子》、《韓非子》、《呂氏春秋》等都產生在中原，它們成為中原地區政治、經濟、哲學、歷史、文學、藝術等方面的淵藪，是中原文化的基本根系，並不斷輻射、哺育中華文化。應該說，中原文化是在這些基本根系上生的枝葉，它

---

[1] 楊玉厚：《中原文化史》第 3 頁，文心出版社 2000 年版。

[2] 馬西沙、韓秉方：《中國民間宗教史》第 2 頁。

[3] 楊玉厚：《中原文化史》第 2 頁。

[4] 朱乃誠：《中華文明起源研究》第 3 頁，福建人民出版社 2006 年版。

們決定了中原文化的種屬和品格。民間宗教與「三教」有著千絲萬縷的聯繫，所謂「三教」亦即儒教、佛教與道教，民間宗教的一大特色是三教兼信而行，即相容儒、釋、道三教。中原民間宗教大多是借用了儒釋道三教的思想內容而廣泛傳播於社會底層。三教融合的文化發展趨勢，為之提供了豐厚的文化養料。所以說，中原民間宗教的興盛發展也是三教合一的產物。三教融合過程中，在下層勞動人民中間表現最突出的便是所崇神靈的進一步混雜。中原民間所奉宗教神靈更加豐富多彩，流傳更為廣泛，與人們日常生活的關係也更為密切了。總之，三教融合的文化趨向為民間宗教信仰在下層社會中的擴大化奠定了堅實的基礎。所以民間宗教很容易在中原找到紮根的土壤。

（二）泛政治化。中原文化既是中華文化生態的重要組成部分，又自成一體，有自己的獨特性。這種獨特性主要由中原地區獨特的地緣特點所決定。體現在歷史上中原地區政治、經濟、文化體制的基本統一。道、儒、釋在進入中原文化的深層結構中，都作了不同程度的調整，如儒家放棄了學術迂闊，增加了與集權政治的趨合；道家的無為與帝術結合，增加了政治的適應性。社會生活對於學說的取捨體現出更清晰的政治傾向，如中原王朝正是出於政治需要才「獨尊儒術」的。思想學術與政治磨合的結果，使思想文化不可避免地泛政治化。泛政治化，正是中原文化的特點。道、儒、釋的生成與演化以及構成了中原文化思想內核的過程是一個動態而長時間的過程，這一過程從春秋戰國到唐宋，歷時千餘年之久。這一過程中，社會在變，道、儒、釋也在變。而中原文化也正是在這樣的動態過程中，不斷豐腴和壯大。歷史上，無論是朝代的更替還是國家的動盪分裂，中原大地都不曾長久被支解，基本保持了完整的概念。版圖的完整和制度的一致為文化的完整統一提供了外在條件。中原文化精神基本一致。歷史上中原文化雖然也有對內對外的交流、輸入、移植乃至對周邊的輻射，但中原文化基本沒有發生過大的外部衝擊和內部裂變，文化基因保持了相傳性與一致性，文化精神得到繼承和延續。道、儒、釋在進入中原文化的過程中泛政治化，以三教合一為特徵、以儒家思想為核心的中原民間宗教容易向統治階級妥協，民間宗教首領向當權者靠攏勾

結。「家天下的思想不只是封建統治者有，還深深地影響到廣大的民眾」[5]。中原民間宗教逐漸複雜化與多樣化，這樣民間宗教就容易以一種奇特的方式在中原傳播。例如新天仙廟道認為「三綱者君臣義古人之道」[6]，由於具有泛政治化的特徵，新天仙廟道在中原大地廣泛傳播。

（三）彈性強。文化總是發展著的，文化的發展總是需要歷史積澱，歷史積澱必然會形成文化發展的優勢，歷史的優勢經過動態的發展會形成新的優勢。中原文化也是隨著歷史的發展，在一定的經濟、政治、社會生態下不斷發展的過程。中原文化是中華文化的源頭，核心和代表主要體現在：三皇五帝興起於中原，文明源頭發自中原，萬姓之根始於中原，帝都之鄉、聖賢居所定於中原。「中原文化具有極大的包容性和開放性，顯著的開拓性和創新性，典型的集成性和代表性」。[7]這是由於：中原地區最先進入文明時代，中原文化的先進性和優越性，對周圍尚處於蠻荒時代的地區產生了巨大的吸引力，促使彼此之間的聯繫日益密切。通過長期的融合發展，中國古代文明區域以中原為中心像滾雪球一樣逐步擴大，將周圍地區不斷彙入中國古代文明區域之中。中原文化與中國傳統文化的特殊關係，決定了它既立於地域而又超越地域的雙重特點。其文化的自覺起於魏晉，經過近古時期的調整而在當代有新的發展。「中原文化區為花蕊，其他文化區為花瓣。」[8]這種文化向心結構奠定了中國傳統文化的基本格局。中原文化沿黃河流域不斷擴展，使其涵蓋的疆域保持彈性。歷史上，中原地區產生了許多中國文化的巨擘，他們對中原文化生長、發展所起的作用是無法估量的。中原文化是在原有的生態中生成的，文化在發展中又產生新的特質，新的文化特質又會生成新的文化生態。因此，

---

[5]　張岱年、方克立：《中國文化概論》第 243 頁，北京師範大學出版社 2004
　　年版。

[6]　邵雍：《中國會道門》第 202 頁。

[7]　王喜成、李二梅：《論中原文化的精神特質》，《中州學刊》2007 年第 1 期，
　　第 149 頁。

[8]　嚴文明：《中國史前文化的多樣性與統一性》，《北京大學百年國學文粹·
　　考古卷》第 258 頁，北京大學出版社 1988 年版。

中原文化也是動態發展的，彈性與包容性強，具有各種文化背景的民間宗教傳入中原時，很容易找到信仰群體，又容易發現傳播的地方，這樣傳入中原的民間宗教信仰出現複雜化與多元化的趨勢，不同民間宗教信仰之間相互影響、相互融合。

二、民國初期中原文化衍變對中原民間宗教信仰的影響

　　中原文化的一般特徵對民間宗教傳播產生深遠影響，到民國初期中原文化衍變產生出的的消極因素也影響了民間宗教的傳播。和較早較多地受到歐風美雨熏沐的沿海沿江省份不同，河南長期株守傳統文化的舊壘，19 世紀 90 年代末各種洋務思潮和維新思潮略見迴響。民初十來年，統治河南的軍閥官僚又熱衷於復古守舊，遂使中世紀的封建陳跡在省內保留特別多。所以無論本省或外省人士，常以「老大落後」、「抱殘守缺」等言詞評述河南的社會和文化，以「鄙塞保守」、「愚昧拙陋」等詞形容河南的民性和積習，成為河南又一典型地域特點。「有多少愚昧，就有多少粗俗的信仰；有多少荒蠻，就有多少荒誕怪異的膜拜。」[9]愚昧、封閉、落後是民國初期中原文化衍變出的重要特點，中原民間宗教信仰與封建迷信結合越來越密切，越來越顯示出更多的消極因素，成為民間宗教廣為傳播的動力。這主要表現在以下方面：

　　（一）**文化發展落後，民眾思想封閉**。河南在文化教育上，明清時期本已明顯落後，進入近代後，差距愈加擴大，尤其是在西方文化科學的傳播下，清末地方人士更稱本省為「無新學之地」。新文化運動也主要局限在知識階層，由於救亡的迫切，新的科學民主思想並沒有能夠對傳統思想中的封建迷信部分進行徹底的清理，其啟蒙的作用遠未完成，而且啟蒙本身也不可能是一蹴而就的。河南為二程之故鄉，人們久受程朱理學的「薰陶」，辛亥革命對河南社會的衝擊不大。民國初年，統治河南的軍閥官僚熱衷於復古守舊，所以河南社會很少

---

[9]　馬西沙、韓秉方：《中國民間宗教史》第 7 頁。

受到新思潮的影響，新式教育與南方不可同日而語，民眾愚昧寡聞。與此相對應的是河南有著濃重的神權迷信之風，崇鬼拜神之舉比比皆是。河南特殊的地域特點，成為了孕育民間宗教的溫床。

伴隨著廣大民眾傳統生活狀態的延續，各種多神信仰、迷信觀念、血親觀念、互助意識等傳統文化觀念也在延續。民國時期的統治者出於維護統治的需要，不僅不大力清理和掃除各種封建的意識形態和迷信觀念，而且有意識地利用這些傳統文化中的落後因素為統治服務。民國前期，戰亂頻仍，當政者又仇視學校，特別是廣大農村，除了稍有簡陋的舊式「蒙學」外，幾無正規學校，無論新舊教育，較之南方均居於其後。相應地，城鄉民眾的閉塞孤陋也到了令人吃驚的地步。百姓張口因果報應閉口皇帝鬼怪。1927 年外省旅遊者驚奇地在省會開封發現，該地很難找到外省報紙，人們對國內外時事多茫然無知，猶如佛門弟子「耳根清淨」，不禁感歎「到中州，竟似逃出世外。在京漢大站信陽，所見農民均系 18 世紀時代未開化的老百姓，樸實忠厚，不曉世事。」[10]入民國後，商賈買賣還受人鄙夷。民國年間修纂的各縣誌書記述很多，即使在作為一縣政治、經濟和文化中心的縣城，像湯陰，「一年四季，街上走動的總是那幾個人。不要說外地人很難到縣裏來，就是離城五六里的鄉民進城一次也是罕見的大事。」[11]中原地區在民國初期文化落後，民眾思想封閉，民間宗教易於傳播。

（二）保守觀念流毒很深。河南是二程故鄉，宋、元以後即以「理學名邦」著稱，人民久受封建思想觀念的束縛：辛亥期間尚未起義「獨立」，封建積垢少受沖刷，雖進入民國仍然「凡事多出亡清之故轍」[12]1927 年，外省人士在省會開封看到一些街區還繼續沿襲清朝舊制，定期宣講《聖諭廣訓》，便發出「中州存古性亦算作全國第一」。[13]尤其是廣大農村婦女，更深受封建思想觀念的侄桔，入民國後，如地方誌所記，婦女「仍格守三從思德，終日不出閨門。」男性

10　《中央日報副刊》第 97 號，1926 年 2 月 20 日。
11　《河南官報》總第 87 期。
12　《時事豫報》1913 年 3 月 7 日。
13　《中央日報副刊》1926 年 3 月 9 日，第 102 號。

家長具有絕對權威，其上複有「族長」，「族正」來治理族眾。「家」與「國」密切聯繫在一起，「中國社會中家族團體是各種制度搭配的中心，具有生產、信仰、政治等多種功能，無論經濟、宗教、政治、教育等制度，均以家族團體為主，而結合在一起。」[14]由於世代定居在一個地點，河南農村就形成了同姓家族聚居，或是幾個村寨都由血緣、親屬關係連接起來農村社會結構。由此，武漢國民政府入豫從事農民運動的人員不無理由地推斷，「河南農民的腦海中充滿了封建社會思想，完全還過著中古時代的生活……比南方數省至少相差二三十年，他長處是勇於犧牲，短處是保存封建社會的一切。」[15]河南境內人民深受儒家思想影響。儒家思想以其獨特的行為規範和思想內涵不斷融入河南人民的意識之中，經過潛移默化的侵染，幾乎衍成人們自身下意識的功能。「父母在，不遠遊，遊必有據。」雖然民國時期獨立、自主的觀念在知識界已經被接受，但在廣大下層民眾那裏，傳統被動依賴的心理依然是主要的。他們缺乏獨立自主的意識，無法依靠自己的力量組織起來爭取自己的權利和利益，他們依然需要拯救者的引導和迷信觀念的社會解釋，社會文化思想的多元並存，又造成了缺少歸依的迷茫，這就給民間宗教信仰的灌輸以可乘之機。

（三）封建迷信根深蒂固。民間宗教的經典既是我們理解秘密宗教產生和發展的文化原因的鑰匙，也體現了中國民眾的文化內容。由於民間宗教主要在民間傳播，它更多地體現了下層民眾的文化，同時，由於上層精英文化對下層文化的滲透，它也是整個社會文化土壤的產物。在整個社會文化中，多神的宗教信仰、各種徽緯迷信及鬼神觀念、儒家的血親等思想意識等無疑是彌漫於全社會的，它也體現在秘密教門的經典中。清末著名社會活動家陶成章曾比較北方與南方社會風尚的差異，說北方「多神權迷信」，所以作佛、道兩教外，「白蓮」、「天理」等民間宗教也特別興盛。這在中原也是由來已久的。民國前期，提倡迷信之舉，殊為他省所無。「無不迷信神權，自城市

[14]　吳晗、費孝通等：《皇權與紳權》第 107 頁，天津人民出版社 1988 年版。
[15]　《鄧演達在全省農民擴大會議的演講詞》，漢口《民國日報》1927 年 6 月 24 日。

衙署以及村鎮山鄉，凡有人煙處即有寺廟，否則，一老樹，一古墓，亦有人焚香叩禱」。[16]固然，華夏各省也長久滋漫神道迷信之風，但比較而言，正如 1927 年調查瞭解河南社會情狀的武漢國民政府農運人員所說，「河南農民……迷信比任何省都厲害得多。」[17]河南封建迷信根深蒂固，民間宗教盛行。河南地處中原，歷代以北京為都城的統治者對在河南的統治都非常重視，應該說，河南就是一個政治上歸屬於統一的專制國家的地區，新興的思想在此很難生存，封建勢力因之極為雄厚。儘管河南是二程之鄉，但是它也以異端和暴亂著稱。在社會尤其是民間社會處於無序狀態，人們的正常生活遭到衝擊時，河南的民眾極易相信民間宗教的宣傳，民間宗教廣為流傳。

小結

　　民國初期，中原的傳統文化，表現出濃烈的大陸文化、農業文化和儒家文化的色彩。「我們可以把華夏文化由一個單一中心自內向外傳播的這種獨特方式稱為單向性輻射狀傳播方式。」[18]中原文化是華夏文化的核心，單向性輻射狀傳播方式的特徵十分突出，各種各樣的教派都能從中原大地找到自己傳播的土壤，有利於民間宗教的流行。河南是一個農業大省，農業人口占總人口的絕大部分。但農民不是新的生產力的代表，他們關心更多的是自身的眼前利益，傳統農業社會中的文化觀念、習慣勢力就一直伴隨著中國的農民階級。由於自身的階級本性所決定，農民只能從他們所熟悉的文化觀念，意識形態領域尋找思想武器。農民的生活意識、政治意識、民族意識，都沒有超出感性的、經驗的認識範圍，沒有也不可能在批判和綜合各種現實社會關係的基礎上形成理論的框架，提出理性的信仰，因而必然向宗教的信仰滑動。河南教門的信徒大多為農民，然而作為下層民眾「數千年

16　劉景向：《河南新志・宗教信仰》第 95 頁，河南人民出版社 1988 年版。
17　《鄧演達在全省農民擴大會議的演講詞》，漢口《民國日報》1927 年 6 月 24 日。
18　蕭功秦：《儒家文化的困境》第 6 頁，廣西師範大學出版社 2006 年版。

被壓在金字塔的下層，終生貧困，而且得不到文化的佈施」，[19]很容易轉向民間宗教。

　　民間宗教是傳統社會的政治制度、文化觀念、禮教倫理等歷史條件與底層民眾的生活條件、思維方式相互作用的產物。以前論者並沒有充分認識到文化觀念對民間宗教傳播的影響，至於從中原區域文化特徵加以深刻論述的論著更不多見。實際上，河南地處中原，民國初期，文化教育落後，民眾的封建思想觀念根深蒂固，神道迷信的社會風氣非常濃厚。農業是中國歷史文化的經濟基礎。儒學是中原歷史文化的思想基礎。「近代儒家文化缺乏一種在西方挑戰面前進行自我更新的內部機制，難以實現從傳統觀念向近代觀念的歷史轉變。」[20]因此，保守觀念在河南流毒很深。廣大農民既然長期生活在自然經濟的小天地裏，較少受到歐風美雨和經濟意識的衝擊，因此，在思想觀念和社會風習上，就普遍地駐守家園，趨向保守封閉，使民間宗教極為容易傳播。

---

[19] 馬西沙韓秉方：《中國民間宗教史》第 1 頁。
[20] 蕭功秦：《儒家文化的困境》第 2 頁。

探析民國前期泰山神民間信仰的特點

曹春婷　邵雍

　　泰山神民間信仰紮根於齊魯特有的地理與人文環境，歷代帝王和文人墨客的頂禮膜拜，下層民眾的深信不疑為其傳承和延伸提供了廣闊的歷史空間，而道、儒、佛則不斷充實滋潤並構成其主要內容。區域民間信仰方面，有不少專家作了極有建樹的著述，如林國平的《福建民間信仰》，范熒的《滬上民間信仰芻議》等。具體到泰山神民間信仰方面的研究也有不少，如崔鳳軍、袁明英的《泰山宗教文化與開發研究》（《山東礦業學院學報（社會科學版）》1999 年 9 月第 3 期），他們是從泰山神信仰文化與如何開發利用這一傳統文化資源的角度來論述的；劉靜園、王元臣的《論泰山神民間信仰及其對構建和諧社會的現實意義》（《岱宗學刊》2008 年第 3 期）則把泰山神民間信仰作為一種准宗教信仰，從其體現的和諧思想文化的角度來分析其對構建和諧社會的意義。其他類似研究還有很多，但是具體到民國前期泰山神民間信仰的特點這一問題，目前的研究還不充分，還有深化研究的空間。筆者認為民國作為兩千年的封建社會和當今社會的過渡帶，泰山神民間信仰在民國前期所顯現出的特點既體現了其在封建社會衰亡後的無序，又有向現代社會發展的趨勢（民國後期始終處於戰爭和動亂之中，泰山神民間信仰處於非正常狀態，故本文暫不論述），從民國前期泰山神民間信仰的特點看其對當今社會的意義是本文選題的意義所在。

一、泰山神民間信仰概述

　　民間信仰是在長期的歷史發展過程中，在民眾中自發產生的一套神靈崇拜觀念、行為習慣和相應的儀式制度，是流傳在民眾中的信仰心理和行為。它的內容繁雜，崇拜的對象包羅萬象，大體上有自然崇拜、圖騰崇拜、鬼神崇拜和祖先崇拜，以及相關的禁忌、巫術預兆等行為表現[1]。民間信仰一般都是在自然和自發的條件下產生和發展的，其中部分崇信對象得到政府的默許和支持，擁有較廣泛的信徒，並建立了一定的神祀場所即神祠，就形成了神祇的信仰[2]。

　　筆者認為泰山神的信仰有狹義和廣義之分：狹義的泰山神信仰是指對「泰山神」，即東嶽大帝的民間信仰；廣義的泰山神信仰則是對「泰山上的神」，即泰山上一切神靈的民間信仰，本文是對其廣義內涵的論述。通常認為，泰山神的信仰分三個層次——帝王的封禪祭祀；文人墨客的滌心悟道；普通民眾的頂禮膜拜。本文的泰山神信仰是從普通民眾的角度論述的，故為泰山神民間信仰。

　　另外需要指出的是，「泰山」一詞具有雙重含義：既可以指泰山群峰，還可以指泰山主峰，在英文裏分別翻譯為「TaiShan Mountains」和「Mount Tai」，本文論述的「泰山」，是指其主峰。

　　泰山東瀕黃海、西襟黃河，以拔地通天之勢巍峨畫立於中國東方，以五嶽獨尊的盛名稱譽古今，乃五嶽之宗、華夏神山。西周分封諸侯，貴戚姜太公在泰山後建齊國，周公長子伯禽在泰山前建立魯國。齊國稷下學宮道家學術思想占主導地位，燕齊方仙道則直接是道教的前身。孔子「登泰山而小天下」，孟子岩岩有泰山之相，孔孟儒家思想在魯國係官學正統。泰山地處齊、魯交界，道教、儒家思想在此交彙，對泰山神民間信仰產生巨大影響。

---

[1]　陳瑤：《試論當代民間信仰的變遷》，〈哈爾濱學院學報〉2005 年第 8 期，第 113～115 頁。

[2]　范熒：〈滬上民間信仰芻議〉，《上海師範大學學報》（社會科學版）2002年第 2 期，第 58～63 頁。

　　但泰山神民間信仰卻並非單單是對道教和儒家的信仰，佛教信仰在泰山亦有一席之地。應該說，泰山神民間信仰是道教、儒家和佛教信仰的綜合體，道、儒、佛等諸多神祠在泰山都可以看到。筆者認為從這些神祠的數量和位置可以看出泰山神民間信仰的結構。現簡略分析如下：

　　對道教神的信仰，主要是對東嶽大帝和碧霞元君的信仰，另外還有玉皇大帝、青帝、天地水三真人、送子娘娘、眼光奶奶、呂祖、財神、藥王等。道教作為中國本土宗教，神族譜系龐大，神祠數量眾多，在泰山神民間信仰中，佔據了主要地位。泰山正面（陽面）的登山大道，從山下到岱頂，幾乎所有主要的神祠都由道教主持，尤其是岱頂的 5 座廟宇中，道教就占了 4 座（分別為東嶽廟祀東嶽大帝，碧霞祠祀碧霞元君，玉皇廟祀玉皇大帝，青帝宮祀青帝）[3]，其在泰山神民間信仰中的主體地位由此可見一斑。

　　對儒家聖賢的信仰，主要是對孔子的信仰，另外還有孔門「四聖」等儒家道統中有影響的人物。儒學在泰山神民間信仰中的地位不容忽視，這一點從泰山孔子廟的位置就可以看出——泰山孔子廟位於岱頂孔子崖（又名望吳峰）上。岱頂是泰山之巔，在這 0.6 平方公里的土地上，有 5 座廟宇[4]，除了上述 4 座道教廟宇外，另一座就是孔子廟。把儒家的真實人物等同於宗教神祇納入神祀範圍頂禮膜拜，這說明儒學作為封建社會的顯學，在泰山神民間信仰中具有非同一般的指導性地位。

　　對佛教神的信仰，主要是對觀音菩薩的信仰，另外還有彌勒佛、文殊菩薩、普賢菩薩、地藏菩薩等。位於山腰的觀音廟是泰山正面唯一獨立成廟的佛教寺廟，其他菩薩多奉於泰山道教宮觀的偏殿內。佛教的至高神釋迦牟尼佛雖供奉在普照寺主院正殿大雄寶殿內，但普照寺本身位於凌漢峰前，並不在泰山正面[5]。所以，與道教宮觀多設在

---

[3]　張全之：《泰山文化譜新編》第 144～151 頁，山東人民出版社 2006 年版。
[4]　王方俊：《泰山大觀》第 175 頁，山東友誼書社 1987 年版。
[5]　張全之：《泰山文化譜新編》第 138～139 頁，山東人民出版社 2006 年版。

泰山正面顯要位置相比，佛寺多建在泰山的陰面，藏而不露。由此可見，佛教作為外來宗教，在泰山神民間信仰中並不占主導地位。

綜上所述，泰山神民間信仰以道教信仰為主體，以儒家信仰為思想指導，同時相容並蓄佛教信仰。

二、民國年間泰山神民間信仰的特點

（一）道、儒、佛信仰的進一步合流

在歷史上，泰山是一座政治性與宗教性、王權與神權密切結合的山，是一座濃重的皇族推崇與廣泛的民間信仰相統一的山，是一座舉國朝拜、雅俗共瞻的「官山」和「神山」，這在全國各大名山，乃至在各大「神山」之中絕無僅有[6]。而這一座「神山」又是一個多教、多廟、多神共處的山——它不僅有許多供奉在宮觀的道教神；而且有儒家供奉在明堂的孔夫子；還有許多供奉在寺廟的佛教神。

民國年間，這種多教、多廟、多神共處的現象進一步融合，道教、儒家和佛教三者呈合流發展之勢。例如，紅門宮原為佛教寺院，民國時東院內供奉著佛教神彌勒佛，西院供奉著道教神碧霞元君的神像，「敲著木魚念佛經，燒香磕頭供元君」[7]。更有甚者，紅門宮外的「孔子登臨處」石坊，也設有香壇。可以看出，一座紅門寺院正是道、儒、佛三者融合貫通的真實寫照。這種現象並非孤例，再比如斗母宮，就既供觀音、文殊、普賢等佛教菩薩，又供碧霞元君、送子娘娘、眼光奶奶等道教神[8]，連孔聖人的後代都來修廟立碑——民國三年（1914年）9月，孔子第七十六世孫，衍聖公孔令貽，為還求子之願捐資重修的斗母宮竣工，並立《重複斗母宮增修記》碑於斗母宮山門外[9]。

---

[6]　劉淩：《論泰山傳統文化特色》第 96～98 頁，山東友誼社 1987 年版。

[7]　劉秀池：《泰山大全》第 594 頁，山東友誼社 1987 年版。

[8]　《山東省志・泰山志》第 450～451 頁，中華書局 1993 年版。

[9]　曲進賢主編：《泰山通鑒》第 224 頁，齊魯書社 2005 年版。

　　這種道、儒、佛信仰的合流性其實體現了民間信仰的務實性。民眾朝山進香，多關乎切身利益，「祈願」都帶著明確的務實性目的──為祈長壽，去拜東嶽大帝；為求子嗣，去拜碧霞元君；為謀功名，去拜文帝孔子；為驅疾病，去拜觀音菩薩……這種「祈願」的務實性還影響了神祠的性質──神祠是做道觀還是改禪院也應民眾的務實性需要而定，比如上文所述的鬥母宮就經歷了「清初為尼庵」[10]，清末被「逐比丘易道眾，復名曰龍泉觀」（改尼庵為道觀，將鬥母宮更名為龍泉觀）[11]，以及民初的「復舊名，仍令主持其中」（恢復由尼姑主持斗母宮的狀態）[12]。筆者以為其深層心理結構，主要是源自齊魯文化的務實重效的價值觀念，是務實性下的合流性，道、儒、佛民間信仰的進一步合流，從更深程度上分析則體現出齊魯文化裏務實重效的心理。

　　同時這種濃郁的務實性，又和民國年間特殊的時代背景有關。民國以來，山東長期處於封建軍閥統治之下，「九・一八」事變後，又成為抗日戰爭的前沿陣地，再加上頻繁的自然災害，社會尤其是民間社會時常處於無序狀態下，人們的正常生活時常遭到衝擊，命運極為悲慘，這使得民眾尤其是下層民眾在不能掌握自我命運時，更多的把自己的命運交給神靈[13]，道、儒、佛三者就這樣在現實的務實性下融合貫通。

（二）東嶽大帝信仰的式微和泰山老奶奶信仰的上升

　　泰山神民間信仰中的魯文化和齊文化色彩，根源於不同的地域文化模式。魯、齊均承東夷舊邦而建，卻因分封者分別採取「變其俗，革其禮」和「因其俗，簡其禮」的治國方略，使魯文化更多周禮和廟

10　《山東省志・泰山志》第 451 頁，中華書局 1993 年版。

11　《斗母宮增修記》碑，轉引自《山東省志・泰山志》第 333 頁，中華書局 1993 年版。

12　《斗母宮增修記》碑，轉引自《山東省志・泰山志》第 333 頁，中華書局 1993 年版。

13　梁家貴：《試論民間信仰與會道門的關係》，《貴州社會科學》2005 年第 2 期，第 134～139 頁。

堂特色，而使齊文化帶有東夷和民俗色彩。這種差異，形成泰山的一體兩面形象：一為倫理（王官）性的聖山，一為宗教（民俗）性的神山。筆者認為，這種兩面形象，在泰山神民間信仰方面突出表現為帝王祭祀下的東嶽大帝信仰和民眾信奉下的碧霞元君信仰，碧霞元君在民眾中被親切的稱之為「泰山老奶奶」，在民眾中更多的人熟悉的還是泰山老奶奶，以至於 20 世紀初，泰安百姓「終日仰對泰山，而不知有泰山，名之曰奶奶山。」[14]。甚至連身為國民政府主席的蔣介石在民國十八年（1929 年）7 月偕宋美齡登泰山遊覽時，還出資 200 元重修了岱頂碧霞元君廟盤路[15]。

實際上民國以後泰山神民間信仰活動主要就是香客朝山進香拜泰山老奶奶[16]，碧霞元君的地位越來越高，逐漸取代了東嶽大帝在泰山的統治。此現象固然一方面和神祇的「親和力」有關——東嶽大帝始終屬於國家祀典，只有天子、帝王才有資格祭祀，其高高在上的形象使普通民眾難以親近；而泰山老奶奶則不然，她慈祥端莊、和藹可親，能夠護國佑民靈應九州，無論統治者還是普通民眾都很容易把她當做自己的保護神朝拜祭祀。另一方面，又和民國結束了封建帝制有關——皇家祭典隨著封建帝制的滅亡而結束，帝王封禪下的東嶽大帝的地位自然隨之下降，普通民眾把碧霞元君作為泰山至高神加以頂禮膜拜也是很自然的現象。而且直至今天，碧霞元君信仰在泰山神民間信仰中都佔據著主要地位。

（三）泰山神民間信仰的進一步世俗化

民國年間，泰山神民間信仰的世俗化，突出表現在原本為慶祝神祇聖誕的東嶽廟會演化為集宗教、商貿、娛樂為一體的民俗活動。東嶽廟會在唐代就已經有了雛形，到了宋代就變成了慶祝泰山神生日的專題活動，並且形成了慣例得以延續，明代又增加了奉祀碧霞元君的內容。清末民初，東嶽廟會為時更長，從農曆年三十夜就開始活動，

---

[14] 袁愛國：《泰山神文化》第 69 頁，山東大學出版社 1991 年版。
[15] 曲進賢主編：《泰山通鑒》第 279 頁，齊魯書社 2005 年版。
[16] 范恩君：《論碧霞元君信仰》，《中國道教》1995 年第 2 期，第 13～17 頁。

一直持續到四月。廟會內容不但包含年三十晚上辭舊迎新之際給泰山
老奶奶和東嶽大帝奉香、農曆三月二十八日東嶽大帝聖誕和四月十八
日泰山老奶奶聖誕之時行道設醮等宗教活動，還包含了隨著廟會產生
而發展起來的數不清的商貿、娛樂行當。有學者認為當時的廟會收入
和一年兩季的農業收入，是泰山的兩大經濟支柱[17]。

　　岱廟，雖然位於泰山腳下，但是其在泰山神民間信仰中的地位不
亞於任何一座泰山主峰上的寺廟，不但是歷代帝王封禪泰山、舉行大
典的地方，而且是民間香火旺盛之處。民國年間，岱廟是東嶽廟會的
中心場所，1928 年 8 月，國民黨山東省政府耗資 10 萬元，把岱廟的
前半部分改成了「中山市場」，後半部分改成了「中山公園」[18]。岱
廟由原本的帝王封禪祭祀之處變為了大眾的商貿的「中山市場」以及
娛樂的「中山公園」。中山公園的出現和民國時期全國各地曾出現的
中山公園建設運動有關——中山公園是宣傳孫中山崇拜的重要空間
形式，不僅是娛樂休閒場所，而且是國家權力空間化與意識形態的載
體[19]，筆者認為，這和封建社會帝王以泰山神民間信仰來強化皇權有
異曲同工之妙。

　　岱廟這個原本作為歷代封建帝王封禪泰山、舉行大典的地方，在
民國前期，不但成了民眾消費、娛樂的場所，甚至和會道門也產生了
某種聯繫。「岱廟配天門北門西南邊有一夥人在念善書，一人念，一
人講，念一句，講一句，內容為『人生天地間，孝道最當先，父愛子、
子行孝理所當然。……』勸人孝順行善。這些人是『皈一道』的，以
念善書發展道徒。」[20]皈一道提倡儒、釋、道「三教歸一」[21]，這
和民國年間泰山神民間信仰所呈現的「道、儒、佛進一步合流」的特
點是一致的，而且皈一道道內經卷就包含《太「泰」山娘娘心經》[22]。

---

[17]　山曼：《泰山風俗》第 69～72 頁，濟南出版社 2001 年版。

[18]　張全之：《泰山文化譜新編》第 30 頁，山東人民出版社 2006 年版。

[19]　陳蘊茜：《空間重組與孫中山崇拜——以民國時期中山公園為中心的考察》，
　　　《史林》2006 年第 1 期，第 1～18 頁。

[20]　山曼：《泰山風俗》第 80 頁，濟南出版社 2001 年版。

[21]　邵雍：《中國會道門》第 193 頁，上海人民出版社 1997 年版。

[22]　邵雍：《中國會道門》第 193 頁，上海人民出版社 1997 年版。

岱廟廟會這個原本祭祀泰山神的民間信仰盛會，在民國年間和會道門產生了何種聯繫，筆者擬另文論述。

　　總之，民國前期，泰山神民間信仰的世俗化進一步加強，廟會由原本的宗教性祀神活動變為了集宗教、商貿、娛樂為一體的綜合性大眾化民俗活動，和會道門也產生了某種聯繫。

三、泰山神民間信仰對當今社會的意義

　　泰山神民間信仰是在中國傳統文化背景下形成和發展起來的，兼有道、儒、佛三者的功能和特色。道教的懲惡揚善、濟生度死、道法自然；儒家的敦倫盡分、修齊治平；佛教的因果報應、利樂有情等思想，在泰山神民間神信仰中都有體現。因此我們應該發掘泰山神民間信仰中的和諧思想，為教化民心、扼制暴戾，促使社會長治久安，構建和諧社會做出貢獻。

　　隨著改革開放的擴大，泰山神民間信仰也在一定程度上加強了臺胞和僑胞的向心力和凝聚力。泰山之所以能成為中華民族包括海外華人心目中的神山，成為中華民族共同的精神象徵，泰山神民間信仰中道、儒、佛文化所體現出的崇敬祖先、落葉歸根的傳統觀念應該是一個重要的因素。泰山神民間信仰處處與道、儒、佛傳統文化結合在一起，深深植根於民間的底層，是本土地區與兩岸三地及海外中華兒女之間的一條文化聯繫的紐帶。

　　因此，泰山神民間信仰，不但對構建社會主義和諧社會有重要的現實意義，對凝聚國人和臺胞以及海外華人的向心力也有積極意義，所以，我們應該對泰山神民間信仰加以合理定位和引導：

　　泰山神民間信仰中的「多教、多廟、多佛」現象，即道、儒、佛信仰的合流性是泰山區別於其他宗教「神山」的獨特之處，應該充分挖掘其獨特的「三位一體」的歷史文化底蘊，弘揚道、儒、佛當中的積極因素，吸收與現代社會人文精神和倫理價值相一致的觀念及行為規範，充分開發傳統文化資源，促進文化的多樣性，維護社會穩定，推動社會發展。

　　東嶽大帝和碧霞元君信仰遍及全國各地，不但在北方影響深遠，在南方及港澳臺地區，甚至日本和東南亞也有信眾[23]，通過加強東嶽大帝和泰山老奶奶信仰，有利於提高民眾凝聚力，增進社會團結，擴大社會聯繫。通過共同的泰山神民間信仰，增強港澳臺同胞和海外華人的向心力，強化認同意識，促進海內外華人的社會聯繫和經濟合作。

　　增強廟會的宗教、商貿、娛樂功能，以廟會增進地區經濟發展。東嶽廟會可以帶動旅遊經濟的發展，在現代泰山旅遊中，以東嶽廟會為契機，把參觀泰山神信仰的宗教場所、參加泰山神民間民俗信仰活動、瞭解泰山神民間信仰文化作為人們旅遊觀光的重要內容。

　　總之，紮根於齊魯特有的地理與人文環境的泰山神民間信仰，在經歷漫長封建社會的沉澱和民國前期的洗禮後，其在民國前期體現出的特點，即道、儒、佛三者的進一步合流，東嶽大帝和碧霞元君信仰的交替，以及信仰的進一步世俗化，在當今社會不僅依然存在，而且還在一定程度上起著促進社會和諧、加強海內外同胞凝聚力、促進區域經濟發展的積極作用。如何汲取道、儒、佛三者的有益因素，發揮泰山神民間信仰的獨特魅力，擴大其影響，使之在現代化進程中不斷前進，這是我們在新時期面臨的新課題。

---

[23] 崔鳳軍，袁明英：《泰山宗教文化與開發研究》，《山東礦業學院學報》（社會科學版），1999 年第 3 期，第 98～100 頁。

從《申報》看上海地方政府反迷信措施
（1927～1937）

王成　邵雍

迷信是一種對於自然力量和社會力量的畏懼和屈服而產生的愚昧觀念，在社會生活中積久相襲，流弊甚遠。然而長久以來，學界對於中國近代歷史上的迷信和反迷信活動研究不足，尤其是對於最早開埠通商的上海。[1]反對迷信是近代社會現代化的必然條件，上海地理位置重要，最早開埠通商，接受歐風美雨洗禮。《申報》對於 1927～1937 年迷信和反迷信活動進行了連篇累牘的報導，因此研究這一時期的上海地方政府反迷信措施既有必要又有可能。

—

近代以來雖然經歷辛亥革命和五四運動的洗禮，上海迷信之風愈演愈烈，有增無減。《申報》對此描述到：「本市五方雜處，良莠不

---

[1] 熊月之主編的《上海通史》（上海人民出版社 1999 年版），對於民國時期的迷信和反迷信活動較少提及。2001 年第 9 卷第 3 期《系統辯證學學報》上發表薛風平等的《我國近現代的科學與迷信》一文，主要從歷史的角度考察中國近代的科學與迷信演變。2007 年第 9 期《理論學刊》上發表鄭國的《辛亥革命前夕的迷信批判綜論》，主要介紹了在辛亥革命前夕的社會啟蒙中，對迷信的批判。2007 年第 4 期《歷史教學（高校版）》刊登了劉宏的《清末官方對迷信陋俗的治理》。該文主要介紹清末「新政」時期，官方為了維護社會治安，改良社會風習，同時也為了確保其統治的穩固，對迷信陋俗進行治理的情況。

齊，操術愚民以糊口者，為數不少，若關亡、若圓光、若扶乩、若樟柳神、若祝由科、若看香頭、若辰州符，五花八門，更僕難數，而間接賴以生活者，若香燭店、若紮紙作、若錫箔業，實繁有徒，未易列舉。」[2]

1927～1937 年是天災人禍頻發的時期，1926 年全國水旱災害嚴重，各地求神消災的迷信活動光怪陸離。當時的上海地方政府採取發佈祈雨佈告[3]、設案求雨[4]及禁屠[5]等迷信活動，希冀能消災免旱。官方如此，民間也充滿了「鬼神天命」的迷信思想，據《申報》載文統計，浙江永康縣一年消耗在迷信活動中的資產竟達百萬餘元。[6]

對於中元節的重視也說明二十世紀上海迷信之盛。每逢陰曆七月十五日即所謂的「鬼節」或「鬼的生日」，人們總要開展兩到三個星期，社會各個階層的人都在其中。在街道的拐角處，小弄的進口處，隨處可見的寫著「閻羅天子」、「抬頭見喜」或「天下太平」的招貼紙。活動期間要舉辦著名的「太平公醮」、「盂蘭盆會」。舉辦者不僅在下層社會流行，而且在富裕的紳士中也有市場。當時報紙對此評論道：「在秋天，上海充滿鬼的氣息，在每一個街道都能看到人們對鬼魂的膜拜和頌揚」[7]。

迷信是會道門的組成形式，正如毛澤東所說：「這類團體（指會道門）大都用宗教迷信為團聚成員的工具，採取家長制的組織形式，有的還擁有武裝。」[8]會道門與南京政府不是天然合流的，恰恰相反，「會道門組織者的出發點和歸宿是提高自身及其家族的經濟地位和

2　《擬具破除迷信辦法，上海特別市市政週刊》，《申報》1928 年 9 月 6 日。

3　《縣公署祈雨佈告》，《申報》1926 年 5 月 7 日。

4　《危知事昨日求雨》，《申報》1926 年 5 月 8 日。

5　《今日起禁屠三天》，《申報》1926 年 5 月 9 日。

6　《迷信與經濟之影響》，《申報》1926 年 10 月 28 日。

7　《上海週報》第 2 卷，第 16 期（1933 年 9 月 14 日），第 248～249 頁。轉引自盧漢超著，段煉等譯：《霓虹燈外——20 世紀初日常生活中的上海》第 277 頁，上海古籍出版社 2004 年版。

8　《中國社會各階級的分析》，《毛澤東選集》第一卷，第 11 頁，人民出版社 1991 年版。

社會地位，決不是普渡眾生」[9]。馮玉祥就曾利用紅槍會天門會等為民團與南京政府作戰。[10]

北伐的失敗以及南京政府的建立並沒有結束全中國軍閥林立，內憂外患都沒有解決（但就鴉片戰爭後到新中國成立前而言，這一時期又是難得的穩定，為上海反迷信活動提供了一個難得的穩定環境）。之後相繼爆發了蔣桂戰爭蔣馮戰爭和中原大戰。為了防止其他軍閥利用迷信對抗南京政府，加強對社會的控制，禁止迷信也是當務之急。1930 年的一期《申報》就在報導了迷信案件之後評論道：「竟將閻馮李白諸反動人物之肖照與國府袞袞諸公之相片並列，不啻於無形之中，示民眾以順逆不分涇渭免辨之意。」[11]反對迷信的同時是要加強思想控制，使人民「分順逆」、「辨涇渭」。

辛亥革命從性質上說是資產階級民主革命，它以西方資產階級上升時期所宣揚的自由、平等、博愛理論口號為武器，衝擊了以維護封建統治為宗旨的封建迷信，取得一定勝利，但它沒有從根本上改變封建迷信在普通民眾中的統治地位。五四運動以「德先生」和「賽先生」為號召，以「提倡科學，反對迷信」為口號和任務對於社會進步起到重要作用，但由於它更側重於政治思想因而對於老百姓日常生活的移風易俗的影響還不夠。特別是北洋時期袁世凱、張勳大搞封建復辟祭孔祀儒，對於封建迷信起到了推波助瀾的作用。直到 20 世紀二三十年代的上海迷信活動仍然甚囂塵上。反迷信任務就落到當時的上海地方政府身上。

二

1927 年，上海成立特別市是上海反迷信的很好契機。在 1929 年，上海開始整頓卜筮星相行業，這是理性反迷信的重要舉措，可以說是相對全面合理的反迷信規劃。在整個廢除卜筮星相過程中，不僅注重

---

[9]　邵雍：《中國會道門》第 3 頁，上海人民出版社 1997 年版。
[10]　邵雍：《中國會道門》第 252 頁。
[11]　《搜獲數十萬明年廢曆書》，《申報》1930 年 10 月 4 日。

查訪統計卜筮星相從業人員，進行必要的整頓和懲處，同時還對從業人員進行救濟和必要的謀生培訓，初步認識到反迷信是系統的社會工程，不僅要治標更要治本。[12]30 年代結合南京政府的新生活建設運動，上海地方當局積極配合採取很多革除陋習的行動。這對於當時的反迷信活動也是大有裨益的。

　　為了維護社會穩定、改良社會風習、應對連年災荒、節約社會資源，上海地方政府在國民政府的指導下採取了一些措施反對迷信活動。活動主要有以下幾個方面特徵：

（一）中央引領

　　1927～1937 年上海地區的反迷信活動是從屬於全國的。當時的國民政府及其內政部多次發佈通令要求各地查禁和取締各種與迷信有關的物品和活動。1930 年 3 月 11 日「內政部擬定取締經營迷信業擬定辦法數項」[13]，可以看作吹響了這次上海反迷信活動的號角。8月，內政部又頒佈廢除迷信辦法，[14]上海市據此發佈取締迷信六項辦法。這個辦法規定：「凡地方卜筮、星相、巫覡、堪輿，及其他以傳佈迷信為營業者，應於公佈三日內，強制改營他種正當職業。」並對迷信從業者如何安置和違背該辦法的群眾、迷信從業者如何處罰等做了規定。[15]上海縣擬具取締經營迷信物品業。[16]這些文件的頒佈說明這是一次全國範圍內在國民政府領導下展開的反迷信活動。

　　經過上述方式的努力，在全國範圍內的迷信活動有所控制，形勢開始好轉。但到了 1934 年全國出現了罕見的旱災，因此在全國範圍內又出現了各種形式的祈雨活動，其中南京[17]、上海[18]、無錫[19]等地規

12　《廢除卜筮星相步驟》，《申報》1929 年 3 月 10 日；《辦理卜筮星相登記》，《申報》1929 年 3 月 28 日。

13　《首都紀聞》，《申報》1930 年 3 月 11 日。

14　《內部廢除迷信辦法》，《申報》1930 年 8 月 1 日。

15　《取締迷信六項辦法》，《申報》1930 年 8 月 3 日。

16　《取締經營迷信物品業》，《申報》1930 年 3 月 24 日。

17　《京郊鄉民祈雨送龍》，《申報》1934 年 6 月 25 日。

18　《中外宗教祈雨》，《申報》1934 年 7 月 19 日。

模很大。為此，時任行政院長的汪精衛致電蘇浙滬地方政府，禁止設壇求雨。汪在電文中指出：「關於旱澇預防，根據學理，生喻曲譬，演講圓說，兼用並施，並重在實物試驗，務使恃人事而除迷信。」汪還特意在電文中指出：「對於為上海世界交通地點，觀瞻所繫，宜從速禁止，以息頑感。」[20]由此可見，由於上海地理位置重要因而當時的反迷信活動備受國民政府重視。

（二）地方呼應

　　上海是中國近代史上具有重要地位的城市，是開埠通商的橋頭堡，也是最早經受歐風美雨的地區。辛亥革命、五四運動雖然在一定程度上改變了當時中國面貌，但迷信活動在中國在上海仍然大行其道，筆者認為這可能是思想與現實相比具有一定的滯後性所致。1927年上海特別市成立為反迷信活動提供了政治保障。上海市成立之初就開始全面整頓上海市政，編製了眾多法規。

　　上海是最早接受歐美科技文化衝擊的地方，因而也是最早做出反應的幾個城市之一，反迷信亦是如此。整個上海地方政府的反迷信措施大致包括書面和實踐兩個部分。這些書面文件有《市教育局破除迷信辦法》[21]、《破除迷信月蝕辦法》[22]以及《取締迷信六項辦法》[23]等，這些書面檔既是對當時國民政府及其內政部所頒佈的反迷信條例的執行，也是對上海各縣區反迷信活動的總命令和總動員，為上海在這一時期的反迷信活動提供了法律依據。

　　此後，上海各地開始執行政府所頒佈的這些條例，並且具體的反迷信形式也是多樣的。（1）注重宣傳。1928年6月1日，市教育局全面部署破除護月運動時就要求聘請宣傳科宣講員、散發傳單及發動兒童宣傳等多種形式相結合，6月3日的申報證明這次行動是如期進

---

[19]　《無錫道士佛婆設壇祈雨》，《申報》1934年7月31日。

[20]　《汪院長電蘇浙滬禁止設壇求雨》，《申報》1934年7月31日。

[21]　《擬具破除迷信辦法，上海特別市市政週刊》，《申報》1928年9月6日。

[22]　《破除迷信月蝕辦法》，《申報》1928年5月10日。

[23]　《取締迷信六項辦法》，《申報》1930年8月3日。

行的，在「華界老西門、小東門、城隍廟、寶山路。四處分散告市民書，說明月食之理由」，[24]取得較好的效果。1929 年 6 月，上海特別市教育局通令市立各民眾茶園主任，要求各園主任就反迷信編案演講，俾得潛移默化，革除陋俗[25]。青浦縣於 1929 年 11 月 2 日至 8 日開展反迷信宣傳周活動，分為文字宣傳、口頭宣傳和實地調查，活動中「各機關團體結隊演講，精神甚為飽滿」；[26]（2）、取締查禁迷信物品業。1930 年清明節前後上海市公安局為配合反迷信，加派長警分赴境內各會館公所取締清明節焚化紙錁，涉及滬南的四明、徽寧、湖南、湖北、洞庭、東山、金庭、江西、潮惠等會館公所，閘北的錫金、維揚、江淮、吳江、武進、海昌、廣肇、延緒、湖州等會館公所以及挺厝屍棺之所[27]，範圍之廣可見一斑。上海縣取締經營迷信物品業[28]，對租界四家印刷廠進行搜查，搜獲數十萬冊迷信曆書。[29]（3）、搗毀和禁止廟宇偶像。1929 年上海各地出現搗毀廟宇偶像的運動。上海社會局禁止邑廟董事會準備斥資八萬餘元修建的城隍廟。[30]上海諸翟鎮 2 月 18 日將全鎮十二所廟宇中的神像悉數搗毀並成立廟產經理委員會，接受廟產以興辦公益事業。[31]（4）、查禁封閉迷信機關。上海特別市黨務指導委員會於 1928 年電請中央重申封閉同善社禁令。[32]（5）、禁止迷信集會。上海市在 1930 年 7 月查禁盂蘭盆會。[33]

從以上材料不難看出，整個反迷信活動是形式多樣而內容豐富，國家機器協調一致向迷信這一社會頑疾開戰。在整個活動中不僅上海

---

[24] 《市教育局舉行破除護月運動》，《申報》1928 年 6 月 3 日。

[25] 《通令民眾茶園演講破除迷信》，《申報》1929 年 6 月 21 日。

[26] 《青浦縣搗毀寺廟破除迷信》，《申報》1929 年 12 月 8 日。

[27] 《市公安局取締清明節焚化紙錁》，《申報》1930 年 4 月 6 日。

[28] 《取締經營迷信物品業》，《申報》1930 年 3 月 24 日。

[29] 《搜獲數十萬明年廢曆書》，《申報》1930 年 10 月 4 日。

[30] 《社會局禁止建築城隍宮》，《申報》1929 年 2 月 15 日。

[31] 《諸翟各界搗毀各廟宇神像》，《申報》1929 年 2 月 21 日。

[32] 《上海市指委會電請中央重申禁止查封同善會禁令》，《申報》1928 年 6 月 22 日。

[33] 《查禁中元節之盂蘭會》，《申報》1930 年 7 月 9 日。

市政府採取措施，各所屬縣區也都積極配合，使這次活動轟轟烈烈頗有成效。

（三）科教推動

科學和教育是迷信的天敵。1927～1937 年的反迷信活動中科學和教育功不可沒。1928 年的護月活動和 1934 年的祈雨活動是這一時期有著很大影響的迷信活動，也是上海地方政府破除迷信的大好時機。在這兩次破除迷信行動中上海市地方政府注意將破除迷信與宣傳科學相結合，取得了一定的效果。

所謂護月就是人們因所謂「天狗吃月」而組織起來保護月亮的迷信活動。在活動中，人們燃鞭炮鳴響器以圖趕走「天狗」，愚昧至極。1928 年 6 月 3 日為月食之日。上海市為破除迷信在 6 月 1 日就發佈佈告，決定採取四種方法，其中三條是關於宣講教育和科學的。佈告要求：「1、作淺顯『月食說明』印數萬份分送民眾，並送登 6 月 3 日各大報……3、通知各市校校長在 6 月 3 日前一星期用『月食』為自然科中心教材。4、函請市政府宣傳科演講員在六月三日用『月食』為演講材料之一部……」[34]《申報》於 6 月 3 日在顯著位置刊登了《市教育局舉行破除護月運動》並附有《說明月蝕之理由》，詳細介紹了太陽、月亮、地球的運行規律，指出月蝕是自然現象而並非「天狗」把月亮吃了，也就沒必要進行所謂的護月活動了。[35]這次破除護月迷信取得了明顯的成效，因此「在閘北滬南兩區內，雖不能說在月蝕時，絕對不聞鞭爆之聲，但較往年的情形，已大相懸殊矣」。這也給那些志於破除迷信的人更大的信心。[36]

1934 年我國遭遇六十年未遇之高溫，無錫、北京等地紛紛舉行設壇祈雨等迷信活動，上海也舉行了全國祈雨消災大會。[37]《申報》對此持嚴厲批評態度，並發表《科學破產了嗎》一文明確指出，「科

---

[34] 《市教育局破除市民護月迷信》，《申報》1928 年 6 月 1 日。
[35] 《市教育局舉行破除護月運動》，《申報》1928 年 6 月 3 日。
[36] 《華界市民破除迷信，上海特別市市政週刊》，《申報》1928 年 6 月 7 日。
[37] 《全國祈雨消災大會今日下午閉幕》，《申報》1934 年 7 月 22 日。

學告訴我們，『雨』是自然界的現象，由水蒸汽遇冷而變成的。要是以人力來希望落雨，那決不是迷信宗教而可以奏效的，必須要利用已經昌明的科學來駕御自然才有可能。」[38]汪精衛也在致電蘇浙滬時指出，防旱「宜注意於常識之啟發」「務使之恃人事而除迷信」。

（四）輿論支持

迷信陋俗是社會頑疾，祛除迷信離不開科學，科學昌明又離不開輿論。1927～1937 年期間《申報》在反迷信過程中起到了極其重要的作用。它除了報導治理迷信的消息外，還撰稿著文對反迷信進行評論和發表意見，提出真知灼見。《申報》在此期間設立《改良社會討論會》專欄。1932 年《申報》上發表的《改良社會迷信習慣之管見》建議將建醮費冥壽費用等改作衛生費用、國難儲金、合辦平民夜校[39]。在《廢除迷信的先決問題是如何破除迷信》中，作者對於如何廢除迷信提出三點建議：一、將各地廟宇改做公共事業的機關或辦民眾學校，並焚燒一切偶像；二、注重宣傳，灌輸普通常識；三要根本剷除迷信觀念，還要注意兒童（教育）。[40]筆者認為《申報》作為上海近代重要媒體在 1927～1937 年期間發表大量的反迷信新聞報導和文章決非偶然，應視為上海地方政府在反迷信中與媒體的互動，因而也是反迷信的重要組成部分。

三

上海作為中國近代開放前沿這一形象經常遮掩住了普通市民日常生活的持續性。儘管西方的事物差不多成為上海人日常生活的一部分（雖然並非每一個人每天都能用到它們），上海人的生活中仍然保有大量的迷信習俗。儘管西方的影響從表面上看是城市的主流且被中國的上層社會所渲染誇大，在遍佈城市的狹隘里弄裏，迷信仍然盛行。

---

[38] 《科學破產了嗎》，《申報》1934 年 7 月 10 日。

[39] 《改良社會迷信習慣之管見》，《申報》1932 年 8 月 3 日。

[40] 《廢除迷信的先決問題是如何破除迷信》，《申報》1932 年 8 月 9 日。

　　1927～1937 年是上海近代化的重要時期，上海地方政府採取反迷信措施並取得一定成效是適應當時時代進步所致。當然也應該看到治理迷信陋俗不是輕而易舉，一蹴而就的事情。除了迷信風俗的積久相沿，不易一朝斷絕的慣性原因外，當時限於科學水平發展，同時由於缺乏科學理論進行指導，因而不能不經歷反覆，甚至是失敗，另外上海租界各國人對於當時的反迷信活動持消極態度。「租界以內，所有破除護月迷信之傳單及小冊子，均不能散發，以致（租界內）一般居民，依然舉行護月，興高采烈，一如往日，睹此情形，（國人）莫不謂收回租界教育權實為當今之急務」[41]。日本人憑藉其治外法權在租界印刷迷信曆書，公然拒絕上海公安局對迷信物品的搜查。[42]

　　這次上海地方政府反迷信是基於一定的社會原因而進行的，既是中國政局相對穩定的結果，反過來又在一定程度上鞏固了社會穩定。為上海在這一時期經濟和社會發展提供了條件。上海地方政府在整個運動中較為系統全面地掃除迷信，多管齊下，特別是注重啟迪民智，對於淨化社會風氣掃除迷信頑疾做出了努力。在這一時期，上海地方政府以法制、科教、輿論為手段，而非一味政治高壓。尤其是企圖標本兼職的思路和方法，對於我們解決思想領域的問題具有很好的參考價值。

---

[41]　《華界市民破除迷信，上海特別市市政週刊》，《申報》1928 年 6 月 7 日。
[42]　《搜獲數十萬明年廢曆書》，《申報》1930 年 10 月 4 日。

參考書目

周育民、邵雍：《中國幫會史》，上海人民出版社 1993 年版。

邵雍：《中國會道門》，上海人民出版社 1997 年版。

邵雍：《中國近代會黨史》，合肥工業大學出版社 2009 年版。

邵雍：《中國近代會道門史》，合肥工業大學出版社 2010 年版。

邵雍：《中國近現代社會問題研究》，合肥工業大學出版社 2010 年版。

邵雍：《秘密社會與中國革命》，商務印書館 2010 年版。

後記

近代會黨與民間信仰是中國近代史上的重大問題。自 20 世紀 80 年代以來關於這一領域的研究在中國大陸開始熱門，至今不衰。本人自 1982 年考進上海師範大學中國近現代史專業，得到著名專家魏建猷教授的精心指點，開始了在這一領域的艱辛探索，適逢其時。1985 年研究生畢業後，先後兩次完成了國家哲學社會科學項目，先後出版了《中國幫會史》（與周育民先生合作）、《秘密社會與中國革命》以及《中國會道門》等著作，並在《歷史研究》、《近代史研究》、《歷史檔案》、《民國檔案》等刊物上發表了百餘篇相關專題的論文。

收入本專題文集的大部分論文是沒有公開發表過的。其中太平天國時期各會黨起義諸文是為二十世紀 80 年代後期擬出版的《太平天國時期的會黨起義》撰寫的；陳亞貴等人的事蹟主要為二十世紀 90 年代前期擬出版的《會黨人物志》撰寫的。當時有關方面言之鑿鑿，但一番辛苦後，宣佈出版計畫告吹，我等作者只能徒喚奈何！民間信仰的大部分文章是我近年來為研究生上「中國近代會道門研究」課程時出的成果。凡是我與研究生聯合署名的論文大多經過課堂集體討論，充分吸收消化了大家的意見與智慧，這是需要說明的。

2010 年 11 月底本人有幸在一次有關世博會的國際學術研討會上結識了來自臺灣的蔡登山先生，經過一番交談，達成了出版本書的初步意向。蔡先生回臺灣後馬上啟動了相關出版程式，邵亢虎先生出任本書的責任編輯，盡心盡力，使本人的上述科研成果有機會在寶島問世，本人對此表示衷心的感謝！

本書是上海市普通高校人文社科重點研究基地上海師範大學中國近代社會研究中心（SJ0703）、上海市教委科研創新項目「近代江

南秘密社會研究」（09ZS151）的研究成果，上海市第四期教育高地
上海師範大學歷史學科對本專題的研究也十分支持，在此一併說明。

邵雍

2011 年 2 月 1 日

史地傳記類　PC0163

近代會黨與民間信仰研究

作　　者 / 邵　雍
主　　編 / 蔡登山
責任編輯 / 邵亢虎
圖文排版 / 陳宛鈴
封面設計 / 王嵩賀

發 行 人 / 宋政坤
法律顧問 / 毛國樑　律師
印製出版 / 秀威資訊科技股份有限公司
　　　　　 114 台北市內湖區瑞光路 76 巷 65 號 1 樓
　　　　　 電話：+886-2-2796-3638　傳真：+886-2-2796-1377
　　　　　 http://www.showwe.com.tw
劃撥帳號 / 19563868　戶名：秀威資訊科技股份有限公司
　　　　　 讀者服務信箱：service@showwe.com.tw
展售門市 / 國家書店（松江門市）
　　　　　 104 台北市中山區松江路 209 號 1 樓
　　　　　 電話：+886-2-2518-0207　傳真：+886-2-2518-0778
網路訂購 / 秀威網路書店：http://www.bodbooks.com.tw
　　　　　 國家網路書店：http://www.govbooks.com.tw
圖書經銷 / 紅螞蟻圖書有限公司
　　　　　 114 台北市內湖區舊宗路二段 121 巷 28、32 號 4 樓
　　　　　 電話：+886-2-2795-3656　傳真：+886-2-2795-4100

2011 年 7 月 BOD 一版
定價：340 元
版權所有　翻印必究
本書如有缺頁、破損或裝訂錯誤，請寄回更換

國家圖書館出版品預行編目

近代會黨與民間信仰研究 / 邵雍著. -- 一版. --
臺北市：秀威資訊科技, 2011.07
    面；   公分. -- (史地傳記；PC0163)
BOD 版
參考書目：面
ISBN 978-986-221-759-7(平裝)

1.幫會　2.秘密會社　3.民間信仰　4.中國

523.36   95011262

讀者回函卡

感謝您購買本書，為提升服務品質，請填妥以下資料，將讀者回函卡直接寄回或傳真本公司，收到您的寶貴意見後，我們會收藏記錄及檢討，謝謝！如您需要了解本公司最新出版書目、購書優惠或企劃活動，歡迎您上網查詢或下載相關資料：http:// www.showwe.com.tw

您購買的書名：＿＿＿＿＿＿＿＿＿＿＿＿＿＿＿＿＿＿＿＿＿＿＿＿＿

出生日期：＿＿＿＿＿年＿＿＿＿＿月＿＿＿＿＿日

學歷：□高中 (含) 以下　　□大專　　□研究所 (含) 以上

職業：□製造業　□金融業　□資訊業　□軍警　□傳播業　□自由業
　　　□服務業　□公務員　□教職　　□學生　□家管　　□其它＿＿＿

購書地點：□網路書店　□實體書店　□書展　□郵購　□贈閱　□其他

您從何得知本書的消息？

□網路書店　□實體書店　□網路搜尋　□電子報　□書訊　□雜誌

□傳播媒體　□親友推薦　□網站推薦　□部落格　□其他＿＿＿＿＿

您對本書的評價：（請填代號　1.非常滿意　2.滿意　3.尚可　4.再改進）

　封面設計＿＿＿　版面編排＿＿＿　內容＿＿＿　文／譯筆＿＿＿　價格＿＿＿

讀完書後您覺得：

□很有收穫　□有收穫　□收穫不多　□沒收穫

對我們的建議：＿＿＿＿＿＿＿＿＿＿＿＿＿＿＿＿＿＿＿＿＿＿＿＿

＿＿＿＿＿＿＿＿＿＿＿＿＿＿＿＿＿＿＿＿＿＿＿＿＿＿＿＿＿＿＿

＿＿＿＿＿＿＿＿＿＿＿＿＿＿＿＿＿＿＿＿＿＿＿＿＿＿＿＿＿＿＿

＿＿＿＿＿＿＿＿＿＿＿＿＿＿＿＿＿＿＿＿＿＿＿＿＿＿＿＿＿＿＿

姓　　名：＿＿＿＿＿＿＿＿＿＿　年齡：＿＿＿＿＿　性別：□女　□男

郵遞區號：□□□□□

地　　址：＿＿＿＿＿＿＿＿＿＿＿＿＿＿＿＿＿＿＿＿＿＿＿＿＿

聯絡電話：(日) ＿＿＿＿＿＿＿＿＿＿＿　(夜) ＿＿＿＿＿＿＿＿＿＿＿

E - m a i l：＿＿＿＿＿＿＿＿＿＿＿＿＿＿＿＿＿＿＿＿＿＿＿＿